KOMPENDIEN DER SOZIALEN ARBEIT

Sie arbeiten sich in ein neues Sachgebiet ein und benötigen rasch zuverlässige und umfassende Informationen? Sie möchten die wesentlichen Fakten zu Konzepten, Fällen, Arbeitsfeldern und Anwendungsgebieten der Sozialen Arbeit wissen, Good Practice-Beispiele kennenlernen und Handlungsempfehlungen für die Praxis erhalten?

In der Reihe „Kompendien der Sozialen Arbeit" erscheinen Werke mit direktem Praxisbezug. Die Bände richten sich an Professionals, BerufseinsteigerInnen und -umsteigerInnen sowie an Studierende, gerade auch mit Blick auf Praxissemester und Anerkennungsjahr.

Klaus Wolf

Pflegekinderhilfe
in der Sozialen Arbeit

 **Nomos**

Onlineversion
Nomos eLibrary

Die Deutsche Nationalbibliothek verzeichnet diese Publikation in der Deutschen Nationalbibliografie; detaillierte bibliografische Daten sind im Internet über http://dnb.d-nb.de abrufbar.

ISBN 978-3-8487-6707-6 (Print)
ISBN 978-3-7489-0764-0 (ePDF)

1. Auflage 2022

Meinen geliebten Enkeln gewidmet,
die mich ab und zu (z.B. beim Basteln) loben:
„Ganz gut für einen Opi ..."

Inhalt

1. Kapitel: Einleitung

In diesem Buch geht es um die Pflegekinderhilfe. Der Begriff hat sich in Deutschland gegenüber der etwas altertümlichen Bezeichnung „Pflegekinderwesen" allmählich durchgesetzt und kennzeichnet sie als wichtigen Teil der allgemeinen Kinder- und Jugendhilfe. Es geht also um Pflegekinder, ihre wichtigen Beziehungen und ihre Entwicklung, um das Leben in Pflegefamilien und um die Aufgaben verschiedener Sozialer Dienste, die die Eltern, Pflegeeltern und Kinder begleiten und ihr Leben beeinflussen. Auch die Eltern und das Herkunftssystem spielen eine wichtige Rolle.

Fachkräfte der Pflegekinderdienste bei Jugendämtern oder freien Trägern, anderer Abteilungen des Jugendamtes – insbesondere der Allgemeine Soziale Dienst –, in der Vormundschaft, aber auch in der Erziehungsberatung, der Sozialpädagogischen Familienhilfe, Jugendarbeit oder Schulsozialarbeit haben mit Pflegekindern, Pflegefamilien und der Herkunftsfamilie zu tun. Für die professionelle Arbeit in diesen Feldern sind daher Kenntnisse und Wissensbestände zur Pflegekinderhilfe relevant.

Pflegeelternsein ist in Deutschland kein Beruf, aber eine Aufgabe, die das Leben tiefgreifend verändern kann und fast immer eine große persönliche Bedeutung für die Pflegeeltern selbst und manchmal auch für andere wichtige Menschen in ihrem privaten Umfeld hat. Deswegen interessieren sie sich auch für neue Wissensbestände zum Leben in Pflegefamilien, die rechtlichen Rahmungen und Fragen zur guten Entwicklung der Pflegekinder. Auch für die Eltern ist die Unterbringung ihres Kindes in einer Pflegefamilie kein Routinevorgang, sondern sie verbinden wichtige, manchmal existenzielle Themen und Fragen mit der ungewöhnlichen Situation, dass ihr Kind nicht bei ihnen, sondern in einer anderen Familie aufwächst.

Auch die Pflegekinder selbst wollen Fragen zu ihrer Herkunfts- und Pflegefamilie, ihren besonderen Erfahrungen und der Reaktion auf ihr Pflegekinderdasein in der Gesellschaft beantwortet haben – für sich selbst und für andere.

Dieses Buch richtet sich daher an Menschen, die sich auf eine berufliche Tätigkeit in der Pflegekinderhilfe vorbereiten oder spezialisieren wollen, und solche, die aus wichtigen persönlichen Gründen von den hier dargestellten und diskutierten Fragen betroffen sind. Ihnen können keine endgültigen Antworten geben werden, aber vielleicht Impulse, ihre persönlichen Antworten auf die Fragen ihres individuellen Lebens zu finden. Für die (zukünftigen) Profis sollen auch gut begründete fachliche Standards für ihre wichtige Arbeit vorgeschlagen werden. Denn ihre Fehler könnten zu zusätzlichen Belastungen führen und ihre guten Entscheidungen die Bewältigung auch komplizierter Aufgaben sehr erleichtern.

Viele der Themen spielen in unterschiedlichen Ländern eine Rolle und werden in der internationalen Forschung untersucht und auf den großen internationalen Forschungstagungen (z.B. den EUSARF-Konferenzen) diskutiert. Daher fließen auch solche Forschungsergebnisse an einigen Stellen ein. Der Schwerpunkt liegt dabei auf den Fragen, wie sie derzeit im deutschsprachigen Raum – in Deutschland, Österreich und der Schweiz (Heuberger 2016) – thematisiert werden. Kleine

Exkurse zu den rechtlichen Besonderheiten und manchmal andersartigen Begriffen in Österreich und der Schweiz sollen Interessierte aus diesen Ländern ebenfalls ansprechen.

Die Themen der Pflegekinderhilfe können aus den Perspektiven unterschiedlicher wissenschaftlicher Disziplinen betrachtet werden, z.B. aus einer kinder- und jugendpsychiatrischen, juristischen oder soziologischen. Hier erfolgt die Darstellung aus einer sozialpädagogischen Perspektive, die nach meiner Überzeugung die Schlüsseldisziplin in der Sozialen Arbeit ist oder vielleicht eher: sein sollte. Das meint, dass alle Akteur*innen in der Pflegekinderhilfe als Subjekte betrachtet werden, die Aufgaben lösen und Probleme bewältigen wollen und versuchen, sich ihre eigene Situation und die der anderen zu erklären und handlungsfähig bleiben wollen (grundlegend: Wolf 2013). Dabei sind die zeitlichen und sozialen Kontexte zu beachten, also lange Entwicklungslinien und Prozesse und die Beziehungsgeflechte, in denen Erwachsene und Kinder handeln, denken und fühlen. Das sind einige Besonderheiten einer sozialpädagogischen Pflegekinderforschung (vgl. Wolf 2015), die auch in anderen Ländern, wie z.B. in Großbritannien, in den letzten Jahren intensiv diskutiert wurden.

Dies Buch besteht aus drei Teilen. Im ersten Teil – den Kapiteln 2 bis 5 – geht es um einige grundlegende Rahmungen und übergreifende Themen. Zunächst erfolgt eine Einführung in das Themenfeld – insbesondere mit Antworten auf die Fragen, warum wir Pflegefamilie brauchen und welche Vorstellungen wir und andere Menschen über Pflegefamilien, Pflegekinder und deren Eltern haben. Da das Leben in und um Pflegefamilien und die Entwicklungschancen der Kinder stark durch rechtliche Regelungen beeinflusst sind, werden einige im 3. Kapitel skizziert. Ich habe die ausgewählt, die für die Entwicklungen der Menschen und ihrer Beziehungen besonders wichtig sind. Eine Herausforderung bestand darin, dass in Deutschland die Gesetze während der Arbeit an dem Manuskript Mitte 2021 geändert wurden. Einige Folgen dieser Änderungen werden in den nächsten Jahren erst so richtig deutlich werden. Am Ende dieses Kapitels steht ein kleiner Ausflug zu den rechtlichen Regelungen für Pflegefamilien in Österreich und der Schweiz.

So wie die Pflegekinderhilfe heute aussieht, war sie nicht schon immer, sondern so ist sie in langen Entwicklungslinien geworden. Zwei dieser Linien werden im 4. Kapitel skizziert, die Frage nach den Gründen von Menschen, Pflegekinder aufzunehmen und einige Wechselwirkungen zwischen Gesellschaftssystem und dem Wandel in der Fremdunterbringungspraxis. Diese Darstellung zur Geschichte ist kurz. Das wird aber kompensiert, weil es umfangreichere bereits gibt. Auf die wird verwiesen.

Das umfangreichste 5. Kapitel bezieht sich auf die Vielfalt in Pflegeverhältnissen. Damit kein zu enges Bild von Pflegefamilien, den Rollen von Kindern, Pflegeeltern und Eltern entsteht und unser weiteres Nachdenken zu sehr einschränkt, wird die Formenvielfalt, Vielfalt an Lebensstilen und die Unterschiedlichkeit der Menschen in und um Pflegefamilien entfaltet. Dabei spielt auch die Verwandten- und Netzwerkpflege eine wichtige Rolle.

Im zweiten Teil folgt die Darstellung einer zeitlichen Ordnung. Wir betrachten vier Stationen: dem Zeitraum, bevor das Pflegekind zum Pflegekind wird (Kapitel 6), dem Übergang in die Pflegefamilie (Kapitel 7), der Zeit in der Pflegefamilie (Kapitel 8) und dem Verlassen der Pflegefamilie (Kapitel 9). In jeder Station lernen wir die Perspektive der Eltern, des Kindes und Pflegekindes und der Pflegeeltern und anderen Mitglieder der Pflegefamilie kennen. Zitate aus unterschiedlichen Forschungsprojekten illustrieren die Themen und Erfahrungen der Menschen. Zum Abschluss jeder Station und vor dem Hintergrund der zuvor geschilderten Erfahrungen der Betroffenen wenden wir uns dann den Handlungsoptionen Sozialer Dienste zu: Was können sie zum Gelingen von Pflegeverhältnissen beitragen? Welche Haltungen, Wissensbestände, professionelle Strategien und Werkzeuge sind dafür nützlich? Hier wird es für eine professionelle Praxis praktisch.

Im 3. Teil gehen wir mit der Kamera wieder stärker in die Totale und betrachten das Gesamtsystem. Im 10. Kapitel werden die in den vier Stationen herausgearbeiteten Handlungsoptionen zu Antworten auf die Frage verknüpft: Was macht die Leistungsfähigkeit Sozialer Dienste aus? Es folgt im 11. Kapitel ein Ausblick in die Zukunft der Pflegekinderhilfe: Was sind die wichtigen Baustellen? Welche Themen zeichnen sich heute schon ab? Das 12. Kapitel ist ein Serviceteil und enthält einige Hinweise zu relevanten Informationsquellen und Orten, an denen interessante Fachdiskussionen zu erwarten sind und weiterverfolgt werden können.

An vielen Stellen werden die Phänomene und Themen anhand von Zitaten aus Interviews mit Betroffenen illustriert. Die Menschen, die ihre ganz konkreten Erfahrungen beschreiben, helfen uns manchmal, einen Sachverhalt schneller und tiefer zu verstehen, als es abstrakte Analysen allein könnten. Ab und zu werden unter der Überschrift „Arbeitsaufgaben" Fragen und Anregungen für das Selbststudium und die Selbstreflexion vorgeschlagen. Diese können auch leicht in Themen für Prüfungen und Hausarbeiten umgewandelt werden. Das geschieht mit einem Hintergedanken. Themen der Pflegekinderhilfe kommen häufig im Studium an Hochschulen und Universitäten überhaupt nicht vor oder nur ganz am Rande. Solche Hinweise können es vielleicht Lehrenden erleichtern, sich selbst in das Themenfeld einzuarbeiten und es dann auch ohne allzu großen Aufwand zu vermitteln. Das würde mich besonders freuen, weil dann ein wichtiges Thema die Beachtung finden kann, die es nach meiner Meinung verdient hat.

2. Kapitel: Zur Einführung: Warum Pflegefamilien?

Zusammenfassung:

In diesem Kapitel geht es um gesellschaftliche Vorstellungen von Pflegefamilien, Pflegekindern und ihren Eltern. Damit sind einige Annahmen über deren Normalität verbunden, die unser Denken, Fühlen und auch Handeln ihnen gegenüber beeinflussen können. Die Soziale Arbeit als eine selbstreflexive Profession sollte sich mit solchen individuellen und kollektiven Vorstellungen auseinandersetzen. Das soll zum Einstieg angeregt werden.

Menschen in unserer Gesellschaft haben meistens Vorstellungen davon, was Pflegefamilien und Pflegekinder sind und was das für Eltern sind, deren Kinder in einer Pflegefamilie leben. Diese Begriffe lösen Assoziationen aus, Vorstellungen, Bilder, Modelle, die aus unterschiedlichen Quellen stammen können. Sie werden aus dem sozialen Feld, in dem sie leben, übernommen. Sie überspielen sie nicht einfach wie eine Datei auf eine Festplatte, sondern eignen sie sich aktiv an. Manches – vielleicht aus einem Film oder einem Bericht in Medien – bleibt hängen, beeindruckt sie, beeinflusst ihr Bild. Hinzu kommen vielleicht persönliche Erfahrungen mit einem Pflegekind, mit dem was es erzählt oder wie es sich verhalten hat. Oder sie kennen eine Pflegefamilie, und diese Pflegefamilie prägt ihr Bild von den Pflegefamilien. Oder sie haben von Eltern gehört, deren Kind gegen ihren Willen in einer Pflegefamilie untergebracht wurde, und denken, so sei es wohl meistens.

Ich möchte anregen, dass Sie Ihre Vorstellungen, die Sie am Beginn des Lesens dieses Buches haben, festhalten und notieren. Sie können sie anschließend mit anderen Menschen – z.B. im Seminar – austauschen und diskutieren. Sie können aber auch für sich selbst darüber nachdenken, wie Sie möglicherweise zu diesem Bild oder Modell gekommen sind, welche Erfahrungen dies beeinflusst haben könnte. Und Sie können am Ende dieses Kapitels vergleichen, ob und wie sich Ihre Vorstellungen geändert haben. Denn solche Veränderungen, Ausdifferenzierungen, Ergänzungen sind wahrscheinlich – und vom Autor intendiert. Allerdings kann ich nicht vorhersagen, welche Vorstellungen sich ändern und in welche Richtung diese gehen. Ich kann und werde Material liefern. Was Sie daraus machen ist Ihre Eigenleistung.

Arbeitsaufgabe 1:

Mit der Beantwortung folgender Fragen können Sie Ihre eigenen Vorstellungen formulieren:

a) Was sind Ihre Vorstellungen von Pflegekindern? Sind das normale Kinder oder haben die etwas, das sie von anderen Kindern unterscheidet? Sind die sich irgendwie alle ähnlich? Verlaufen ihre Lebenswege anders als sonst und im Durchschnitt?

b) Sind Pflegefamilien richtige Familien oder nicht so ganz? Bleiben sie die Familie für das Pflegekind, auch wenn es schon ausgezogen ist? Sind Pflegefamilien immer besser für die Kinder als Heime?

c) Sind Pflegeeltern richtige Eltern? Was für eine Motivation haben Menschen, Pflegeeltern werden zu wollen? Kann auch ein einzelner Mensch ein Pflegekind aufnehmen? Sollten auch gleichgeschlechtliche Paare ein Pflegekind bekommen?

d) Haben die Eltern, deren Kind in einer Pflegefamilie lebt, als Eltern versagt? Sollten sie das Kind auch wieder zurückbekommen? Bleiben sie trotzdem wichtig, auch wenn ihr Kind dauerhaft in einer Pflegefamilie aufwächst?

Vielleicht finden Sie manche Begriffe schwierig oder vermuten Erwartungen, was die richtige Antwort sein soll. Um richtig oder falsch geht es hier aber eigentlich nicht, sondern um festzuhalten, wie Sie heute darüber denken. Bitte notieren Sie Ihre Antworten in Stichpunkten.

Warum Pflegefamilien? Der Pflegefamiliendreisatz

Die Einstellungen gegenüber Pflegefamilien können – auch vor dem Hintergrund unterschiedlicher Erfahrungen und Informationen – sehr unterschiedlich sein. Eine grundsätzlich wohlwollende Haltung zu Pflegefamilien soll nun in drei zentralen Aussagen skizziert werden, die hier als Pflegefamiliendreisatz bezeichnet werden.

1. Satz:

Pflegefamilien geben eine Antwort auf eine zentrale Frage in unserer Gesellschaft: Was können wir tun, wenn Kinder von ihren Eltern zeitweise oder auf Dauer nicht hinreichend betreut werden?

Jede Gesellschaft muss eine Antwort auf die Frage finden, was mit den Kindern geschehen soll, die von ihren biologischen Eltern – aus welchen Gründen auch immer – nicht hinreichend versorgt werden. Die Gründe sind zu verschiedenen Zeiten unterschiedlich, manchmal stehen Naturkatastrophen im Mittelpunkt oder Kriege und ihre Folgen, zu anderen Zeiten spielen psychische Erkrankungen oder Alkohol- und Drogenabhängigkeit eine wichtige Rolle. Die Gründe sind verschieden, aber die Frage gab und gibt es schon immer und überall (ebenso: Niederberger 1997: 170).

Eine der Antworten auf diese Frage – schon sehr früh und nicht nur in unserer Gesellschaft – ist, eine andere Familie zu suchen, die die Sorge um die Kinder für eine Zeit lang oder auf Dauer übernimmt. Andere Antworten beziehen sich auf die Verbesserung der Lebens- und Sozialisationsbedingungen in der Familie (Wolf 2015a) oder die Betreuung in Einrichtungen (Freigang/Wolf 2001).

Die andere Familie in der Verwandtschaft oder als (zunächst) fremde Familie zu suchen und zu finden, ist insbesondere für junge Kinder mit langer Betreuungsperspektive eine extrem wichtige Antwort. Die besonderen Sozialisationsleistungen der Familie kommen hier zum Tragen: Die Verflechtung der gegenseitigen Bedürfnisbefriedigung, das hohe Maß an gegenseitiger Sorge, die guten Möglichkeiten der dauerhaften Beheimatung an einem sicheren Lebensort, die Einbettung der Erziehung in das Zusammenleben der Familienmitglieder eröffnen die Chance für ein entwicklungsförderndes Lebens- und Lernfeld. Die Entstehung günstiger

Bedingungen ist nicht garantiert – auch in Pflegefamilien können Kindeswohlgefährdungen entstehen –, aber die Chancen sind hier oft gut.

Außerdem ist diese Antwort kostengünstiger als die Betreuung in Einrichtungen durch professionelles Personal. Auch wenn man die Kosten eines leistungsfähigen Pflegekinderdienstes mit einrechnet, ist sie höchstens halb so teuer wie die in Einrichtungen.

Die Betreuung in einer guten Einrichtung und die in einer guten Pflegefamilie sollen nicht gegeneinander ausgespielt werden, denn tatsächlich benötigt unsere Gesellschaft beide Antworten, um die für jedes Kind passende Lösung zu finden, aber ein Verzicht auf Pflegefamilien wäre nicht nur sehr teuer, sondern würde vielen Kindern eine besonders gute und für sie passende Antwort vorenthalten.

Noch grundsätzlicher fällt die Antwort aus, wenn gefragt wird, ob alle Aufgaben der Betreuung, Erziehung, Hilfe, Begleitung oder Pflege ausschließlich über Fachkräfte im Rahmen beruflicher Tätigkeit ausgeführt werden sollen, oder ob auch das persönliche, zivilgesellschaftliche Engagement wertgeschätzt und gefördert werden soll. Auf die Frage, ob in der Pflegekinderhilfe Profis alles besser können und Laien somit immer die schlechtere Lösung sind, werde ich später noch einmal zurückkommen. Wurde als „Helfen zum Beruf wurde" – so aus dem interessanten Titel eines Buches von C.W. Müller (2006) – die private Hilfe abgewertet oder überflüssig und wollen wir das als Gesellschaft? Oder sollten die Profis vielleicht eher die gegenseitige Sorge und Verantwortung, das persönliche Engagement, das dann nicht mehr nur privat, sondern auch öffentlich wird, unterstützen, als alle Aufgaben selbst zu übernehmen? So betrachtet haben wir als Gesellschaft ein großes Interesse daran, das Potenzial von Pflegefamilien zu fördern und auszuschöpfen. Sie helfen uns, ein wichtiges Problem zu lösen und verdienen unsere Aufmerksamkeit, unser Wohlwollen und unsere Anerkennung.

2. Satz:

Den Kindern, den Pflegefamilien und den Herkunftsfamilien werden mit der Unterbringung des Kindes in der Pflegefamilie komplizierte Aufgaben zugemutet.

Wer es nicht besser weiß, könnte es sich vielleicht so vorstellen: Soziale Dienste suchen eine andere Familie, kontrollieren ihre Eignung, erklären ihr alles, bringen das Kind dorthin, wünschen ihnen viel Glück, und dann ist alles gut. So einfach ist es aber nicht, sondern es ist in vielfacher Hinsicht kompliziert.

Aus der Perspektive der Pflegekinder betrachtet können unter anderem folgende Gründe zu komplizierten Situationen führen:

- Die Kinder, die nicht bereits als Säuglinge in eine Pflegefamilie kommen, erleben den Wechsel in die Pflegefamilie sehr oft als ein In-die-Fremde-Kommen. Ihnen waren die Lebensbedingungen in ihrer Herkunftsfamilie vertraut, nun kommen sie in eine ganz andere Familienkultur (Reimer 2008). Die Pflegefamilie hat hingegen oft die Vorstellung, dass das Kind nun endlich in eine normale Familie kommt. Kind und neue Familie müssen trotz dieser entgegengesetzten Erlebensmuster eine gemeinsame Basis finden. Das ist nicht einfach.

■ Die Kinder sind oft unsicher, ob sie in der Pflegefamilie bleiben sollen und dürfen. Diese Unsicherheit zieht sich oft – auch aufgrund von vorläufigen Entscheidungen von Familiengerichten – über viele Jahre hin und kann ihr Leben in der Pflegefamilie überschatten. Sie wird unter diesen Bedingungen nicht zu einem sicheren und zuverlässigen Ort. Pflegekinder und Pflegeeltern müssen mit dieser Unsicherheit umgehen. Das ist belastend.

■ Neben allen Aufgaben, Themen und Problemen, die alle Jungen und Mädchen in unserer Gesellschaft bewältigen müssen und die das Zusammenleben von Erwachsenen und Kindern schon spannend genug werden lassen, haben Pflegekinder besondere, eben pflegekinderspezifische Entwicklungsaufgaben zu lösen (Gassmann 2010). Einige Pflegekinder haben darüber hinaus extrem negative Erfahrungen von Gewalt und Vernachlässigung gemacht, die Spuren hinterlassen haben. Diese negativen Erfahrungen können nicht einfach gelöscht, aber unter günstigen Bedingungen allmählich durch neue, menschenfreundliche Erfahrungen ergänzt werden. Das ist ein komplizierter Prozess.

Die Aufgaben und Probleme, vor denen die Pflegekinder stehen, werden indirekt auch zu Aufgaben und manchmal zu Problemen für die Pflegeeltern. Die spätestens bei den Jugendlichen auftretenden Fragen nach ihrer Herkunft, den Gründen, warum ihre Eltern sie nicht behalten haben und die nach ihrer Ähnlichkeit mit ihnen, können in der Pflegefamilie zu kritischen Themen werden und zu spannungsreichen Phasen führen. Das können die Pflegeltern nicht (ganz) verhindern und macht auch ihr Leben kompliziert. Weitere besondere Aufgaben bestehen in einem Leben als Familie, deren Autonomie eingeschränkt ist, die die Einmischung von anderen erdulden muss und die verpflichtet wird, weitere Aufgaben zu erfüllen, zum Beispiel Kontakte zur Herkunftsfamilie zuzulassen. Das kann alles gelingen, aber es ist nicht einfach.

Und schließlich ist die Sache auch für die Herkunftsfamilien und Eltern nicht einfach. Sie müssen mit dem Makel leben, dass ihr Kind nicht bei ihnen aufwachsen kann und darf. Sie müssen dies sich selbst und anderen erklären. Sie leben oft mit den Hoffnungen, dass es vielleicht doch noch alles gut wird, und erfahren die Enttäuschungen, wenn dies nicht gelingt und ihnen verwehrt bleibt. Sie erleben eventuell, wie ihr Kind in der anderen Familie aufblüht und fühlen sich an ihre Kindheit unter Mangelbedingungen erinnert, in der ihnen das gefehlt hat, was nun ihrem Kind am anderen Ort zuteilwird.

Die Aufgaben und Belastungen der einen strahlen auf die anderen aus. Wenn die Eltern sehr darunter leiden, dass ihr Kind nicht bei ihnen leben kann, kann dies auch für die Pflegeeltern und das Kind zu einem Problem werden. Dies gilt für alle Beziehungen in diesem komplexen Beziehungsgeflecht, zu dem auch die Geschwister, die leiblichen Kinder der Pflegeeltern, Großeltern und viele andere gehören.

Aus vielen Gründen ist also kompliziert – oft sehr kompliziert –, was die Gesellschaft dem Kind und den Eltern und Pflegeeltern zumutet.

> **3. Satz:**
>
> Weil es kompliziert ist, haben die Menschen – das Kind, die Pflegeeltern und die Eltern – einen gesetzlich begründeten und – wie ich finde – auch moralischen Anspruch, dass sie bei der Bewältigung dieser Probleme nicht allein gelassen werden.

Die moralisch begründete Erwartung auf Unterstützung bezieht sich auf die Wertschätzung von Pflegefamilien als zivilgesellschaftliche Ressource und die Unterstützung der Kinder und ihrer Eltern auf die Überzeugung, dass Menschen – allemal Kinder – in schwierigen Situationen Solidarität erfahren sollten. Eine Untersuchung (Jespersen 2011) eines aktiven Online-Forums (www.pflegeeltern.de) für Pflegeeltern zeigt, wie verletzbar Pflegeeltern sind (grundsätzlich: Gassmann 2018), wenn sie bei Schwierigkeiten mit dem Pflegekind z.B. in der Verwandtschaft Distanzierung oder Gleichgültigkeit erfahren („hättet ihr euch vorher überlegen müssen").

Der Gesetzgeber hat in Deutschland – für die Schweiz und Österreich wird das im nächsten Kapitel ebenfalls skizziert – Rechtsansprüche auf Beratung und gute Begleitung geschaffen. Ob sie ausreichend sind, wird kontrovers diskutiert. Diese Ansprüche richten sich an die Kommunen. Ihre eigenen Sozialen Dienste oder die bei freien Trägern (in der Schweiz bei den DAF's) geschaffenen sollen eine hinreichende Unterstützung von Pflegekindern und – an anderen Stellen im Gesetz geregelt – die der Eltern sicherstellen. Mir erscheint die Betreuung von Kindern in Pflegefamilien nur verantwortbar, wenn alle beteiligten Menschen die Unterstützung durch einen leistungsfähigen, professionellen Dienst erhalten. Geschieht dies nicht oder nur halbherzig, verschärfen sich die Risiken noch zusätzlich, und die Chancen von Pflegefamilien können nicht ausgeschöpft werden.

So gehören die Teile des Dreisatzes zusammen: Die Lösung einer wichtigen gesellschaftlichen Aufgabe setzt die Unterstützung durch die Gesellschaft und die von ihr geschaffenen Sozialen Dienste voraus. Dann kann das Komplizierte gelingen: Die Pflegekinder können sich gut entwickeln, die Eltern können die Probleme, die aus der Trennung von ihren Kindern resultieren, bewältigen, und die Pflegeeltern können auch schwierige Phasen überstehen, ohne dass die Zweifel am Sinn ihrer wichtigen Aufgabe allzu groß werden.

Konkurrierende Modelle von Pflegefamilien stellen diese unter einen generellen Verdacht. Erwachsene, die ein ihnen (zu Beginn) fremdes Kind aufnehmen, erscheinen dann als verdächtig und werden misstrauisch betrachtet: Ihre Motive müssen genau unter die Lupe genommen und kontrolliert werden, ihre Eignung muss genau überprüft werden und wird bei Schwierigkeiten sofort generell in Frage gestellt. Diesen Modellen aus einer Kultur des Misstrauens folgt die Darstellung hier nicht. Die Fragen nach Kontrolle, Eignungsprognose und dem Kinderschutz in Pflegefamilien werden allerdings eine wichtige Rolle spielen.

Pflegefamilien als unkonventionelle Familien

Auf Fragen nach der Normalität und ihren Grenzen („Ist das noch normal?") gibt es in unserer Gesellschaft keine einheitlichen Antworten. Menschen unterschiedlicher Altersgruppen, Milieus oder Geschlechter haben ihre eigenen Vorstellungen. An emotional bedeutsamen Themen wird das besonders deutlich. Wie ein normales oder gutes Verhältnis von Erwachsenen und Kindern sein soll, wie sie miteinander umgehen sollen und was sie auf keinen Fall tun dürfen, darüber haben auch die Menschen in der gleichen Gesellschaft und Zeit unterschiedliche Vorstellungen. In historischer oder interkultureller Perspektive werden die Differenzen noch deutlicher sichtbar. Auch wenn Gesetze einen Rahmen setzen und Spielräume begrenzen, bleibt ein großes Spektrum an zugelassenen Antworten.

Normalität ist also eine schillernde Kategorie. Das wird auch in den Antworten deutlich, ob Pflegefamilien normale oder richtige Familien sind. Erwachsene und Kinder leben alltäglich in einem Haushalt zusammen, die Erwachsenen üben Elternfunktionen für die Kinder aus. Oft sprechen die Kinder die Erwachsenen auch als Mama oder Papa an und sagen ganz selbstverständlich, das seien ihre Eltern. Das sieht nach richtiger Familie und richtigen Eltern aus. Aber es gibt auch Situationen, in denen das offensichtlich nicht ganz passt. Spätestens wenn sich das Aussehen der Kinder und das der Pflegeeltern sehr stark unterscheidet oder wenn – zum Beispiel bei der Zustimmung zu einer medizinischen Operation – deutlich wird, dass den Pflegeeltern Rechte fehlen, die „richtige" Eltern haben, oder wenn das Pflegekind deutlich macht, dass das nicht seine Eltern, sondern „nur" die Pflegeeltern sind, wird das Komplizierte sichtbar.

Für diese Abweichungen von den Normalitätserwartungen gibt es unterschiedliche Begriffe. Mir scheint der Begriff „unkonventionelle Familie" für Pflegefamilien geeignet zu sein. Damit ist klargestellt, dass es sich um eine Familie – z.B. im Unterschied zur Organisation (vgl. Niederberger, Bühler-Niederberger 1988; Wolf 2014) – handelt. Er erfasst aber auch das Besondere dieser Familienformen durch die Differenz zwischen konventionellen und unkonventionellen Familien.

Dorett Funcke und Bruno Hildenbrand (2009: 10 f.) bestimmen das Verhältnis von unkonventionellen zu konventionellen Familienformen grundsätzlich und nicht nur bezogen auf Pflegefamilien so:

- ◼ „Ob ein Kind glücklich oder unglücklich aufwächst, ist nicht notwendig davon abhängig, ob es mit seinen leiblichen Eltern, mit dem Vater oder der Mutter alleine, in einer Stieffamilie, Adoptivfamilie oder Pflegefamilie lebt.

- ◼ Jedoch sind die Herausforderungen für das Aufwachsen in einer ‚unkonventionellen' Familie auf Grund der Differenz zur gelebten Praxis und zu den kulturellen Vorstellungen einer ‚konventionellen' Familie von besonderer Art.

- ◼ In dem Maß, in dem die Beteiligten kreative Lösungen für die Gestaltung von Unterschieden zwischen ‚konventionellen' und ‚unkonventionellen' Familienformen finden, wird auch die ‚unkonventionelle' Familie zu einem Ort des gedeihlichen Aufwachsens von Kindern.

■ Diese kreativen Lösungen beziehen sich auf die Gestaltung unterschiedlicher Formen von Abwesenheit: der Abwesenheit des leiblichen Vaters oder der leiblichen Mutter bei Alleinerziehenden und in Stieffamilien, der Abwesenheit der leiblichen Eltern bei Adoptiv- und Pflegefamilien."

Eine konventionelle Familie besteht nach ihrer Definition aus der Triade leibliche Mutter – leiblicher Vater – Kind. Die Abwesenheit der Triade definiert die unkonventionelle Familienform, nicht etwa ein unkonventioneller Lebensstil oder Ähnliches. Die Pflegefamilie ist nicht die einzige Form unkonventioneller Familien, sondern eine von mehreren Varianten.

Pflegekinder als Kinder und Jugendliche

Auf andere Weise vielschichtig sind Antworten auf die Frage, ob Pflegekinder normale Kinder sind. Die Frage selbst kann schon als Unverschämtheit empfunden werden. Wenn man sich aber anschaut, welche Themen und Adjektive häufig mit Pflegekindern verknüpft werden, wird das Profil einer sozialen Konstruktion von Pflegekindern deutlich: Sie werden oft pauschal als traumatisiert oder bindungsgestört diagnostiziert, in ihrem Leben sollen sich alle möglichen Schwierigkeiten anhäufen, und sie gelten dann als eine Hochrisikogruppe besonders gefährdeter Menschen.

Daniela Reimer (2017:11) zitiert am Anfang ihrer insgesamt sehr lesenswerten Untersuchung eine Frau, die ihre Erfahrungen so beschreibt:

> „Ich hab manchmal so den Eindruck gehabt, dass viele Menschen unheimlich überrascht sind, wenn ich sage, ich bin Pflegekind, ich glaube, die stellen sich unter Pflegekindern was ganz anderes vor, also ich hatte immer so den Eindruck, man muss entweder wirklich behindert sein, geistig behindert oder sechs Ohren haben, also man muss irgendwie ganz anders sein [...] also es gibt 'ne Menge Vorurteile, wie ich finde, die einem dann auch entgegengebracht werden. Es haben ja auch wirklich sehr viele gesagt und, da war ich auch sehr überrascht, (verstellte Stimme),ja, Mensch, und dann ist aus dir das geworden, was du jetzt bist, das hätte ich aber auch nicht gedacht, du musstest eigentlich ja ganz anders dastehen', also ich hab immer so den Eindruck, dass viele glauben, ja wie soll ich das nur beschreiben, also man darf keinen Schulabschluss haben, man darf keine Ausbildung haben, man müsste schon sechs Mal verheiratet gewesen sein, acht Kinder haben von acht unterschiedlichen Männern, also ein Stück weit sozial schwach hat man gefälligst zu sein (Iris, 32 Jahre)."

Iris, die nach einer belastungsreichen Kindheit erst im Alter von 14 Jahren zu einer alleinerziehenden, älteren Pflegemutter gekommen ist, dort viele neuartige Erfahrungen gemacht hat – wir werden sie später noch in anderen Zitaten kennenlernen – und eine bemerkenswerte Bildungskarriere gestartet hat, erlebt verwunderte Reaktionen auf ihre Geschichte als Pflegekind und schließt daraus auf merkwürdige Vorstellungen, die in der Gesellschaft über Pflegekinder bestehen.

Diese gesellschaftlichen Vorstellungen von Pflegekindern haben manchmal eine sorgende Seite: Die Pflegekinder gelten dann als besonders schutzbedürftig, sollen geschont werden und Hilfen für die Aufarbeitung ihrer Traumata bekommen. Die Kehrseite ist, dass sie dann kaum noch einfach als Kinder und Jugendliche, Mädchen und Jungen wahrgenommen werden, die alle Themen und Fragen beschäftigen, die andere Kinder auch haben, und die Bedürfnisse haben wie andere Mädchen und Jungen auch.

Ich empfehle, diese Normalität als Kinder in den Mittelpunkt des Nachdenkens über Pflegekinder zu stellen. Auf dieser Basis können wir dann auch nach den besonderen individuellen und vielleicht auch kollektiven Erfahrungen fragen, die Pflegekinder machen und überlegen, welche pädagogischen und manchmal auch therapeutischen Hilfen für sie nützlich sein können. Ein solcher Zugang, der den Kindern ihre Normalität nicht von vornherein bestreitet und die Wahrnehmung nicht auf Pathologien fixiert, ermöglicht ihnen, ihre eigenen Normalitätsbalancen (Reimer 2017) zu entwickeln.

Eine Anmerkung zu den Begriffen soll Irritationen vermeiden, die neuerdings entstanden sind. Der Begriff „Pflegekind" wird in diesem Buch – wie oft in der Praxis und Fachdiskussion – in dem Sinn als Kind seiner Eltern oder Pflegeeltern verwendet. Dann ist die Position in der Eltern-Kind-Relation gemeint, nicht eine auf das Alter bezogene Bezeichnung (bis 14 Jahre). Kind seiner Eltern ist auch der erwachsene Mensch. An einigen Stellen betone ich aber auch das (höhere) Alter, dann ist von jugendlichen Pflegekindern, ihrer Adoleszenz oder von Jugendlichen in der Pflegefamilie die Rede.

Eltern mit verwirkter Elternschaft?

Welche Vorstellungen gibt es von den Eltern, deren Kinder für kurze oder längere Zeit in einer Pflegefamilie leben? Das Spektrum – sowohl im wissenschaftlichen als auch im politischen Raum – reicht von der Annahme, den Eltern seien durch harte Eingriffe von mächtigen Behörden ihre Kinder geraubt worden, und bei einer wohlwollenderen Unterstützung hätte man in den meisten Fällen die Herausnahme verhindern können, bis zur Unterstellung, die Eltern hätten ihre Kinder fast immer misshandelt und verletzt und damit alle Ansprüche verwirkt. Für beide extreme Annahmen gibt es Beispiele und passende Narrative, aber können die für die Gesamtheit der Eltern stehen? Das ist doch wenig plausibel. Es wird also darum gehen, auch hier Differenzierungen zu finden und vorschnelle Urteile zu vermeiden. Wir werden sehen, dass die biografischen Hintergründe der Eltern, ihre aktuelle Lebenslage bei der Unterbringung ihres Kindes, ihre Wünsche und Hoffnungen für die Zukunft und auch die Rechtsgrundlagen für die Unterbringung sehr unterschiedlich sein können.

Sehr oft ist es für die Eltern ein einschneidendes Erlebnis, dass ihr Kind nicht (mehr) bei ihnen leben soll und kann, sondern nun in einer anderen Familie. Eine Mutter beschreibt dies so:

> „Ich habe gedacht, ich schnappe über. Ich habe zwar einen kühlen Kopf bewahrt und alles eingepackt, was für Stefan wichtig war – sein Spieluhr und sein Kuscheltier, aber ich werde diesen schrecklichen Moment nie vergessen. Für mich fing danach das Drama erst richtig an. Weil ich mit meinem Leben nichts mehr anzufangen wusste. So traurig das ist, aber ich hatte damals kein eigenes Leben mehr, als meine Kinder weg waren. So habe ich dann selber angefangen zu trinken. Ich dachte, ich drehe durch. Ich wollte das Gefühl nur noch betäuben. Was natürlich auch wieder total falsch war." (Schäfer/Pierlings/Petri 2015: 61)

Ein – wie wir später sehen werden – problematisches Deutungsmuster kennzeichnet dies als verwirkte Elternschaft. Das meint, dass die Eltern jedes moralische Recht an ihrem Kind verloren haben, wenn sie ihm Gewalt angetan oder es stark vernachlässigt haben. Sie sollten sich nun völlig aus dem Leben des Kindes heraushalten. Die Rechtsordnungen vieler Länder sehen aber auch in diesem Fall neben den weiterhin bestehenden Pflichten – z.B. auf Unterhaltszahlungen – weiterhin Rechte der Eltern, z.B. auf Kontakt zu ihrem Kind vor. Ob das richtig und gerecht ist, wird oft unterschiedlich beurteilt und uns später intensiver beschäftigen. Die emotionalen Bewertungen hängen dabei auch von dem Bild ab, das wir uns von den leiblichen Eltern gemacht haben.

Diese Modelle, Vorstellungen, Deutungsmuster und Narrative vom Pflegekind, den Pflegeeltern und Eltern sollten wir immer mitreflektieren und uns fragen, wo sie vielleicht zu einseitig sind oder auf Generalisierungen beruhen, die dem Einzelfall nicht gerecht werden. Zum Beispiel in der kollegialen Beratung kann dies auch ein wichtiges professionelles Element der Auseinandersetzung mit grundlegenden Haltungen sein.

Arbeitsaufgabe 2:

Betrachten Sie zum Abschluss dieses einführenden Kapitels Ihre Notizen zu den Fragen am Beginn noch einmal.

a) Würden Sie Korrekturen oder Relativierungen vornehmen?
b) Wo fühlen Sie sich bestätigt?

Notieren Sie gerne beides.

3. Kapitel: Rechtliche Rahmungen in der Pflegekinderhilfe

Zusammenfassung:

Vielfältige rechtliche Regelungen beeinflussen das Leben in Pflegefamilien, die Beziehungen der Menschen und die Aufgaben der Sozialen Dienste. Die Darstellung konzentriert sich auf die Facetten, die zu Strukturmerkmalen im Lebensfeld in und um die Pflegefamilien führen und somit die Entwicklungschancen unmittelbar beeinflussen. Dazu gehören rechtliche Regelungen zur Entstehung des Pflegeverhältnisses und den Rechten der Pflegeeltern, Eltern und Kinder.

Rechtliche Aspekte spielen bei den Entscheidungen Sozialer Dienste häufig eine wichtige Rolle. Wie immer gibt es einige Literaturhinweise, die ein vertiefendes Selbststudium erleichtern sollen (ein guter Überblick zu den – inzwischen allerdings teilweise geänderten – rechtlichen Grundlagen: Küfner/Schönecker 2011; Salgo 2013). Die rechtlichen Regelungen in verschiedenen, manchmal auf unterschiedlichen Leitgedanken beruhenden Gesetzen – insbesondere im BGB und SGB VIII – sind lange kontrovers diskutiert worden. Diese Debatten haben 2021 zu einigen wesentlichen Änderungen des SGB VIII durch das Kinder- und Jugendstärkungsgesetz (KJSG) in Deutschland beigetragen. Auf die rechtliche Situation in Österreich und der Schweiz blicken wir kurz am Ende dieses Kapitels.

In den Gesetzen und in der Folge oft auch in Gerichtsentscheidungen werden manchmal Begriffe verwendet, die sich vom Sprachgebrauch der Betroffenen unterscheiden. So wird z.B. im § 33 SGB VIII der Begriff „Vollzeitpflege" verwendet, der diese als Betreuung über Tag und Nacht von der Tagespflege abgrenzt. Damit wird ein zentrales Strukturmerkmal umrissen. Die Bezeichnung Pflegeperson vermeidet die Bezeichnung als Eltern und distanziert damit von der Elternrolle und den Elternfunktionen und fokussiert auf die Person, die die Pflege durchführt.

> Oft habe ich beobachtet, dass Pflegeeltern Unbehagen signalisierten, wenn sie in Vorträgen als Pflegepersonen angesprochen wurden. Dieser Begriff traf nicht ihr Selbstverständnis als soziale Eltern, sondern erschien ihnen zu technisch, neutral, emotionslos und verfehlte in ihrem Empfinden den emotionalen Kern ihrer Aufgabe und Tätigkeit. Der Begriff „Pflegestelle" anstatt Pflegefamilie löste ähnliches Unbehagen aus.

Die Eltern werden oft in ihrer Funktion als Träger der Personensorge angesprochen, also als Personensorgeberechtigte. Die Bezeichnungen in Gesetzen haben oft – wie in diesem Fall – eine präzise definierte Bedeutung, dienen damit der Kommunikation unter den Experti*nnen und können bei den Menschen, die so bezeichnet werden, Irritationen auslösen.

Wie ist die Entstehung von Pflegeverhältnissen rechtlich geregelt?

Unterschiedliche, rechtlich vorgezeichnete Wege können in Pflegeverhältnisse führen. Eine wichtige Unterscheidung ist die, ob die Unterbringung eines Kindes in der Pflegefamilie mit Zustimmung der Eltern oder gegen ihren Willen erfolgt.

Wenn die Eltern selbst um Unterstützung bei der Erziehung ihres Kindes beim Jugendamt nachsuchen und zusammen mit den Fachkräften des Jugendamtes und ggf. auch mit Beteiligung des (älteren) Kindes zu dem Ergebnis kommen, dass die Unterstützung notwendig und die Unterbringung in einer Pflegefamilie geeignet ist, wird sie als Hilfe zur Erziehung nach §§ 27 und 33 SGB VIII eingerichtet. Sie ist nicht nur freiwillig, sondern als eine Sozialleistung für die Eltern (als Personensorgeberechtigte) rechtlich formatiert. Allerdings fühlen sich die Eltern manchmal auch unter Druck gesetzt, die Hilfe zur Erziehung – die sie dann (zunächst) nicht als echte Hilfe erleben – anzunehmen, da sie befürchten, dass sonst einschneidendere Maßnahmen erfolgen könnten – die z.B. mit Eingriffen in ihre Rechte als Eltern und einer Unterbringung ihres Kindes gegen ihren Willen verbunden sind.

Stimmen die Eltern – ggf. trotz ernster Gespräche – nicht zu, müssen die Fachkräfte des Jugendamtes eine komplexe Einschätzung vornehmen, ob das körperliche, geistige oder seelische Wohl des Kindes erheblich gefährdet ist (vgl. Kommentare zum § 8a SGB VIII, z.B. Wiesner 2011a), und dann die Herausnahme und Unterbringung z.B. in einer Pflegefamilie unvermeidbar ist. Haben sie dafür gewichtige Anhaltspunkte, können und müssen sie das Familiengericht anrufen. Dies entscheidet, ob es in die Rechte der Eltern eingreifen kann und muss (grundsätzlich: Zenz 1981). Dann kann die Unterbringung des Kindes in einer Pflegefamilie auch gegen den Willen der Eltern erfolgen. Ein Teil oder die gesamte Personensorge wird dann auf eine(n) Ergänzungspfleger*in oder Vormünd*in übertragen. Damit betritt ein weiterer Akteur die Bühne des Pflegeverhältnisses, redet mit und trifft Entscheidungen.

Manchmal gibt es die Vorstellung, dass bei fast allen Pflegekindern in die Rechte der Eltern eingegriffen wurde. Diese Vermutung, die oft mit negativen Annahmen über die Eltern verbunden wird, die ihre Elternschaft verwirkt hätten, ist falsch. Bei 32 % der begonnenen Pflegeverhältnisse haben Familiengerichte die elterliche Sorge teilweise oder vollständig entzogen (vgl. v. Santen/Pluto/Peucker 2019: 42). Dieser Anteil ist im Vergleich zu anderen Hilfen zur Erziehung hoch, aber bei gut 2/3 der Herkunftsfamilien ist das eben nicht der Fall.

Unterschiedliche Szenarien und Verfahren können das Pflegeverhältnis – insbesondere die Zusammenarbeit von Eltern, Pflegeeltern und Sozialen Diensten – nachhaltig beeinflussen. Oft bestehen hier sehr unterschiedliche Wahrnehmungen und Interessen (Wolf 2016). Ob es am Anfang und auf Dauer gelingt, diese miteinander zu verbinden, gute Kompromisse und eine gemeinsame Basis zu finden, beeinflusst die Entwicklungschancen der Kinder und die Stabilität der Pflegefamilie stark. Diese Themen werden uns daher immer wieder beschäftigen. Hierfür ist auch das Kinder- und Jugendstärkungsgesetz (KJSG) relevant, das die Rechte der Pflegekinder und die Prävention für Familien mit besonderen Belastungen stärken will.

Neben der rechtlichen Rahmung als Hilfen zur Erziehung spielen auch die Inobhutnahme und die Hilfen für junge Volljährige eine Rolle. Wenn das Kind selbst um Inobhutnahme bittet oder eine dringende Gefahr für sein Wohl besteht, ist das Jugendamt verpflichtet, es in Obhut zu nehmen (ausführlich zu vielen Aspekten der Inobhutnahme: Fachgruppe Inobhutnahme 2020) und kann es vorläufig in einer Pflegefamilie – oft werden dafür spezielle Bereitschaftspflegefamilien gewählt – unterbringen.

Pflegekinder, die volljährig werden, können selbst ihre weitere Betreuung in ihrer Pflegefamilie beantragen oder sogar als junge Volljährige erstmals ihre Aufnahme beim Jugendamt beantragen. Dann erfolgt eine Hilfe für junge Volljährige (§ 41 SGB VIII) in einer Pflegefamilie. Die Rechte der jungen Volljährigen wurden im KJSG durch den Anspruch auf Nachbetreuung und eine günstigere Regelung zur Kostenheranziehung endlich gestärkt.

Noch einmal anders war die Eingliederungshilfe für sogenannte „seelisch behinderte Kinder" im § 35a SGB VIII und die für Kinder auch mit anderen Behinderungen im SGB XII geregelt. Auch hier gibt es grundlegende rechtliche Neuregelungen im KJSG, das den Leitgedanken der Inklusion umsetzen will. Die Folgen der veränderten Rechtslage kann ich noch nicht abschätzen, zumal viele erst 2028 Inkrafttreten werden.

Pflegekinder, die volljährig werden, erfahren einen grundsätzlichen Wechsel der rechtlichen Basis für ihr Leben in der Pflegefamilie: Die rechtliche Konstruktion einer Sozialleistung für ihre Eltern endet, sie können und müssen nun selbst einen Antrag auf Hilfe für junge Volljährige stellen (§ 41 SGB VIII). Dies steht oft in Spannung zu ihrem Selbstverständnis als Familienmitglied: Das gemeinsame Wohnen oder die Familienmitgliedschaft enden doch nicht aufgrund eines Verwaltungsaktes des Jugendamtes (Entscheidung über ihren Antrag). Aus der Sicht des Amtes hingegen ist eine immer befristete und an Bedingungen geknüpfte Sozialleistung beendet. Hier treffen – wie so oft in der Sozialen Arbeit – unterschiedliche Logiken aufeinander.

Eine besondere Stellung hat die Verwandtenpflege. Sie kann sowohl als formelle Hilfe zur Erziehung als auch als privates Pflegeverhältnis rechtlich formatiert werden. Wenn Eltern entscheiden, dass ihr Kind bei Verwandten – insbesondere Großeltern – leben soll und dies ohne Rücksprache mit dem Jugendamt tun und auch keine Leistungen des Jugendamtes – wie sie bei den Hilfen zur Erziehung gewährt werden – in Anspruch nehmen wollen, besteht ein privates Pflegeverhältnis. Die Verwandten bis zum dritten Grad benötigen keine Erlaubnis als Pflegeeltern (§ 44 SGB VIII). Diese informelle Verwandtenpflege außerhalb der Hilfen zur Erziehung ist den Jugendämtern oft nicht bekannt und erscheint in den amtlichen Statistiken nicht systematisch. Das Thema wird im 5. Kapitel wieder aufgegriffen.

Eingeschränkte Rechte der Pflegeeltern

Wenn die Pflegeeltern nicht zugleich die Vormundschaft ihres Pflegekindes übernommen haben – was in Deutschland sehr selten ist – sind die Eltern, ein(e) Vormünd*in oder ein(e) Ergänzungspfleger*in (für einen Teil) Träger der Personensorge. Für die hier nicht weiter behandelte Vermögenssorge gilt das auch. Sie haben die Befugnis, die wesentlichen Entscheidungen für das Kind zu treffen. Die Pflegeeltern sind lediglich berechtigt, Angelegenheiten des täglichen Lebens zu entscheiden, also solche, die keine schwer abzuändernden Auswirkungen auf die Entwicklung des Kindes haben (vgl. § 1687 BGB) und häufig vorkommen.

Zur Frage, welche Entscheidungen Angelegenheiten von erheblicher Bedeutung und welche solche des täglichen Lebens sind, gibt es viele Gerichtsentscheidungen. Wenige Beispiele aus der insgesamt lesenswerten Darstellung von Marion Küfner und Lydia Schönecker (2011: 67–70) sollen dies illustrieren.

Angelegenheiten von erheblicher Bedeutung sind z.B.:

- die Einwilligung zu Operationen (auch bei Routineeingriffen) oder zum Piercing,
- die Auswahl einer Kindestageseinrichtung oder Schule,
- Entscheidungen über Taufe oder Teilnahme am Religionsunterricht oder
- Namensänderungen.

Angelegenheiten des täglichen Lebens sind z.B.:

- gewöhnliche medizinische Vorsorgeuntersuchungen,
- Entschuldigungen für Fehlen in der Schule oder die Teilnahme an Elternabenden,
- Teilnahme am Gottesdienst oder
- Beantragung eines Kinderausweises.

Diese Beispiele zeigen, dass die Rechte der Pflegeeltern nicht sehr weit gehen. Umso wichtiger ist ein gutes Zusammenwirken der Menschen, die Inhabern der Personensorge sind – also der Eltern oder Vormünd*innen /Ergänzungspfleger*innen – mit den Pflegeeltern. Sie sollten sich absprechen, möglichst eine gemeinsame Haltung entwickeln und dabei das Kind einbeziehen. Das Jugendamt kann und soll – wie die SGB VIII-Reform betont – auch dazu beitragen, dass unterschiedliche Interessen nicht zu Konflikten führen, die eine gute Entwicklung der Kinder gefährden.

Am Beispiel eines Pflegevertrags zwischen Personensorgeberechtigten und Pflegeeltern beschreiben Küfner/Schönecker (2011: 74) einen guten Ablauf so:

> „Konkret kann dies so aussehen, dass das Jugendamt die Eltern und die Pflegeeltern zu einem gemeinsamen Kennenlerngespräch bittet, an dessen Ende es ihnen den Pflegevertrag aushändigt und ihnen aufgibt, sich in Ruhe zu überlegen, mit welchen Regelungen sie einverstanden sind und mit welchen nicht bzw. ob sie ggf. zusätzliche Angelegenheiten geregelt wissen wollen. Es wird ein weiterer Termin vereinbart, um Bedenken und Unklarheiten zu besprechen. Wenn sich Personensorgeberechtigte und Pflegeeltern einig sind, kann in diesem zweiten oder auch in einem weiteren Treffen der Pflegevertrag mit evtl. Änderungen unterschrieben werden.“

Wenn das Kind schon länger in der Pflegefamilie lebt und dort beheimatet ist, sind die Pflegeeltern oft die wichtigsten Bezugspersonen und mit dem Kind und seiner Entwicklung gut vertraut. Dann können es Kinder und Erwachsene wie einen Fremdkörper empfinden, dass die wichtigen Weichenstellungen z.B. ein(e) Amtsvormünd*in trifft, die für das Kind eine ziemlich fremde Person ist. Ein sensibler Umgang und Respekt vor der alltäglichen Sorge der Pflegeeltern und den Wünschen der Kinder erleichtert es in einem Feld, in dem viele mitreden und entscheiden wollen, konstruktive Lösungen zu finden. Wenn die Konflikte schon zugespitzt sind und vor Familiengerichten ausgetragen werden, ist oft nur noch eine Schadensbegrenzung möglich. Deswegen spreche ich auch von rechtlichen Rahmungen des Pflegeverhältnisses. Innerhalb des Rahmens haben die Fachkräfte und die Betroffenen viele Möglichkeiten, im Einzelfall gute Wege zu finden.

Dreieck Eltern – Pflegeeltern – Jugendamt

Im Dreiecksverhältnis zwischen den Eltern (hier und im Folgenden in ihrer Rolle als Personensorgeberechtigte), dem Jugendamt und den Pflegeeltern bestehen mehrere rechtliche Beziehungen, die die Entwicklungschancen der Kinder, das Leben der Pflegefamilie und das Verhältnis von Herkunfts- und Pflegefamilie beeinflussen. Sie sollen hier grob skizziert werden.

Die Eltern haben – wenn ein erzieherischer Bedarf besteht und die Betreuung in einer Pflegefamilie geeignet und notwendig ist – einen Anspruch an das Jugendamt auf Hilfen zur Erziehung. Das Jugendamt entscheidet über den Antrag oder Wunsch der Eltern. Wenn das Jugendamt diese Sozialleistung bewilligt, sucht es eine geeignete Pflegefamilie. Diese muss hinsichtlich ihrer Eignung im Allgemeinen und für dieses spezielle Pflegekind überprüft und auf die Aufnahme vorbereitet sein. Dann schließen Jugendamt und Pflegeeltern eine Vereinbarung ab, die z.B. Aussagen zur Höhe des Pflegegeldes und die Begleitung der Pflegefamilie enthalten können. Anscheinend sind die Rechtsbeziehungen aber noch viel komplizierter (vgl. Küfner/Schönecker 2011: 71–76), da die Personensorgeberechtigten den Anspruch auf Pflegegeld haben, den sie dann an das Jugendamt abtreten, das es an die Pflegefamilie ausbezahlt. Die Pflegeeltern haben außerdem einen Anspruch auf Beratung und Begleitung gegenüber dem Jugendamt und Verpflichtungen, das Amt über wichtige Ereignisse zu informieren (vgl. § 37b SGB VIII).

Aber auch zwischen Pflegeeltern und Eltern entsteht eine rechtliche Beziehung. Die Eltern und Pflegeeltern müssen klären, ob die Pflegeeltern über die alltäglichen Angelegenheiten hinaus weitere Entscheidungsbefugnisse haben sollen. Das können sie – wie in dem vorherigen Beispiel skizziert – in einem Pflegevertrag festhalten. Auch Umgangskontakte sollten besprochen und geregelt werden. Fachkräfte des Jugendamtes können ihr Wissen und ihre Erfahrungen einbringen und ggf. moderieren. Erst wenn einvernehmliche Absprachen misslingen, kommt das Familiengericht ins Spiel.

Weil die Eltern, Pflegeeltern und das Kind – wie wir bereits am Anfang gesehen hatten und wie nun durch die komplexen Rechtsverhältnisse noch einmal unterstrichen wird – komplizierte Aufgaben lösen müssen, kommen dem Jugendamt wichtige Aufgaben zu, die auch in Gesetzen – insbesondere im SGB VIII – benannt werden und dann mit dem Fachwissen in der Sozialen Arbeit umgesetzt werden können und müssen.

Die Fachkräfte des Jugendamtes müssen Einschätzungen zum erzieherischen Bedarf treffen – was oft eine Chiffre für eine Not der Kinder und für erhebliche Belastungen der Familien ist – und Antworten auf diese Notlagen in Kooperation mit Eltern und Kindern finden, z.B. in Hilfeplangesprächen. Wenn die geplante Hilfe geeignet und notwendig ist, müssen sie geeignete Pflegeeltern finden, eine Eignungsprognose stellen und sie gut vorbereiten. Dabei ist auch das Wunsch- und Wahlrecht der Eltern zu berücksichtigen. Das sind nur einige wichtige Facetten, weitere werden in späteren Kapiteln dargestellt.

Das Jugendamt als Organisation hat – vielfach gesetzlich geregelt – die Gesamtverantwortung im Einzelfall und generell für die Planungen. Es muss aber nicht alle Aktivitäten selbst durchführen, sondern kann viele Aufgaben an anerkannte Träger der freien Jugendhilfe übertragen. Insbesondere die Werbung von Pflegeeltern, ihre Vorbereitung und Begleitung, die Moderation bei Spannungen zwischen Eltern und Pflegeeltern kann sie an Pflegekinderdienste freier Träger delegieren. Wenige hoheitliche Aufgaben bleiben dem Jugendamt grundsätzlich vorbehalten. Während vor 25 Jahren in Deutschland nur sehr selten freie Träger in der Pflegekinderhilfe tätig waren, haben sie nun in einigen – allerdings weiterhin wenigen – Regionen sogar komplexe Zuständigkeiten, häufiger aber einzelne Aufgaben übernommen (vgl. v. Santen/Pluto/Peucker 2019: 84 und 89 f.).

Rechte der Pflegekinder

Da Kinder Menschen sind, gelten die Menschenrechte auch für sie. Alle Erklärungen, Konventionen und grundlegenden gesetzlichen Regelungen, die z.B. die Würde des Menschen schützen sollen, sind gerade auch für Kinder und Jugendliche wichtig. Themen von Benachteiligung und Armut, der gesellschaftliche Umgang mit Behinderung oder die Zugehörigkeit zu einer Minderheit, der die Anerkennung verweigert wird, berühren Menschensrechtsfragen und damit auch die Lebensverhältnisse und Entwicklungschancen der Kinder. Vielleicht könnten wir annehmen, dass ihre Themen damit auch in den allgemeinen Menschenrechtsthemen aufgehen würden.

Das überzeugt aber viele nicht, und gerade in der Pflegekinderhilfe gibt es spezifische Diskussionen, die oft, mit Bezug auf die UN-Kinderrechtskonvention, eine besondere und stärkere Berücksichtigung der Rechte der Kinder – z.B. in der Relation zu den Rechten der Eltern – fordern und bisher vermissen. Zum Beispiel in der Schweiz führte die Ratifizierung der UN-Konvention zu einer grundsätzlichen Überarbeitung der Pflegekinderverordnung (PAVO) und bis heute zu intensiven Diskussionen über die rechtliche Stellung der Pflegekinder (vgl. Häfeli 2016; SODK und KOKES 2020).

Die UN-Kinderschutzkonvention, in der im Artikel 5 auch die Respektierung der Elternrechte gefordert wird, dekliniert in vielen Artikeln vor dem Hintergrund einer besonderen Verletzbarkeit von Kindern verschiedene Rechte, die beeinträchtigt sein können, durch.

Arbeitsaufgabe 3:

Besorgen Sie sich bitte die Kinderrechtskonvention (zum Beispiel hier: https://w ww.unicef.de/informieren/ueber-uns/fuer-kinderrechte/un-kinderrechtskonventi on) und prüfen Sie, an welchen Stellen die Unterzeichnerstaaten Verpflichtungen eingegangen sind, die gerade auch für Pflegekinder Bedeutung haben könnten. Sehen Sie Defizite in der Umsetzung dieser allgemeinen Prinzipien?

Kinder sind von familiengerichtlichen Verfahren, in denen möglicherweise die Rechte ihrer Eltern beschränkt und indirekt über ihren Lebensort (Herausnahme, Verbleib in der Pflegefamilie) entschieden werden, existenziell betroffen. Auch Entscheidungen über Umgangsregeln – sie dürfen oder müssen ihre Eltern regelmäßig treffen – können für sie eine große Bedeutung haben (Pierlings 2011). Deswegen sind in verschiedenen Gesetzen – insbesondere im BGB, SGB VIII und im FamFG (Gesetz über das Verfahren in Familiensachen und in den Angelegenheiten der freiwilligen Gerichtsbarkeit) – Regelungen zu ihren Rechten auf Anhörung, Beteiligung und – an wenigen Stellen für Jugendliche – ein Beschwerderecht enthalten (Übersicht z.B.: U. Schulz 2015). Die Rechte der Kinder und Jugendlichen in Pflegefamilien sollen durch das neue KJSG wesentlich erweitert werden. Dem dienen viele Einzelregelungen und auch z.B. die Einführung von Ombudsstellen.

Da es für die Kinder auch wegen der Komplexität rechtlicher Regelungen und manchmal der unterschiedlichen Interessen von Eltern und Pflegeeltern schwer ist, ihre Interessen zu Gehör zu bringen, kann das Familiengericht einen Verfahrensbeistand (früher: Verfahrenspfleger) bestellen:

> „Er hat das Kind über Gegenstand, Ablauf und möglichen Ausgang des Verfahrens in geeigneter Weise zu informieren. Soweit nach den Umständen des Einzelfalls ein Erfordernis besteht, kann das Gericht dem Verfahrensbeistand die zusätzliche Aufgabe übertragen, Gespräche mit den Eltern und weiteren Bezugspersonen des Kindes zu führen sowie am Zustandekommen einer einvernehmlichen Regelung über den Verfahrensgegenstand mitzuwirken. Das Gericht hat Art und Umfang der Beauftragung konkret festzulegen und die Beauftragung zu begründen. Der Verfahrensbeistand kann im Interesse des Kindes Rechtsmittel einlegen." (§ 158, Abs. 4 FamFG)

Sehr wünschenswert wäre eine Untersuchung, die zeigt, wie die Kinder die Tätigkeit ihres Verfahrensbeistandes erleben und was sie als hilfreich oder zusätzlich belastend wahrnehmen. Die (fehlende) Beteiligung und Partizipation der Kinder bei Entscheidungen der Sozialen Dienste und Gerichte ist intensiver diskutiert worden, und dies hat bei den Gesetzesänderungen 2021 positive Spuren hinterlassen. Die Forschung zeigte bisher, dass die Kinder es oft als eine Ausnahme und besondere Erfahrung schildern, wenn Fachkräfte sie ernst genommen, ihnen zugehört oder ihre Fragen angemessen beantwortet haben. Es bleibt zu beobachten, ob und wie umfangreich das KJSG Veränderungsimpulse im Alltag der Kinder anstoßen kann.

Ein positives Beispiel beschreibt Pia (alle Namen sind anonymisiert) als Erwachsene, auf die Zeit in der Pflegefamilie zurückblickend: „Ja, und das war bei dem Herrn Wagener nicht so. Der hat sich auch unterhalten und hat auch gesagt: ‚Wenn du alleine reden willst, kannst du das ruhig.' Der hat mir auch Fragen beantwortet, die ich gestellt habe. Nicht wie die anderen: ‚Darf ich nicht sagen.' Oder: ‚Bist du noch zu jung für.' Oder irgendwie so was. Der hat mir die Fragen beantwortet, die ich wissen wollte über meine Familie. Und der war auch immer ehrlich mit mir und hat auch immer dafür gesorgt, dass ich das so alles hinkriege, wie ich das will." (Pierlings 2011: 79)

Arbeitsaufgabe 4:

Gibt es rechtliche Rahmungen, über die Sie sich gewundert haben, und solche, die Ihnen zweifelhaft erscheinen? Notieren Sie die bitte. Vielleicht können Ihre Zweifel zukünftig zu Veränderungsimpulsen werden.

Rechtliche Rahmungen in Österreich

Die für das Leben in Pflegefamilien und die Entwicklungschancen der Pflegekinder besonders relevanten Bestimmungen in Österreich haben eine Reihe von Gemeinsamkeiten mit der in Deutschland – bei Unterschieden im Detail und in einigen Begriffen.

Ein grundlegender Unterschied – der der Darstellung hier auch enge Grenzen setzt – wurde durch die Entscheidung des österreichischen Gesetzgebers geschaffen, weite Teile der zuvor bundeseinheitlichen gesetzlichen Regelungen des „Bundesgesetz über die Grundsätze für Hilfen für Familien und Erziehungshilfen für Kinder und Jugendliche" (B-KJHG) auf die Bundesländer zu übertragen. Diese „Verländerung" führte dazu, dass seit 2020 sowohl die Gesetzgebungskompetenz als auch die Vollziehung allein den Bundesländern zukommt. Diese haben sich zwar verpflichtet, Instrumente, Leistungen und Mindeststandards des bisherigen Bundesgesetzes auch weiterhin in ihrer Gesetzgebung umzusetzen, aber das geschieht unterschiedlich. Eine differenzierte Darstellung der Länderregelungen ist hier nicht ansatzweise möglich. Es können nur holzschnittartig einige grobe Linien skizziert werden.

Auch in Österreich hat die Unterstützung der Erziehung in der Familie z.B. durch ambulante Hilfen einen hohen Stellenwert. Sie steht hier allerdings mit einer Gefährdung des Kindeswohls in Zusammenhang (Deutschland: erzieherischer Bedarf) und ist als Hilfe für die Kinder und Jugendlichen formatiert (Deutschland: für die Personensorgeberechtigten). Wenn die Gefährdung nur durch eine Erziehung außerhalb der Familie abgewendet werden kann, ist „volle Erziehung" (Deutschland: stationäre Unterbringung) zu gewähren, sie umfasst insbesondere die Betreuung bei nahen Angehörigen, bei Pflegepersonen oder in sozialpädagogischen Einrichtungen.

Eine wichtige Unterscheidung ist auch hier die zwischen einer freiwilligen, von den Eltern mit dem Jugendhilfeträger (Jugendamt) abgeschlossenen Vereinbarung zur Betreuung ihres Kindes in einer Pflegefamilie einerseits und die gerichtliche

Verfügung auf Antrag des Jugendhilfeträgers, der zu einer teilweise oder in selteneren Fällen vollständigen Entziehung der Obsorge (Deutschland: Personensorge) führt, andererseits.

Bei Gefahr im Verzuge und damit einer erheblichen Gefährdung des Kindeswohls ist eine sofortige Hilfe für die Kinder notwendig und möglich (ähnlich wie die Inobhutnahme in Deutschland). Auch eine Fortsetzung der Hilfen für junge Erwachsene höchstens bis zur Vollendung des 21. Lebensjahrs ist vorgesehen, wird aber häufig sehr restriktiv gehandhabt (vgl. Schatz 2021).

Bei der Gefährdungsabklärung sollen die Kinder und Jugendlichen – ihrem Entwicklungstand entsprechend – beteiligt werden.

Bei einer freiwilligen Unterbringung des Kindes bei Pflegepersonen im Rahmen der Erziehungshilfen des Kinder- und Jugendhilfeträgers werden meist nur Teile der Obsorge auf die Pflegeeltern übertragen, wie die Pflege und Erziehung, welche für die tägliche Ausführung der Elternpflichten (ähnlich Deutschland: Angelegenheit des täglichen Lebens) wichtig ist (vgl. Matschnigg 2018: 13).

Die Rolle freier Träger ist in den Bundesländern sehr unterschiedlich. Während die Landesbehörde von Vorarlberg die Pflegekinderhilfe vollständig an das Vorarlberger Kinderdorf als freien Träger übertragen hat, nimmt Wien diese Aufgabe ausschließlich als öffentlicher Kinder- und Jugendhilfeträger wahr (vgl. Scheipl 2011: 558).

Rechtliche Rahmungen in der Schweiz

In der Schweiz haben die kantonalen Jugendämter wichtige Aufgaben, insbesondere bei der Finanzierung und Beaufsichtigung von Pflegeverhältnissen. In einigen Kantonen insbesondere der deutschsprachigen Schweiz spielen „Dienstleistungsangebote in der Familienpflege" (DAF's) – vergleichbar den freien Trägern in Deutschland – bei der Gewinnung von Pflegefamilien, der Vermittlung von Pflegekindern, der Aus- und Weiterbildung von Pflegeeltern sowie der Begleitung und Beratung eine wichtige Rolle. Die Kindes- und Erwachsenenschutzbehörde (KESB) ist eine interdisziplinär zusammengesetzte Fachbehörde – in vielen Kantonen als gerichtliche, in anderen als Verwaltungsbehörde. Ist das Kindeswohl gefährdet, trifft die Kinderschutzbehörde Maßnahmen zum Schutz des Kindes, das gilt sowohl für die Herkunftsfamilien als auch für Pflegefamilien. Sie kann die Voraussetzungen für die Unterbringung des Kindes in einer Pflegefamilie schaffen, wenn dies zu seinem Schutz zwingend erforderlich ist. Sie kann einen Beistand/eine Beiständin einsetzen, der/die die Eltern unterstützen soll. Diese können notwendige Betreuungsmaßnahmen und damit auch die Unterbringung des Kindes in einer Pflegefamilie in die Wege leiten und begleiten das Kind ähnlich wie wir es bei der Vormundschaft gesehen haben.

Die Unterbringung in einer Pflegefamilie bedarf einer Bewilligung und untersteht der Aufsicht (vgl. Art 1 PAVO), d.h., es ist mindestens ein jährlicher Besuch durch eine Fachperson vorgeschrieben (vgl. Art 10 PAVO; Affolter/Vogel 2016). Die Pflegeeltern vertreten – soweit nichts anderes angeordnet ist – die Eltern in der

Ausübung der elterlichen Sorge, soweit es zur Erfüllung ihrer Aufgaben angezeigt ist (Art 300 ZGB – Schweizerisches Zivilgesetzbuch).

Die KESB überprüft, ob und wie lange die Eingriffe in die Rechte der Eltern noch notwendig sind. Lebt das Kind bereits längere Zeit bei den Pflegeeltern, kann die Kinderschutzbehörde seine Rückkehr untersagen, wenn dies die Entwicklung des Kindes ernsthaft gefährden würde (vgl. Art 398 Abs. 3 ZGB).

Wie in Deutschland und Österreich haben auch Eltern, denen die elterliche Sorge nicht mehr zusteht, einen Anspruch auf angemessenen persönlichen Verkehr (vgl. Art. 273 ZGB). Die stärkere Beteiligung der Pflegekinder spielt in der aktuellen Diskussion eine wichtige Rolle. Schon die „Verordnung über die Aufnahme von Kindern zur Pflege und zur Adoption" (PAVO) sieht vor, dass Pflegekinder über ihre Rechte aufgeklärt werden, eine Vertrauensperson zugewiesen bekommen, an die sie sich bei Fragen oder Problemen wenden können, und an allen Entscheidungen, die einen wesentlichen Einfluss auf ihr Leben haben, beteiligt werden (vgl. Art 1a PAVO). In aktuellen Empfehlungen wird dies konkretisiert (vgl. SODK/ KOKES 2020).

4. Kapitel: Wie es geworden ist: zur Geschichte der Pflegekinderhilfe

Zusammenfassung:

Was entdecken wir, wenn wir die Geschichte und die Entwicklung dessen betrachten, was wir heute Pflegekinderhilfe, Pflegefamilie und Pflegekind nennen? Zwei Themen werden in einer historischen Perspektive betrachtet: die Motive, ein Pflegekind aufzunehmen, und einige Wechselwirkungen zwischen Gesellschaftssystem und Fremdunterbringung.

Bereits bei der Beschreibung des Pflegefamiliendreisatzes wurde darauf hingewiesen, dass jede Gesellschaft eine Antwort auf die Frage finden muss, was mit den Kindern geschehen soll, die von ihren Eltern nicht ausreichend versorgt werden können und dass eine der Antworten darauf schon früh die Suche nach einer anderen Familie war. Daher gibt es eine lange Geschichte des Pflegekinderwesens, und sie wurde auch bereits von mehreren Autoren aufgeschrieben. Besonders anregend ist das Buch von Josef Martin Niederberger (1997), denn er hat durch Ausflüge in andere Gesellschaften nicht nur eine historische Perspektive eröffnet, sondern auch eine interkulturelle. Auch Jürgen Blandow (2004 und 2011) hat eine ausführliche Darstellung der Geschichte des Pflegekinderwesens gegeben, die insbesondere auch die Entwicklungen seit 1945 beschreibt und analysiert. In diesen Texten finden wir also bereits viele wichtige Informationen zur Geschichte, und sie sind zur Lektüre ausdrücklich empfohlen.

Für dieses Buch habe ich einen anderen, deutlich kürzeren Weg gewählt. Hier sollen einige historische Zusammenhänge entlang zweier Fragen dargestellt werden, die sich auf die Gründe für die Aufnahme eines Pflegekindes und auf Wechselwirkungen zwischen gesellschaftlichen Entwicklungen und dem Wandel der Nutzung von Pflegefamilien beziehen. So wird – wenn es gelingt – das besondere Profil der Antworten in unserer Zeit deutlich und damit manches, was uns heute selbstverständlich erscheint, als vorläufiger Zwischenstand einer langen Entwicklungslinie. Die ersten Antworten beziehen sich auf die Motive, ein Pflegekind aufzunehmen.

Warum haben Menschen Pflegekinder aufgenommen?

Drei Gruppen von Gründen für die Aufnahme von Kindern spielen (auch) in historischer Perspektive eine wichtige Rolle:

1. religiöse Verpflichtungen
2. wirtschaftliche Motive
3. Mitleid mit dem Kind und persönliche psychische Bedürfnisse

Diese Motive lassen sich nicht einer einzelnen historischen Phase zuordnen, sondern zumindest die ersten beiden gibt es mit unterschiedlichen Akzenten immer wieder. Das dritte tritt verstärkt erst im 20. Jahrhundert auf.

Religiöse Verpflichtungen

Die Sorge um Witwen und Waisen wird als eine heilige Pflicht in vielen Schriften genannt. So wird sie an mehreren Stellen im Alten und Neuen Testament und damit im Judentum – z.B. 2. Moses 22,21; Jeremia 5,28; Jesaja 1,17 (vgl. Weiler 1980: 171 f. auch zu anderen „Völkern der alten Welt") – und im Christentum (z.B. Jakobus 1,26) und ebenso im Koran (z.B. Suren 4:36; 76:8; 93:9) und damit in islamisch geprägten Ländern und Kulturen als eine heilige Pflicht begründet. Waisen gelten als besonders schutzbedürftig, sie sollen nicht bedrückt werden, ihnen soll Recht verschafft und sie sollen in ihrer Trübsal besucht werden. Im Koran heißt es z.B. in der 2. Sure Vers 220 über die Waisen: „Ihre Lage zu verbessern ist gut. Und wenn ihr ihre Angelegenheiten mit den euren zusammentut, so sind sie eure Geschwister."

Die Kirchen und Klöster – nur dieser Linie will ich noch ein wenig folgen – spielten dabei immer wieder eine Rolle. So wurden Waisen zu kirchlich unterstützten Witwen gegeben, die allerdings über 60 Jahre alt sein mussten (Niederberger 1997: 29). Damit hatten die Witwen ein neues Amt, und dies eröffnete eine Unterbringung auch außerhalb der Verwandtschaft.

Niederberger (1997: 35) schildert noch ein interessantes Beispiel:

> „Im Jahre 442 verfügte die Synode von Vaison unter Berufung auf ein Edikt der Kaiser Honorius und Theodosis II., daß jeder, der ein ausgesetztes Kind findet, dies der Kirche zu melden habe. Am folgenden Sonntag sollte dann der Fund von der Kanzel verkündet werden. Wenn das Kind innert zehn Tagen nicht zurückgefordert wurde, sollte es der Finder gegen Entgelt aufziehen. Diese Bestimmungen wurden in der Folge mehrfach bestätigt, zuletzt von einer fränkischen Synode des Jahres 744. Diese Maßnahme bestand also in Familienpflege, die übrigens von Geistlichen überwacht wurde."

Wie relativ fortschrittlich diese Praxis des Umgangs mit Findelkindern war, wird deutlich, wenn wir berücksichtigen, dass das Töten von ungewollten Kindern jedenfalls in der Antike nicht ungewöhnlich war:

> „Der Kindesmord in der Antike wird gewöhnlich heruntergespielt, obgleich es bei antiken Autoren Hunderte von eindeutigen Hinweisen darauf gibt, dass das Umbringen von Kindern eine allgemein akzeptierte alltägliche Erscheinung war. Kinder wurden in Flüsse geworfen, in Misthaufen und Jauchegruben geschleudert, in Gefäßen ‚eingemacht', um sie darin verhungern zu lassen, auf Bergen und an Wegrändern ausgesetzt als ‚Beute für Vögel, Futter für wilde Tiere'..." (DeMause 1977: 46)

Für diese Praxis, eine Machtverteilung zugunsten der Väter, die auch die Entscheidung über Leben und Tod ihres Kindes einschloss, und die Struktur der Empfindungen der Erwachsenen, die sie ermöglichten, gibt es vielfache Belege (auch: Niederberger 1997: 23 ff.). Es soll nicht der Eindruck erweckt werden, als ob religiöse Menschen oder gar die Kirchen immer eine in unseren Augen menschenfreundlichere Haltung hervorgebracht hätten. Aber religiöse Verpflichtungen beziehen sich doch sehr früh und grundlegend auch auf den Schutz von verlassenen Kindern.

Wirtschaftliche Motive

Wirtschaftliche Motive bestehen insbesondere darin, dass die Pflegekinder als Arbeitskraft aufgenommen und behandelt werden und dass sie um des Pflegegeldes willen aufgenommen werden. Beide Gründe erscheinen nicht sehr sympathisch und kinderfreundlich, waren aber häufig aus der Not geboren:

> „Es gibt Pflegefamilien, die selbst nichts ‚zu brechen und nichts zu beißen haben' und folglich auch das Pflegekind hungern lassen; Leute, die ‚im Sommer wie im Winter wie Pferde arbeiten' und auch das Pflegekind über alle Maßen beanspruchen." (Blandow 2004: 29 mit Bezug auf Heitkamp).

Pflegefamilien fand man damals nur in den ärmsten und niedrigsten Volksschichten – wie der Pfarrer des Stuttgarter Waisenhauses 1806 feststellt (vgl. Niederberger 1997: 79). Die Kinder wurden als Arbeitskräfte ausgebeutet, arbeiteten bis in den Abend schwer in der Landwirtschaft und erhielten keinerlei schulische Bildung (vgl. Heitkamp 1989: 45).

Von der Verhökerung von Kindern ab dem 7. Lebensjahr in Bettelgemeinden, bei denen es wie bei einer Viehversteigerung zuging, berichtet der Schweizer Pfarrer Jeremias Gotthelf in seinem 1837 erstmalig erschienenen Buch „Der Bauernspiegel" und auch davon, dass die Kinder bei Ankunft auf dem Hof, der sie ersteigert hatte, zumeist ihren Vornamen verloren und nur noch mit „Bub" angesprochen wurden (vgl. Blandow 2004: 28 f.).

Die Folgen der Ausbeutung konnten so gravierend sein, dass manchenorts auf eine Vermittlung in Pflegefamilien gänzlich verzichtet wurde:

> „Das preußische Militärwaisenhaus in Potsdam sah sich gezwungen, seine Vermittlungspraxis im Jahre 1712 gänzlich aufzugeben, weil die meisten der Kinder trotz des gewährten Kostgeldes so hart arbeiten mußten, daß ihnen jede Bildung abging und sie zudem gesundheitlich schwerste Schäden erlitten. Zahlreiche Knaben erreichten nicht das normale Wachstum oder verkrüppelten, so daß sie für den Militärdienst untauglich wurden" (Heitkamp 1989: 46).

So waren keine besondere Sensibilität und Sorge um die seelische Verfassung der Kinder nötig, sondern es reichten die militärpolitischen Folgen der Ausbeutung, um hier staatlicherseits einzugreifen. Die im Waisenhausstreit geführte Debatte, ob eher Waisenhäuser oder eher Pflegefamilien gut für die Kinder seien, zeigt ein vielschichtiges Bild: So löste zum Beispiel die hohe Sterblichkeitsrate in Waisenhäusern der damaligen Zeit scharfe Kritik aus, aber es zeigte sich bald, dass diese damals auch in Pflegefamilien nicht niedriger war (Heitkamp 1989: 46), also der erhoffte Fortschritt nicht eintrat.

Pflegekinder wurden als Arbeitskraft zur Sicherung des Familienunterhalts (Heitkamp 1989: 47) aufgenommen: oft aus Not und als Folge großer Armut, aber bei Handwerkern und Großbauern auch einfach als billige Arbeitskräfte verbunden mit großem Elend der verdungenen Kinder (vgl. Niederberger 1997: 76 und 84).

In der Schweiz gibt es bis heute in einer breiten Öffentlichkeit eine intensive und oft aufwühlende Diskussion über Verdingkinder, die bis in die 1970er-Jahre insbesondere auf Bauernhöfen ausgebeutet wurden und über deren hartes Schicksal (in wissenschaftlicher Analyse: D. Freisler-Mühlemann 2011).

> **Arbeitsaufgabe 5:**
>
> Recherchieren Sie bitte zum Thema Verdingkinder.
> Finden Sie die literarischen Quellen (wie Romane und Erlebnisberichte von Verdingkindern), Filme oder Fachliteratur aus der Schweiz, Deutschland und Österreich.
>
> a) Erstellen Sie eine Übersicht über die Formen von Gewalt und ihre Folgen für die Entwicklung und das Leben der Kinder.
> b) Was haben die Kinder als besonders schlimm erlebt? Analysieren Sie bitte, welche Strukturmerkmale (z.B. rechtliche Lage, politische und gesellschaftliche Bedingungen der Ungleichbehandlung) zu dieser Behandlung der Kinder beigetragen haben.
>
> In dem von Eva Ziss (1994) herausgegebenen Buch sind interessante, autobiografisch geschilderte Lebensgeschichten von 14 Ziehkindern aus Österreich abgedruckt. Auch diese eigenen sich gut für die Beantwortung der oben genannten Fragen.

Auch das Pflegegeld, das Pflegeeltern für die Versorgung des Pflegekindes erhielten, konnte ein wichtiges Motiv für ihre Aufnahme sein. Es wurde entweder monatlich ausbezahlt oder als einmalige Zahlung. Die Finanzierungsform hatte Konsequenzen nicht zuletzt für die Überlebenschancen der Kinder:

> „Arme Städte, die selbst das niedrige Pflegegeld nicht zahlen konnten oder wollten, vermittelten Pflegekinder bei Zahlung einer einmaligen Abfindungssumme. Manche Kinder wurden daraufhin so schlecht behandelt, daß sie an Entkräftung und Krankheiten starben. Villaret (1888, 607) und andere Autoren sprechen in diesem Zusammenhang von ‚Engelmacherei‘." (Heitkamp 1989: 47).
> Engelmacherinnen wurden „Frauenspersonen (Ziehmütter, Haltefrauen, Kostkinderpflegefrauen) [genannt], welche kleine, namentlich uneheliche Kinder annehmen, angeblich um ihnen Pflege angedeihen, in Wirklichkeit aber, um sie verkommen zu lassen und aus der Welt zu schaffen" (Meyers Konversationslexikon 1897, S. 768; zit. in Blandow 2004: 23)

Diese Dokumente – und die Liste ließe sich fortsetzen – zeigen, dass über mehrere Jahrhunderte und in verschiedenen Ländern das ökonomische Interesse der Pflegeeltern eine entscheidende Rolle spielte und die Lebens- und Entwicklungsbedingungen der Kinder oft furchtbar waren. Um allzu selbstgerechte moralische

Verurteilungen bei einem Blick zurück in die Vergangenheit zu vermeiden, sei noch einmal an die große Not vieler Familien erinnert.

Das sehr negative Bild können Dokumente etwas relativieren, die zeigen, dass ein materielles Motiv nicht zwangsläufig einen freundlichen oder sogar liebevollen Umgang ausschloss. In dem interessanten und insgesamt lesenswerten Buch (mit einem wichtigen Nachwort zu den Lebensumständen der Ziehkinder in Österreich) von Eva Ziss (1994) sind die Autobiografien von 14 Ziehkindern zu lesen. Sie zeigen sehr vielschichtige Erfahrungen.

> So berichtet Thomas N.: „Mich nahm der Onkel meiner Mutter auf. Er war ein kleiner Bergbauer, der nebenher noch das Maurerhandwerk ausübte. Es war aber sicher nicht pure Nächstenliebe, die meinen Großonkel zu dieser Tat bewog. Vielmehr waren handfeste wirtschaftliche Überlegungen mit ausschlaggebend. Für mich zahlte meine Mutter.... Bei der Gewandung, wie das damals hieß, war nicht weiß Gott was für Aufwand nötig, bei den Bauern tat's bald einmal was, und das Essen für so einen kleinen Knirps spürte man bei größeren Familien wirklich nicht sehr. Mir ging es dort sehr gut. Die ganze Familie, besonders die Großtante, hatte an mir einen ‚Narren gefressen'." (Ziss 1994: 199 f.)

Thomas sieht die handfesten wirtschaftlichen Überlegungen, aber weil die Verwandten „einen Narren an ihm gefressen hatten", ging es ihm dort sehr gut. Wie immer bei einzelnen Fällen und beeindruckenden Narrativen können wir die Häufigkeit schwer abschätzen. Er wurde 1928 geboren und damit in einer Zeit, in der die emotionale Qualität der Beziehung zum Pflegekind – wie im nächsten Abschnitt deutlich wird – an Bedeutung gewinnt. Aber das Beispiel zeigt schon, dass auch wirtschaftliche Motive nicht unbedingt zu einem auf wirtschaftliche Zwecke reduzierten und lieblosen Umgang führen müssen.

Mitleid mit dem Kind und persönliche psychische Bedürfnisse

Das Mitleid mit dem Kind in Not spielt auch bei den religiösen Verpflichtungen eine Rolle, wird im Laufe des 20. Jahrhunderts – jedenfalls für Mitteleuropa und Nordamerika gut dokumentiert – zu einem immer wichtigeren Motiv.

Josef Martin Niederberger zeichnet eine Linie, die spätestens im Übergang zum 19. Jahrhundert mit der Aufklärung und der Trennung von Arbeit und privatem Leben zusammenhängt.

> War die Familie zunächst aufs Wirtschaftliche beschränkt, wird sie im Übergang zum 19. Jahrhundert zu einer geschützten Intimzone, „wo sie das Monopol der Gefühle für sich beanspruchen soll. Im gleichen Atemzug behauptet man ihre exklusive Eignung für die Sozialisation des Kindes. Um das Kind konzentriert sich die Familie fortan; in ihr sieht sie ihre einzige Bestimmung". (Niederberger 1997: 136)

In einer insgesamt bemerkenswerten wissenschaftlichen Untersuchung aus Wien von Lotte Danziger, Hildegard Hetzer und Helene Löw-Beer, die 1930 veröffentlich wurde, zeigt sich eine gravierende Veränderung in der Pflegeelternschaft, die Jürgen Blandow mit Bezug auf diese Untersuchung so zusammenfasst:

> „Nicht mehr die ärmsten und oft selbst verelendeten, auf das Haltegeld für das eigene Überleben angewiesenen Frauen, bildeten das neue Rückgrat des Pflegekinderwesens, sondern Frauen und Ehepaare aus der ‚Arbeiterschaft und dem Kleinbürgertum'. Und hiermit hatte sich auch ein neues Grundmotiv für die Aufnahme von Pflegekindern durchgesetzt. An die Stelle materieller Motive waren primär ‚psychologische' getreten. Nämlich an erster Stelle ‚Pflegebedürfnisse und Bedürfnisse nach Gesellschaft', an zweiter Stelle ‚Gründe im Interesse der eigenen Kinder' und erst – weit abgeschlagenen – an dritter Stelle primär wirtschaftliche Gründe." (Blandow 2004: 42)

Die Autorinnen hatten die Frage untersucht, warum Familien ein fremdes Kind aufnehmen:

> „Es zeigt sich nämlich, dass trotz des geringen Pflegegeldes, das für Kinder bezahlt wird und das kaum den Bedarf an Lebensmitteln decken kann, stets genügend gute Pflegeplätze vorhanden sind, in denen Kinder untergebracht werden können. Diese Tatsache läßt sich nur durch das Vorhandensein psychologischer Motive erklären, die wir vor allem bei der Pflegemutter, die ja auch mit dem fremden Kind die Hauptlast auf sich nimmt, finden." (Danziger, Hetzer, Löw-Beer 1930: 3)

Niederberger stellt eine Studie aus den USA von 1929 vor und fasst die neuen Erwartungen an Pflegemütter darin so zusammen:

> „Als geeignete Pflegemütter werden freundliche, großzügige und warmherzige Frauen empfohlen, die über eine Prise Humor verfügen. Wenn das Heim dabei etwas unordentlich wirke, so könne über dieses Faktum hinweggeblickt werden." (Niederberger 1997: 154)

Diese und viele weitere Dokumente zeigen, dass wirtschaftliche Motive relativ an Bedeutung verlieren, andere Motive an Gewicht gewinnen und die soziale Stellung von Eltern und Pflegeeltern sich deutlicher unterscheiden (Blandow 1972). Dies bedeutet nicht, dass wirtschaftliche Gründe keine Rolle mehr spielen, aber als Basis eines Pflegeverhältnisses gelten sie nun eher als problematisch.

Arbeitsaufgabe 6:

Sie könnten in einem Rollenspiel folgendes Szenario durchspielen:

a) Ein oder zwei Personen übernehmen die Rolle von Menschen, die sich als Pflegemutter/Pflegevater (der auch einen „wichtigen Teil der Last" übernehmen will) bewerben, sich beim Jugendamt vorstellen und erklären, warum sie Pflegeeltern werden möchte. Zwei andere übernehmen die Rolle der Fachkraft im Pflegekinderdienst und im Allgemeinen Sozialdienst des Jugendamtes. Die Bewerber*innen dürfen ausschließlich mit wirtschaftlichen Gründen argumentieren.

b) Nachdem Sie das eine Zeit lang durchgespielt haben, reflektieren und diskutieren Sie Ihre Gefühle und Eindrücke im Rollenspiel. Wo hatten sie Schwierigkeiten Ihre Argumentation zu entwickeln und durchzuhalten? Was hat besonderes Unbehagen bei Ihnen ausgelöst?

Die skizzierte Verschiebung von Motiven in historischer Perspektive bedeutet nicht, dass zu früheren Zeiten Mitleid mit dem Kind und psychologische Motive der Aufnehmenden keine Rolle gespielt hätten, aber andere standen häufiger und stärker im Mittelpunkt. Außerdem wird ein Zusammenhang deutlich, der nun noch etwas genauer skizziert werden soll: der zwischen der Lebenslage der Menschen einerseits und ihren Motiven, sich mit der Frage der Aufnahme eines (fremden) Kindes in ihre Familie zu befassen, andererseits.

Wechselwirkungen zwischen Gesellschaftssystem und Fremdplatzierung

Die Antworten auf die Frage, was mit den Kindern geschieht, die von ihren biologischen Eltern nicht versorgt werden, sind auf komplexe Weise mit Merkmalen der Gesellschaft verbunden, in denen diese Antworten entwickelt werden. Josef Martin Niederberger (1997: 170) fasst diesen Zusammenhang so zusammen:

> „Die Geschichte des fremdplatzierten Kindes widerspiegelt die Vielfalt der Gesellschaftssysteme und ihrer Entwicklungsstufen. Sie ist so eng mit den jeweiligen sozialen Realitäten verklammert, dass sie sich als Schlüssel zu deren Verständnis anbietet."

Er skizziert die Wechselwirkungen in einem exemplarischen Vergleich von unterschiedlichen Gesellschaften. Einige Facetten will ich für diese kurze Darstellung herausgreifen. So haben wir gesehen, dass ökonomische Faktoren und die materiellen Lebensbedingungen der Menschen die Notwendigkeiten der Fremdunterbringung, die Motive für die Aufnahme der Kinder in die eigene Familie – und sowieso die Formen der Familie – und die Gefühle, die mit den Kindern verbunden werden, beeinflussen. Auch wirkmächtige gesellschaftliche Deutungsmuster und die durch sie beeinflussten Muster von Gefühlen werden durch ökonomische Faktoren beeinflusst und beeinflussen diese ihrerseits z.B. indem bestimmte Formen der Lebensführung positiv bewertet werden. Religiöse Überzeugungen, Ideale z.B. der Aufklärung und politische Einstellungen beeinflussen auch den Umgang mit Pflegekindern und Pflegefamilien. Dies kann bis zur Funktionalisierung von Pflegefamilien für allgemeine politische Ziele in totalitären Regimen führen.

> So ging in der Zeit der nationalsozialistischen Herrschaft das Angebot an Pflegestellen zurück. Die Bewerber wurden auf politische Zuverlässigkeit und die richtige Gesinnung überprüft („geeignet und gewillt sind, das Pflegekind nationalsozialistisch zu erziehen" Webler 1938: 21) (Blandow 2004: 44), durch Fürsorgerinnen der NSV kontrolliert und die Pflicht betont, die Kinder den Nazi-Organisationen zuzuführen (vgl. Heitkamp 1989: 49f).

> Auch in der DDR spielte die politische Einstellung der potenziellen Pflegeeltern eine wichtige Rolle: Es galt die Forderung, „dass die Eheleute durch

ihre gesellschaftliche Einstellung, ihre Arbeitsmoral und ihr persönliches Verhalten sowie ihre Lebenserfahrungen gewährleisteten, dass sie für die Interessen des Arbeiter-und-Bauern-Staates eintraten" (Ristau-Grzebelko 2011: 38).

Auch an den Strukturen, die staatliche Stellen für die Finanzierung und Kontrolle von Pflegeverhältnissen entwickelt haben, wird der Zusammenhang von Merkmalen der Gesellschaft und Besonderheiten im Umgang mit Pflegefamilien deutlich. Die unterschiedlichen „Verwertungszwecke der Zöglinge" – wie Niederberger (1997: 76) es zugespitzt nennt – und die Verwertungszwecke von Pflegefamilien, wie ich ergänze, spiegeln sich dann auch in den staatlichen Verordnungen wider. So erschien für die Aufnahme von Kindern gegen Geld die Gewerbeordnung und Aufsicht als freies, später als konzessionspflichtiges Gewerbe passend (Blandow 2004: 32 und 2011: 31; Heitkamp 1989: 47 f.). Erschien dafür noch eine polizeiliche Pflegeerlaubnis geeignet, so entwickelte sich später eine spezielle Aufsicht von Pflegekindern als Antwort auf die fehlende Passung der Gewerbeordnung (Blandow 2004: 32 f.), und das Thema Pflegekinderschutz wurde systematisch als staatliche Aufgabe anerkannt und im Reichswohlfahrtsgesetz von 1922 in mehreren Bestimmungen etabliert.

Die rechtlichen Regelungen, die der Gesetzgeber oder die Verwaltung schaffen oder verändern, spiegeln auch – oft verzögert – Veränderungen in den Einstellungen in der Zivilgesellschaft wider. Diese gesellschaftlichen Deutungsmuster zu Pflegefamilien, Pflegekindern und ihren Eltern – wie wir sie in der Einleitung kennengelernt haben – und die rechtlichen Regelungen – die im 2. Kapitel skizziert wurden – stehen in Interdependenzen, also Wechselwirkungen. Sie beeinflussen damit auch die Diskussion um die Vor- und Nachteile von Heimen im Vergleich zu Pflegefamilien und haben Kampagnen, wie z.B. die „Holt die Kinder aus den Heimen" (Gerber 1974), begünstigt.

Dieses kurze historische Kapitel hat die Aufmerksamkeit auf eine weitere Ebene solcher Interdependenzen gerichtet: die zwischen gesellschaftlichen Prozessen, z.B. der materiellen Lebenslage oder zentraler religiöser oder anderer Überzeugungen – und der Bedeutung und Form von Pflegeverhältnissen. Diese bilden den Hintergrund oder – in einem anderen gesellschaftlichen Verständnis – die Basis auch für die fachlichen Fragen und Themen, die das Leben in Pflegefamilien und die Entwicklung der Pflegekinder beeinflussen. Ohne diesen Kontext erschienen sie lediglich als Ideen, die plötzlich auftauchen, an Boden gewinnen oder verlieren und durch andere Ideen abgelöst werden. Das wäre eine unbefriedigende Erklärung. Deswegen werden viele Linien, die in der historischen Darstellung skizziert wurden, in den folgenden Kapiteln wieder aufgegriffen, z.B. die Frage nach einer guten Motivation von Pflegeeltern oder nach den Folgen staatlicher Regelungen zur Finanzierung oder Aufsicht.

5. Kapitel: Vielfalt in Pflegeverhältnissen

Zusammenfassung:

In diesem Kapitel geht es um die Formenvielfalt von Pflegefamilien, das Spektrum an sehr unterschiedlichen Pflegefamilien mit ihren jeweiligen Merkmalen und ihrer Bedeutung für eine gute Entwicklung der Kinder. Diese Formenvielfalt wird zum einen durch die Vielfalt an familialen Lebensformen in unserer Gesellschaft hervorgerufen (grundlegend: Winkler 2019), zum anderen durch unterschiedliche Funktionen und Verwertungszwecke speziell als Pflegefamilie. Daraus entwickeln sich dann auch verschiedene Rollen für die Pflegeeltern, die Eltern und das Kind. Besondere Aufmerksamkeit gilt der Verwandten- und Netzwerkpflege.

Pflegefamilien sind Familien. Diese Aussage ist nicht so trivial, wie sie auf den ersten Blick erscheint, weil Pflegefamilien von Sozialen Diensten und Gerichten oft wie Organisationen betrachtet und behandelt werden, die einen Auftrag bekommen und abarbeiten sollen (siehe Kapitel 8). Sie sind einerseits Familien wie andere auch und haben andererseits zusätzlich besondere Merkmale, die sie als unkonventionelle Familien kennzeichnen. Die unterschiedlichen Dimensionen der Vielfalt familialen Lebens sollen nun aufgefächert werden (vgl. für die Schweiz: Lippuner 2016). Die Abbildung 1 auf der nächsten Seite gibt einen Überblick.

Der Blick auf die Formenvielfalt ermöglicht eine mehrdimensionale Typologie von Pflegefamilien. Diese wiederum sind für viele Entscheidungen Sozialer Dienste und für den Erfolg von Pflegeverhältnissen relevant. Für eine gelingende Passungsherstellung sind Antworten auf folgende Fragen wichtig: Welche Merkmale sollte eine Pflegefamilie haben, die für dieses individuelle Kind mit seiner spezifischen Lebenserfahrung und seiner konkreten Lebensperspektive am besten passt? Hat die Pflegekinderhilfe einen ausreichend differenzierten Zugang zu den verschiedenen Typen, die sie benötigt, oder ist sie nur an wenigen Pflegefamilienformen orientiert und folgt einer zu groben oder einseitigen Typologie? Dieses Kapitel soll die Basis liefern, damit später solche Einschätzungen gut getroffen werden können.

Zunächst geht es um die Vielfalt in den äußeren Formen der Familien: ihrer jeweiligen Zusammensetzung von Menschen, die Angehörige von mindestens zwei Generationen sind, eine Gemeinschaft bilden und füreinander spezifische Sorgeverpflichtungen wahrnehmen. Außerdem unterscheiden sie sich hinsichtlich ihrer Lebensstile und der Familienkulturen. Hier gibt es in unserer Gesellschaft eine große Vielfalt, die grundsätzlich – die Einschränkungen werden uns noch beschäftigen – auch bei Pflegefamilien möglich und nicht an ihre Funktion als Pflegefamilie gekoppelt sind. Die Dauer des Lebens der Pflegekinder in der Pflegefamilie hingegen hängt sehr eng mit den rechtlichen Rahmungen, der Perspektivklärung und den Entscheidungen von Sozialen Diensten und manchmal Gerichten zusammen. Eine kurze oder ungewisse Dauer oder die Fremdbestimmung in der Herstellung und Beendigung von Zugehörigkeit führen zu spezifischen Merkmalen von Pflegefamilien und unterscheiden sie darin von anderen.

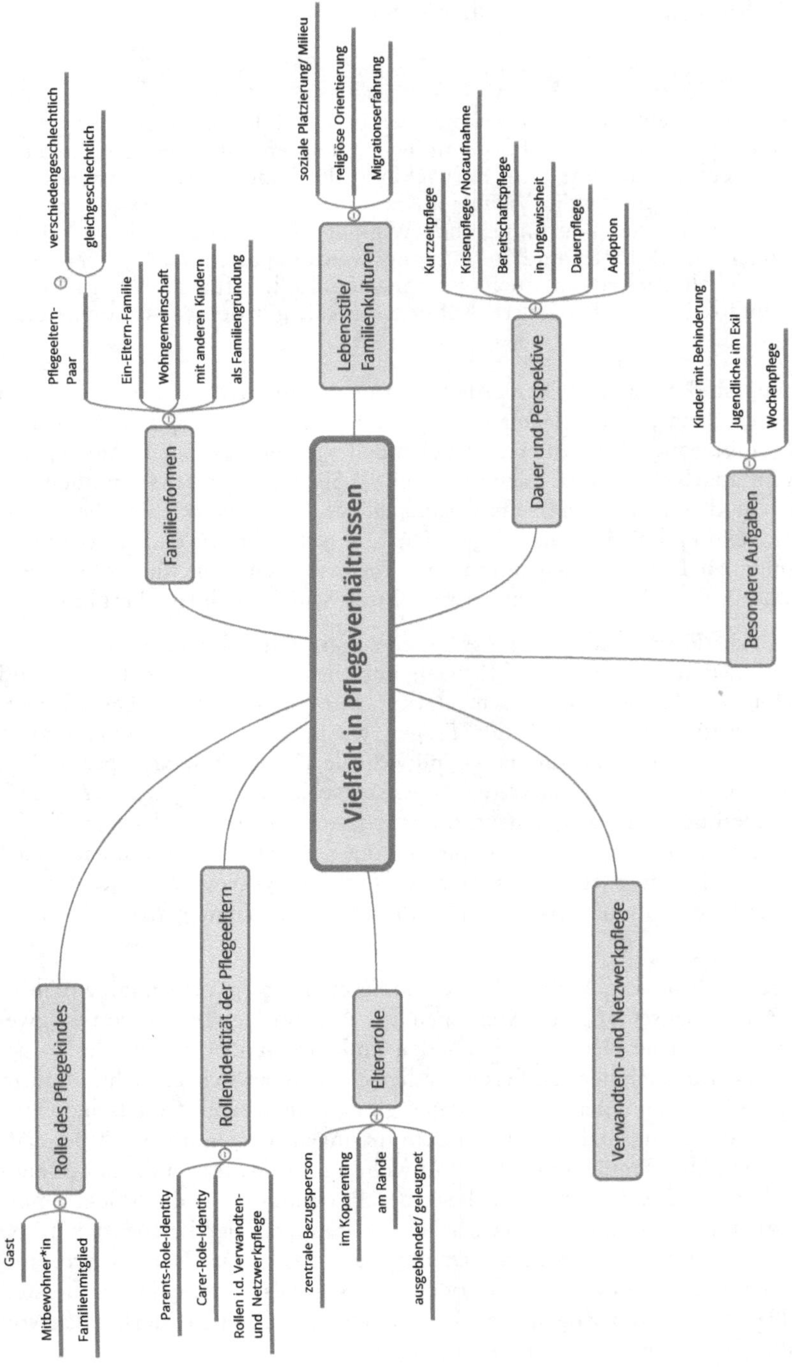

Abbildung 1: Vielfalt in Pflegeverhältnissen. Quelle: Eigene Darstellung

Die äußeren, im Sinne von auf offensichtliche organisatorische Merkmale bezogenen Unterschiede, die sich gut nebeneinander beschreiben – es gibt dies und das und dann noch weitere Varianten – und deskriptiv darstellen lassen, bedingen aber auch tiefergehende Strukturunterschiede, die sich auf die Rolle und Identität der Pflegekinder und der Pflegeltern beziehen und damit die Art der Beziehung, der emotionalen Aufladungen und der Deutungsmuster, mit denen die Menschen sich und anderen ihr Verhältnis zueinander erklären. Dies wiederum beeinflusst die Sicht auf die Eltern und die Umgangsformen mit ihnen. Das heißt, zwischen der äußeren Organisation und Form der Familien einerseits und den emotionalen Erlebensmustern und kognitiven Deutungsmustern andererseits gibt es komplexe Wechselwirkungen. Diese Muster entwickeln und verändern die einzelnen Familienmitglieder im Laufe der Zeit – das ist die individuelle Seite – und oft entwickeln die Familien auch gemeinsame, kollektive Deutungen über sich selbst als Familie und Wir-Ebene.

Auch der Grad der Familialität kann sich deutlich unterscheiden. Einige Formen sind sehr eng am Ideal einer vom Umfeld abgegrenzten Kernfamilie orientiert, andere eher an einer – auch zeitlich – offeneren Wohnform in einem gemeinsamen Haushalt.

Vielfalt an Familienformen – auch bei Pflegefamilien?

Verbreitet ist weiterhin eine Familienform, die aus zwei verheirateten Erwachsenen und einem oder mehreren Kindern bestehen, die – jedenfalls solange die Kinder minderjährig sind – in einem Haushalt zusammenleben und sich als Angehörige der gleichen Familie betrachten. Diese Figuration galt und gilt auch für Pflegefamilien oft als Maßstab und Normalität, Abweichungen davon als mehr oder weniger begründungsbedürftig.

So ist die Verheiratung zwar keine Voraussetzung, bei einer informelleren Partnerschaft wird aber häufig die Stabilität und Verbindlichkeit der Erwachsenenbeziehung besonders geprüft („Wie lange leben die denn schon zusammen? Ist das überhaupt auf Dauer gedacht?").

Leben eigene Kinder der Erwachsenen im Haushalt, wird oft untersucht, wie alt diese sind oder ob das Pflegekind in die Geschwisterreihe passt. Gibt es keine eigenen Kinder, werden die Gründe diskutiert und manchmal die Frage, ob die Kinderlosigkeit eine eher günstige oder problematische Basis für ein gelingendes Pflegeverhältnis darstellt.

Interessant und relevant ist auch die Frage nach der geschlechtlichen Orientierung: Kommen auch gleichgeschlechtliche Paare als Pflegeeltern in Frage? Die Antworten auf diese Frage sollen etwas ausführlicher skizziert werden, da darin exemplarisch das Zusammenspiel von normativen, gesellschaftspolitischen und durch Forschung beantworteten Fragen deutlich wird.

Gleichgeschlechtliche Pflegeeltern

In den 1990er Jahren empfahl die Bundesarbeitsgemeinschaft der Landesjugendämter in Deutschland explizit, auch gleichgeschlechtliche Paare als Pflegeltern zu gewinnen (vgl. Jespersen 2015a: 163 mit Bezug auf Greib). Mit dem Recht auf Eheschließung für Personen gleichen Geschlechts in Deutschland im Jahr 2017 wurde dann auch eine Rechtsgrundlage für die Adoption eines Kindes geschaffen.

Eine Entwicklung zur Anerkennung auch gleichgeschlechtlicher Pflegeelternschaft lässt sich in vielen europäischen Ländern zeigen – allerdings in unterschiedlichen Geschwindigkeiten und keineswegs unumstritten.

Gleichgeschlechtliche Paare berichten über unterschiedliche Erfahrungen, darunter auch überraschend positive. So berichtet ein Pflegeväterpaar:

> „... gegenüber hat eine 85-jährige Frau gewohnt ne und als wir hier eingezogen sind stand die plötzlich da und hat dann gefragt und... dann hab ich gesagt: ‚ne ich hab halt n Mann, also wir sind zwei Männer'. Und dann hat sie irgendwie nur gesagt: ‚öh n Homo wie schön'. So..... Also ich muss da echt sagen das ist schon wirklich beeindruckend ne, natürlich gibts Leute also die zwei Häuser weiter die war erst geschockt und wir haben jetzt mittlerweile ne Weihnachtskarte von ihr gekriegt, also ich glaube einfach wir bieten jetzt nicht son Angriffsbild, glaub ich." (Jespersen 2014: 228 f.)

In den Fachdiskussionen wird gelegentlich die Frage gestellt, wie sich die Kinder bei gleichgeschlechtlichen Paaren entwickeln. Diese Frage ist in den USA intensiv untersucht worden, da dort seit einigen Jahrzehnten in vielen Bundesstaaten die Möglichkeit besteht, dass gleichgeschlechtliche Paare Kinder adoptieren können. Adoptionen werden in den USA gegenüber der Dauerpflege (long term foster care) bevorzugt – auch weil die alltägliche Sorge für die Kinder und die zentralen Elternrechte auf Dauer nicht aufgeteilt, sondern zusammengeführt werden sollen.

Diese vielfältigen Untersuchungen (Überblick mit umfangreichen Quellenangaben bei Jespersen 2015) geben Antworten auf drei zentrale, für die Entwicklung der Kinder relevante Fragen.

Wie wird die Erziehungs- und Elternkompetenz der gleichgeschlechtlichen Adoptiveltern (auch im Vergleich zu verschiedengeschlechtlichen) beurteilt? Auf signifikante Unterschiede verweist keine der Studien (vgl. – auch zum Folgenden Jespersen 2015: 298 f.). Ihnen gelingen ebenso gut Bindungen zum – auch jugendlichen – Kind, das elterliche Stresserleben und Wohlbefinden lag im Normalbereich, und die Eltern-Kind-Interaktionsstile zeigten gute bis überdurchschnittliche Werte.

Sind Verhaltensauffälligkeiten bei den Kindern häufiger und entwickeln sie ein anderes Geschlechtsrollenverhalten? Jespersen (2015: 299) fasst die Ergebnisse so zusammen:

> „Eine Häufung von Verhaltensauffälligkeiten bei Kindern, die von gleichgeschlechtlich orientierten Eltern adoptiert wurden, findet sich allerdings in keiner der Studien. Das abgefragte Verhalten der Adoptivkinder liegt im

normalen und erwartbaren Rahmen, Unterschiede zwischen gleich- und verschiedengeschlechtlichen Familienformen sind nicht festzustellen und das unabhängig davon, ob – wie in den meisten Fällen – die Adoptiveltern zu ihren Kindern in Messbögen befragt wurden, unabhängige Kinder- und Jugendpsychologen Elterninterviews anonym, das heißt ohne Kenntnis über die Familienform, auswerteten... oder die Einschätzungen von betreuenden LehrerInnen/ErzieherInnen zum Abgleich mit einbezogen wurden"

Auch im Geschlechtsrollenverhalten waren keine Unterschiede festzustellen, d.h., die sexuellen Orientierungen der erwachsenen Adoptivkinder bildeten das gleiche Spektrum ab wie bei anderen Kindern auch.

Wie sieht es mit der sozialen Akzeptanz und Unterstützung dieser doppelt unkonventionellen Familien – Adoption und gleichgeschlechtliche Eltern – aus? Die Untersuchungen zeigen, dass die große Mehrheit der gleichgeschlechtlichen Adoptiveltern sich vollständig oder mehrheitlich akzeptiert fühlen, fast alle hatten ihre eigene Familie über ihre Lebensform informiert (Jespersen 2015: 300f). Sie hatten vielfältige informelle Kontakte zu anderen Adoptivfamilien und auch zu heterosexuellen Freunden und Freundinnen. Überwiegend positiv waren auch die Beziehungen zur Herkunftsfamilie. Auch in den Peerbeziehungen der Jugendlichen zeigten sich keine signifikanten Unterschiede.

Die Untersuchungsergebnisse werden von Jespersen (2015: 301) so zusammengefasst:

> Es macht „statistisch gesprochen – aus einer klinischen und entwicklungspsychologischen Perspektive – keinen signifikanten Unterschied, ob Kinder von verschieden- oder gleichgeschlechtlichen Paaren adoptiert werden."

Es wurden in anderen Dimensionen Unterschiede dokumentiert: Das Einkommen und der formale Bildungsstand waren im Durchschnitt höher, Kinder anderer Hautfarbe und Ethnien und mit Beeinträchtigungen (special needs) und besonderem Förderbedarf waren überrepräsentiert. Auch ältere Kinder wurden – insbesondere von gleichgeschlechtlichen männlichen Paaren – häufiger adoptiert.

Auch wenn diese empirisch gut belegten Ergebnisse aus den USA nicht in jedem Detail auf Länder mit anderen Rechtsordnungen und Traditionen übertragen werden können, zeigen sie doch ein sehr undramatisches, positives Bild: Kinder können sich auch bei gleichgeschlechtlichen Pflegeeltern gut entwickeln, es gibt keinen vernünftigen Grund, diese grundsätzlich skeptisch zu betrachten, sondern sie bereichern das Spektrum der geeigneten Pflegefamilien.

Im Gegensatz dazu stehen grundsätzliche Vorbehalte in der Politik und auch unter Fachkräften. Dann werden solche Fragen normativ – man könnte auch sagen auf der Basis von Ressentiments – getroffen. So zeigt eine Befragung des „Österreichischen Instituts für Familienforschung" überwiegend skeptische Positionen.

Eine Fachkraft aus dem Bundesland Vorarlberg berichtet:

> „Also wir haben keines. Wir haben im Moment eine Anfrage von einem gleichgeschlechtlichen Paar. Aber wir sind deswegen – weil, es hat vor ein paar Wochen in Bregenz eine Veranstaltung gegeben – ich weiß nicht, von welcher Organisation – und im Zuge dieser Veranstaltung hat ein Landesregierungsmitglied in der Öffentlichkeit verkündet, also für gleichgeschlechtliche Paare gibt es kein Pflegekind. Ja? Widerspricht eigentlich – aber von daher sind wir gerade dran, das noch einmal zu thematisieren und mit dem Land zu klären." (Geserick/ Mazal/ Petric 2015: 95)

Für die allgemeine Diskussion um das größere Spektrum sexueller Orientierungen von Menschen in unserer Gesellschaft und die Frage nach den Konsequenzen für die Pflegekinderhilfe liegen bisher keine vergleichbar ausführlichen Untersuchungen vor wie zu gleichgeschlechtlichen Paaren. Ich sehe aber keinen Grund, warum die Entwicklungschancen von Kindern dort anders beurteilt werden müssen. Wichtig bleibt, dass die Kinder Zugang zu Menschen verschiedener Lebensstile haben und ihre eigene Identität – auch zur sexuellen Orientierung – in der Auseinandersetzung unterschiedlicher Orientierungen entwickeln können.

Ein-Eltern-Familien

Auch Ein-Eltern-Familien („Alleinerziehende") sind in unserer Gesellschaft nicht selten – das statistische Bundesamt berechnet den Anteil für 2019 mit 18,6 %. Sie werden manchmal skeptisch betrachtet: Fehlt den Kindern hier nicht etwas – eben der andere Elternteil? Entwickeln sich die Kinder hier schlechter? Kommen sie dann als Pflegefamilien für sowieso schon oft benachteiligte und besonders belastete Kinder überhaupt in Frage?

Deutlich belegt ist ein Zusammenhang zwischen den höheren Armutsrisiken von Ein-Eltern-Familien und den durch Armut eingeschränkten Entwicklungschancen der Kinder, deren Teilhabe dadurch oft beeinträchtigt ist. Deswegen liegt in der Reduzierung der Armut der Familien und damit der Kinderarmut ein wichtiges gesellschaftspolitisches Ziel.

Die materielle Lebenssituation von Pflegeelternbewerber*innen wird bei der Eignungsprognose (siehe Kapitel 6) geprüft. Wirtschaftlich sehr unsichere oder durch Armut gekennzeichnete Verhältnisse führen schnell zum Ausschluss. Die Aufnahme eines Kindes zur Absicherung der wirtschaftlichen Verhältnisse soll ausgeschlossen werden. Hierin bildet sich die vorher in historischer Perspektive beschriebene Verschiebung der für die Aufnahme eines Kindes akzeptierten Motive ab.

Für eine differenzierte Antwort auf die Frage, ob sich die Kinder bei zwei Erwachsenen, die Elternfunktionen für sie wahrnehmen, besser entwickeln können, weil sie mehr Vielfalt und unterschiedliche Anregungen und Modelle erleben, spielt die Zahl der im Haushalt lebenden Erwachsenen nicht unbedingt die zentrale Rolle. Wenn ein Erwachsener kaum anwesend ist oder kaum Zeit und Interesse für das Kind aufbringt, ist sein Anregungspotenzial nicht groß. Entwicklungsrelevant ist eher, ob die Kinder zu Hause und außerhalb vielfältiger Kontakte zu anderen Menschen haben, die sich entwicklungsfördernd mit ihnen beschäftigen. Deswegen kann eine Isolation und Abkapselung der Familie die Entwicklung der Pflegekinder stärker beeinträchtigen. Die Orientierung an der idealisierenden Vorstellung einer früher sogenannten vollständigen Familie und die Diskreditierung von Ein-Eltern-Familien als defizitäres Sozialisationsfeld, verführt zu Fehleinschätzungen hinsichtlich der Sozialisationsleistungen. Deswegen wäre ein genereller Ausschluss von Ein-Eltern-Familien als Pflegefamilien nicht zu begründen und würde zu einem Verlust geeigneter Pflegefamilien führen.

Es gibt im Einzelfall – und um den geht es immer: für ein bestimmtes Kind einen pädagogischen Ort zu finden, an dem es sich möglichst gut entwickeln und seine Fähigkeiten ausbilden kann – auch gute Gründe für die Platzierung eines Kindes in einer Ein-Eltern-Familie.

> In einer aus Datenschutzgründen leider unveröffentlichten Diplomarbeit hat die Autorin die Erfahrungen einer älteren Pflegemutter rekonstruiert. Diese wurde vom Jugendamt angefragt, ob sie bereit sei, eine Jugendliche in ihren Haushalt aufzunehmen, die harte sexualisierte Gewalt in ihrer Herkunftsfamilie erlitten hatte, aus mehreren Heimen weggelaufen war und nach einigen Aufenthalten in der Kinder- und Jugendpsychiatrie auf der Suche nach einem Lebensort war, an dem sexualisierte Gewalt durch Männer ausgeschlossen war. Sie sollte in einem sehr überschaubaren, stabilen Setting mit einer erwachsenen Bezugsperson leben, die ihre manchmal ausagierenden Verhaltensweisen nicht mit einem Ausschluss beantworten musste, sondern damit zurechtkam.

> Die fast 60-Jährige lernte die Jugendliche kennen. Die beiden Menschen wollten sich aufeinander einlassen und das Experiment wagen. Das Mädchen zog bei ihr ein, und so entstand eine Ein-Eltern-Pflegefamilie mit mehreren ungewöhnlichen Merkmalen: einer bei der Aufnahme fast 60-jährigen Pflegemutter, der erstmaligen Aufnahme einer 14-Jährigen in eine Pflegefamilie und einem spezifischen Beratungssetting für die einschlägig ausgebildete, ansonsten halbtägig berufstätige Pflegemutter. Als junge Erwachsene zog das Pflegekind aus und hält weiterhin den Kontakt zu der Pflegemutter, bei der sie ihren sicheren Ort gefunden hatte. Die Pflegemutter erhielt später – sie war inzwischen 67 Jahre alt – eine weitere Anfrage zur Aufnahme eines Mädchens mit Gewalterfahrungen. Sie rief mich an, um ihre ungewöhnlichen Erfahrungen zu erzählen und mich zu fragen, wie man denn aus dem System wieder aussteigen könnte. Sie bereue nichts, aber sie befürchte, dass sie sich wieder breitschlagen lassen würde, wenn sie wieder angefragt würde. Wenn sie das Mädchen erst getroffen hätte, würde sie nicht mehr nein sagen, habe aber doch Zweifel, ob sie das noch einmal durchhalten könnte – sie sei ja nicht mehr die Jüngste.

Wohngemeinschaften

Deutlich anders als eine Kleinfamilien-Figuration ist die Betreuung eines Pflegkindes in einer Wohngemeinschaft mit mehreren Erwachsenen. Wenn „die Zusammengehörigkeit von zwei (oder mehreren) aufeinander bezogenen Generationen, die zueinander in einer Eltern-Kind-Beziehung stehen" (Böhnisch/Lenz 1997: 28) als das zentrale Merkmal von Familien definiert wird, sind auch diese größeren Figurationen Familien. Sie können um ein Erwachsenenpaar herum gruppiert sein und die Erziehungs- und Sozialisationsaufgaben insbesondere von älteren Kindern und Jugendlichen auf mehr als zwei Erwachsene verteilen. Die Bedeutung von primären Bindungen und exklusiven Zweierbeziehungen ist hier geringer. Gerade Kinder, die häufige Beziehungsabbrüche erlebt und Strategien entwickelt haben, vor dem Hintergrund ihrer negativen Bindungserfahrungen sehr enge und emotional aufgeladene Beziehungen zu meiden, finden hier ein Lebensfeld vor, das ihnen neue Erfahrungen mit distanzierteren, lockereren und nicht am Modell exklusiver Eltern-Kind-Beziehungen orientierter Erwartungen ermöglichen.

In einer Fortbildungsreihe für Fachkräfte der Pflegekinderhilfe hat Andrea Dittmann verschiedene fiktive Profile entwickelt, für die Teilnehmer*innen in Arbeitsgruppen eine Stellungnahme erarbeiten sollen mit folgenden Fragen:

1. Spontane Resonanzen: Was sind Ihre ersten Gedanken, wenn Sie das lesen?
2. Geht das? Geht das nicht? Sammeln Sie bitte Ihre wichtigsten Begründungen.
3. Für wen geht das (vielleicht)?
4. Worauf müssen diese Bewerber*innen besonders vorbereitet werden?
5. Bei Ablehnung – wie erklären Sie das den Bewerber*innen?

Ein Profil ist:

„Harald Weiß, 45 Jahre alt, Lisa Schwarz, 42 Jahre alt und Albert Rot, 44 Jahre alt, leben seit 5 Jahren als Wohngemeinschaft zusammen. Sie sind seit vielen Jahren miteinander befreundet.

Sie teilen sich eine alte Villa mit großem Garten und haben neben ihren einzelnen Schlaf- und Arbeitszimmern eine große gemeinsame Küche, ein Wohnzimmer, eine Veranda etc. Im Garten gibt es eine Kletterwand und ein Fußballtor, denn alle drei sind begeisterte Bergwanderer und Kletterer und sportlich sehr aktiv. Herr Weiß ist Ingenieur für Elektrotechnik, Frau Schwarz Physiotherapeutin mit eigener Praxis, und Herr Rot arbeitet als freischaffender Künstler im Atelier im Haus. Mit seinen Skulpturen hat er schon einige Preise gewonnen, und seine Objekte werden vielerorts ausgestellt. Alle drei haben einen großen Kreis von Freundinnen und Freunden, mit denen sie unterschiedlich intensive Beziehungen pflegen. Die Wohngemeinschaft hat sich nach längeren Diskussionen dazu entschieden, 2 Pflegekinder aufzunehmen und sich gemeinsam um sie zu kümmern."

Dies Profil wurde häufig als etwas exotisch gekennzeichnet, stieß aber zugleich oft auf Interesse und wenig Ablehnung.

Um rechtlich eindeutig Verantwortlichkeiten und Zuständigkeiten zu schaffen, werden die Verträge mit ein oder zwei Erwachsenen geschlossen, die offiziell die Pflegeeltern sind. Die weiteren Mitglieder der Wohngemeinschaft werden aber in die Prüfung zu ihrer Eignung, z.B. hinsichtlich polizeilicher Führungszeugnisse oder ihrer Gesundheitssituation, einbezogen.

Solche Pflegefamilienformen sind in Deutschland sehr selten, aber ihre Anerkennung ist grundsätzlich möglich. Sie eröffnen eine familiale Betreuung für ältere Kinder und Jugendliche, die sich auf sehr enge Beziehungen nicht einlassen können und die hier ein höheres Maß an Stabilität erfahren als im Schichtdienst betreuter größerer Gruppen in der Heimerziehung mit hoher Fluktuation. Die Betreuung in größeren Familienverbänden betrachten wir am Ende des Kapitels bei der Verwandtenpflege.

Vielfalt der Familienkulturen

Nicht nur die Zusammensetzung von Familien, sondern auch ihre Lebensstile unterscheiden sich. Wie die Menschen leben, was ihre wichtigen kulturellen, religiösen, sozialen und politischen Überzeugungen sind, wie sie ihr alltägliches Leben führen und wie sie Familie und Familienleben herstellen – das tun sie jeweils auf ihre eigene Art. Die Antworten der einzelnen Familien und ihrer Mitglieder sind nicht völlig losgelöst von denen aller anderen. Sie entstehen oft auch in Abgrenzung von jenen anderer oder einem Gefühl der Zugehörigkeit zu diesen, beinhalten also auch kollektive Verortungen, sind andererseits aber auch Herstellungsleistungen von Subjekten – zumindest auf der Erwachsenenseite mit ihren je besonderen Lebens- und Familienerfahrungen (vgl. Petri 2019). Dass Familie nicht einfach ist, sondern hergestellt werden muss, wird im Konzept des „Doing Family" sehr grundsätzlich diskutiert, zum Beispiel von Karin Jurczyk (2014: 55):

> „Familie – so die Zeitdiagnose – ist weniger denn je eine selbstverständliche, geschweige denn natürlich gegebene Ressource. Sie muss alltäglich und im Lebensverlauf immer wieder hergestellt, praktiziert, angepasst werden. Dies gilt nicht nur im Hinblick auf den Umgang mit eigenen Kindern, sondern auch auf die Beziehungen zur Verwandtschaft und zu den eigenen Eltern, Beziehungen, die man sich zwar nicht aussucht, gleichwohl aber gestalten kann und muss."

Diese Beschreibung betont die Prozessdimension: Familie und Familienleben wird immer wieder hergestellt, praktiziert und verändert. Darin fließen auch die früheren Erfahrungen ein und können sich zu Mustern verdichten. Alfred Schütz hat für solche Erfahrungsaufschichtungen die Metapher der Sedimentierung verwendet: Die aktuellen Herstellungsleistungen bauen auf den früheren auf, können sie überformen und verändern, aber sie entstehen nicht völlig unabhängig von ihnen. Die Prozessdimension schließt damit auch immer Entwicklungen ein, die aktuelle

Praxis hat eine Vorgeschichte und wird in der Zukunft auch andere Formen annehmen.

Im Begriff der Familienkultur sind solche Veränderungen auch gut denkbar, er betont aber stärker die Sinnzusammenhänge der einzelnen Elemente der Lebenspraxis einer Familie und ruft zu einem ethnografischen Blick auf ihre Praxis auf.

Daniela Reimer (2008) hat in einer wichtigen Untersuchung den Übergang eines Kindes bei der Aufnahme in eine Pflegefamilie als einen Wechsel der Familienkultur interpretiert und so definiert:

> „Eine Familienkultur kann daran anknüpfend als ein relativ dauerhaftes, aus dem Bedeutungssystem und den Vorstellungen, die die verschiedenen Mitglieder und Akteure mitgebracht haben, gemeinsam entwickeltes System von Bedeutungen definiert werden. Die Bedeutungen treten in symbolischer Gestalt auf und drücken sich in symbolischer Form aus. In den Handlungen der Mitglieder realisiert sich die Familienkultur. Abhängig von der Dauer und Intensität des gemeinsamen Lebensvollzugs sowie den Vorerfahrungen der Mitglieder und Akteure kann sich eine Familienkultur mehr oder weniger einheitlich bzw. widersprüchlich darstellen. Als Akteure werden all diejenigen Personen bezeichnet, die über einen längeren Zeitraum in der Kultur anwesend sind. Der Mitgliedsstatus dagegen ist an das subjektive Empfinden der Person gebunden, kurz: Mitglied ist, wer sich selbst als solches definiert. Familienkulturen sind subjektive Größen, das heißt, sie können sich aus der Sicht der verschiedenen Akteure und Mitglieder sehr unterschiedlich darstellen." (Reimer 2015: 66f).

Dass viele Pflegekinder die Aufnahme in eine Pflegefamilie auch als ein In-die-Fremde-Kommen erleben, werden wir im 7. Kapitel genauer kennenlernen. Hier geht es darum, die Vielfalt in Familien auch als Vielfalt von Familienkulturen zu betrachten. Die eigene Kultur erscheint dabei oft als Normalität voller Selbstverständlichkeiten: „Hier kennen wir uns aus" – die symbolischen Bedeutungen sind klar –, „so ist das in Familien – wie denn auch sonst?" – sind Ausdruck davon. Eine andere Familie macht manches anders, im Erleben vielleicht: merkwürdig, falsch, interessant.

Arbeitsaufgabe 7:

Erinnern Sie sich daran, als sie das erste Mal in einer anderen Familie an einer Mahlzeit teilgenommen haben oder bei einer anderen Familie übernachtet haben? Was kam Ihnen da merkwürdig vor? Vielleicht können Sie auch ein Kind beobachten, dass erstmalig bei Ihnen Zuhause am gemeinsamen Essen teilnimmt.

Diese Differenzerfahrung, die Irritation, dass der Sinn der anderen Praxis erst erschlossen werden muss und dass die eigene Handlungsfähigkeit in diesen Verhältnissen (etwas) ungewiss wird, zeigt, dass die Umgangsformen und die symbolischen Bedeutungen nicht völlig volatil, flüssig und flüchtig sind, sondern eine Struktur bilden, die stabilere Erwartungen ermöglicht.

Hans-Joachim Schulze (1996: 81–84) hat einige Dimensionen genannt, mit denen Familienkulturen beschrieben werden können, z.B.: die Bedeutung von Verwandtschaftsbeziehungen, Nachbarschaft und Freundschaften, die Aktivitäten in der Freizeit, der Umgang mit der physischen Umwelt, Naturkonzepten oder Technik, Stellenwert von Arbeit und Berufskonzepten, Wohnungseinrichtung, Umgang mit dem Körper, Sexualität, Kleidung, Kommunikationsformen, zeitliche Struktur von Tagen, Wochen und im Jahresverlauf, Konsum, Mahlzeiten, Art der Feste und des Feierns, Vorlieben und Abneigungen und einiges mehr.

Die einzelnen Erfahrungen werden zu Mustern oder einer Struktur verdichtet, die das Besondere oder Typische dieser Familie ausmachen. In einer Mehrgenerationenperspektive wird deutlich, in welchem Ausmaß diese Muster tradiert werden können, das heißt von einer Generation an die nächste weitergegeben werden.

Eva-Maria Schuster (1997: 183) fasst ein Ergebnis ihrer Untersuchung, die sich nicht auf Pflegekinder bezieht, so zusammen:

„In den zahlreichen inneren und äußeren Parallelen zu den Herkunftsfamilien folgen die Erwachsenen der untersuchten Familien einer unbewussten normativen Verpflichtung, nach der sie teilweise bis ins Detail die Familienstrukturen ihrer Herkunftsfamilien reproduzieren.“

Eingeschränkte Vielfalt bei Pflegefamilien

In unserer Gesellschaft gibt es sowohl eine große Vielfalt an Familienformen als auch an Familienkulturen. Der Spielraum, das private Leben nach eigenen Vorstellungen einzurichten, ist relativ groß. Jedenfalls ist die Schwelle für unmittelbare staatliche Interventionen hoch. Dies ist in Deutschland nicht zuletzt im Grundgesetz (z.B. Art 6 GG) verankert. Ähnliches gilt für die Schweiz (Art. 13 und 14 der Bundesverfassung) und für Österreich (Art. 8 EU-Menschenrechtskonvention). Gelten diese Freiheiten und der Schutz auch für Pflegefamilien?

Menschen, die Pflegeeltern werden wollen, werden überprüft, sie müssen ihre Eignung nachweisen. Wie dies erfolgt, wird später im 6. Kapitel dargestellt. Durch diese Prüfung kann das Spektrum der schließlich zugelassenen, anerkannten und geförderten Pflegefamilien eingeschränkt werden. Die konkrete Familie mit ihrer Familienform und ihrer Familienkultur und ihrer Art des Doing Familys wird unter Entwicklungsgesichtspunkten eingeschätzt und bewertet: Ist sie geeignet, die Entwicklung eines Pflegekindes zu fördern? Weitere Anforderungen können hinzukommen: Können die Pflegeeltern mit den Eltern konstruktiv umgehen? Sind sie bereit, mit den Sozialen Diensten zusammenzuarbeiten?

Diese Prüfungen erfolgen durch die kommunalen Jugendämter, und dafür wurden bisher – wie so oft in der Pflegekinderhilfe – keine verbindlich geltenden Standards entwickelt. Deswegen finden wir sehr unterschiedliche Ergebnisse dieser Auswahlprozesse. So können bei manchen Jugendämtern die Hürden für Ein-Eltern-Familien schon ziemlich hoch sein, während andere da kein Problem sehen.

Auch ob z.B. gleichgeschlechtliche Paare vorbehaltlos geprüft werden, ist wohl sehr unterschiedlich. Darauf weisen die unterschiedlichen Erfahrungen hin, die in Pflegeelternforen (z.B. htigen"icwww.pflegeeltern.de) berichtet werden.

Diskussionen über die Folgen eines häufig unterschiedlichen Statuts von Herkunfts- und Pflegefamilien in einem System sozialer Ungleichheit (Blandow 1972) werden kaum noch geführt. Dabei zeigen auch die aktuellen Befunde, dass die Herkunftsfamilien oft Familien mit geringem Einkommen, deutlichen Armutsrisiken und durchschnittlich niedrigeren Bildungsabschlüssen sind. Pflegeeltern mit gravierenden Armutsrisiken oder fehlenden Bildungsabschlüssen haben hingegen – jenseits der Verwandtenpflege – kaum Chancen, als geeignet anerkannt zu werden.

In der Lebenslage von potenziellen Pflegeeltern können mehrere der Merkmale zusammentreffen, die zu einem leichteren oder erschwerten Zugang führen und von ihnen als Bevorzugung oder Benachteiligung erlebt werden. Diese können dann kumulieren oder sich teilweise ausgleichen. So hängt zum Beispiel die Akzeptanz von gleichgeschlechtlichen Paare in den USA auch mit deren im Durchschnitt höheren Bildungsabschlüssen zusammen, die zu überdurchschnittlichen Bildungserfolgen ihrer Adoptivkinder beitragen.

Es gibt gute Gründe, die zum Ausschluss führen – z.B. Straftaten, die eine positive Prognose der Sicherheit der Kinder in der Pflegefamilie beeinträchtigen – und problematische Gründe, die z.B. auf Ressentiment geladenen Annahmen beruhen. Diese können dazu führen, dass auf Familien verzichtet wird, in denen sich Pflegekinder gut entwickeln könnten. Dann wird das zivilgesellschaftliche Potenzial nicht ausgeschöpft. Dieser Zusammenhang lässt sich am Beispiel von Pflegeeltern mit Migrationsgeschichte besonders gut zeigen. Deswegen soll dies ausführlicher behandelt werden.

Pflegeeltern mit Migrationsgeschichte

Die Zahl der Menschen mit einer Migrationsgeschichte ist in Deutschland – Ähnliches gilt für Österreich und die Schweiz – in den letzten Jahrzehnten angestiegen. Dabei spielen insbesondere die Arbeits- und die Fluchtmigration eine wichtige Rolle. Für die Pflegekinderhilfe ergeben sich daraus unter anderem die Fragen, ob und wie es gelingt, auch unter den Erwachsenen mit Migrationsgeschichte Pflegeeltern zu gewinnen und ob und wie bei der Unterbringung in Pflegefamilien von Kindern aus Familien mit Migrationsgeschichte ihre Herkunft, ihre kulturellen, sozialen und religiösen Verankerungen berücksichtigt werden.

Die statistische Datenlage ist weiterhin sehr unzureichend, aber folgende Aussagen erscheinen vor dem Hintergrund der vorhandenen Daten und vieler Einzelbeobachtungen plausibel: Der Anteil von Pflegekindern – einschließlich der geflüchteten Kinder und Jugendlichen – aus Familien mit Migrationsgeschichte lag 2016 bei 38 % (v. Santen/Pluto/Peucker 2019: 40), der Anteil von Pflegeeltern mit einer Migrationsgeschichte ist deutlich niedriger und dürfte unter 10 % liegen (vgl. PLAN B/LWL 2018: 11; Skalska/Wellssow 2020). Es ist also davon auszugehen, dass der Zugang potenzieller Pflegeeltern und Pflegefamilien mit Migrationsgeschichte erschwert ist. Welche Barrieren spielen eine Rolle und wie können sie so reduziert werden, dass das Potenzial an geeigneten Pflegeeltern und damit an Ressourcen für die Lösung einer wichtigen gesellschaftlichen Aufgabe besser ausgeschöpft werden kann?

Zwei Gruppen von Ursachen, die ihrerseits auch in Wechselwirkung stehen, sollen etwas näher betrachtet werden: Vorbehalte auf Seiten der Sozialen Dienste und Vorbehalte auf Seiten der Familien mit Migrationsgeschichte.

In einem Teil der Gesellschaft gibt es deutliche Vorbehalte gegenüber Menschen mit Migrationsgeschichte. Sie erscheinen dort als Fremde, die eigentlich hier nicht leben sollten, als Anhänger einer abgelehnten Religion oder als Menschen, die einen geringeren Wert haben als andere, insbesondere als man selbst. Dies geht bis zu offen rassistischen, antisemitischen oder antimuslimischen Deutungs- und Gefühlsmustern. Auch Akteure Sozialer Dienste sind als Teil der Gesellschaft davor nicht grundsätzlich gefeit.

Unsicherheiten, wenig Erfahrungen mit einer interkulturellen Pflegekinderhilfe und nicht genutzte Kontakte zu kommunalen Netzwerken aus der Migrationsszene (vgl. Plan B/LWL 2018) führen auch jenseits von harten Ressentiments und gruppenbezogener Menschenfeindlichkeit zu einer Zurückhaltung bei der Suche nach geeigneten Pflegeeltern in diesem breiten interkulturellen Spektrum. Der Anteil von Fachkräften mit Migrationsgeschichte bei den Pflegekinderdiensten ist – allerdings mit regionalen Unterschieden – häufig gering. So wundert es nicht, dass potenzielle Pflegeeltern, die in verschiedenen Modellprojekten befragt wurden, häufig über zunächst ungünstige Erfahrungen berichten.

> Vor dem Hintergrund ihrer Erfahrungen bezieht diese muslimische Frau deutlich Position: „Ja und dann müsste ich eine echte Akzeptanz spüren, ein auf mich zukommen, weil mal im ernst, ich reiß mir den Hintern auf, gebe hier alles, bin dann aber doch nur das Kopftuchmädchen, das mal ausnahmsweise gut deutsch sprechen kann.“... „Man kennt das ja von verschiedenen anderen Einrichtungen. Die Leute wollen dann nett sein, was ja auch gut ist, aber du siehst in deren Augen so einen mitleidigen Blick. ‚Du arme unterdrückte Frau‘. Und du weißt, die sprechen dich jetzt an, weil sie's nötig haben und nicht weil du genauso in Frage kommst wie alle anderen auch.“ (Skalska/Wellssow 2020: 25)

Insbesondere als die Not groß war und viele geflüchtete Kinder und Jugendliche auch in Pflegefamilien untergebracht werden sollten, erlebten viele Muslime ein aktiveres Zugehen von bis dahin sehr distanzierten Sozialen Dienste, in den Worten der Frau oben: Nun hatten sie es nötig.

Die Untersuchungen zeigen aber auch, dass es auf Seiten der Migrant*innen Befürchtungen und Skepsis gegenüber einer Aufnahme eines Pflegekindes geben kann. Dabei antizipieren sie manchmal Probleme mit den Behörden, die für ihre Anerkennung und Kontrolle zuständig sind. Es gibt aber auch weitere Gründe. In einem Modellprojekt zu Pflegeeltern mit Migrationshintergrund (PEM) in NRW wurden folgende Gründe häufig (Plan B/LWL 2018: 23 f) genannt:

■ ein kollektives Mitgefühl mit den Herkunftsfamilien der gleichen Migrant*innen-Community und der Verdacht, dass die Jugendämter dort Kinder viel zu schnell herausnähmen,

■ die Befürchtung, dass sie nach Aufnahme eines Kindes als Verbündete des Jugendamtes wahrgenommen werden und ihre Entscheidung von der eigenen Community in Frage gestellt wird.

Es wurden weitere Gründe genannt, die auch bei anderen potenziellen Pflegeeltern Ängste auslösen. So drückten sie die Befürchtung aus, dass in zeitlich begrenzten Pflegeverhältnissen die Familienmitglieder „das Pflegekind ins Herz schließen und dass es dann wieder zur Herkunftsfamilie zurückkehrt" (Plan B/LWL 2018: 21), dass sich die leiblichen Eltern zu sehr einmischen oder ihnen ein Erziehungskonzept von außen aufgedrängt wird, das sie eigentlich nicht teilen und kaum erfüllen können.

Zur Vielfalt gehört auch die Frage nach der religiösen Ausrichtung der Erziehung. Wenn die Rechte der Eltern nicht durch einen Beschluss des Familiengerichtes beschränkt wurden, bestimmen die Eltern über die religiöse Erziehung ihres Kindes.

> § 1 des Gesetzes über die religiöse Kindererziehung regelt: „Über die religiöse Erziehung eines Kindes bestimmt die freie Einigung der Eltern, soweit ihnen das Recht und die Pflicht zusteht, für die Person des Kindes zu sorgen..."
> Dies gilt bis zum 12. Lebensjahr uneingeschränkt, danach gilt: „Nach der Vollendung des vierzehnten Lebensjahrs steht dem Kinde die Entscheidung darüber zu, zu welchem religiösen Bekenntnis es sich halten will. Hat das Kind das zwölfte Lebensjahr vollendet, so kann es nicht gegen seinen Willen in einem anderen Bekenntnis als bisher erzogen werden." (§ 5 Gesetz über die religiöse Kindererziehung)

Bei der Auswahl einer Pflegefamilie müssen die Vorstellungen und Entscheidungen der Eltern für die religiöse Erziehung ihrer Kinder daher berücksichtigt werden. Der Vielfalt an religiösen Orientierungen in der Gesellschaft sollte auch eine solche Vielfalt an Pflegefamilien entsprechen, damit das Recht der Eltern nicht von vornherein verletzt wird.

Die bis hierher dargestellte Vielfalt an Pflegefamilien hängt zusammen mit der Vielfalt an Familienformen, Lebensstilen und Familienkulturen, die es in unsere Gesellschaft gibt und die grundsätzlich auch in der Pflegekinderhilfe möglich und wünschenswert ist. Nun geht es um eine andere Quelle von Vielfalt: den unterschiedlichen Funktionen, die eine Pflegefamilie erfüllen kann.

Vielfalt von Pflegefamilien: zeitliche Perspektiven

Pflegefamilien sind nicht nur für die dauerhafte Beheimatung, das Aufwachsen von Kindern bis zur Volljährigkeit und darüber hinaus gedacht, sondern sie werden auch für die kurzfristige Unterbringung verwendet. Die unterschiedlichen zeitlichen Perspektiven lassen sich in einem Kontinuum darstellen, das von der

Unterbringung über eine Nacht z.B. bei einem plötzlich und ungeplant aufgetretenen Notfall bis zu einer dauerhaften familialen Verortung, die weit über die Kinder- und Jugendhilfemaßnahme hinaus reicht. Einige dieser unterschiedlichen Funktionen und Aufgaben, die sich zu einer Typologie verdichten lassen, sollen vorgestellt werden. Das ist nicht ganz einfach, da in der Praxis sehr unterschiedliche Begriffe verwendet werden.

Krisenpflege und Notaufnahme

Wenn die zentrale Bezugsperson des Kindes aufgrund eines ungeplanten Ereignisses – wie z.B. eines Unfalls – plötzlich ausfällt, kann eine sehr schnelle, spontane und improvisierende Unterbringung des Kindes in einer anderen Familie notwendig werden. Dafür käme auch ein stationärer Kinder- und Jugendnotdienst oder eine Heimeinrichtung in Frage, die diese Aufgabe für eine Kommune übernimmt. Aber insbesondere bei sehr jungen Kindern ist die Abklärung, ob vielleicht eine dem Kind vertraute Person sofort einspringen kann und das Kind über „Tag und Nacht" betreut, sehr naheliegend. Dann befinden wir uns im Bereich von Verwandten- und Netzwerkpflege, die wir am Ende dieses Kapitels genauer betrachten.

Kurzzeitpflege

Nicht so plötzlich, aber ebenfalls zeitlich eng begrenzt kann die Suche nach einer anderen Familie sein, wenn die zentrale Bezugsperson mittelfristig planbar für eine kurze Zeit ausfällt, aufgrund z.B. einer stationär durchgeführten Operation oder einer Kur. Dann kann die Betreuung durch eine vertraute Person vorbereitet und ggf. mit dem Kind gemeinsam geplant werden. Auch die gemeinsame Betreuung von Geschwisterkindern kann – wie bei der plötzlich notwendigen Unterbringung – sehr sinnvoll sein und das Verlusterleben der Kinder abmildern. Dies gilt auch, wenn das Kind in der bisherigen Wohnung betreut wird und möglichst viel Kontinuität erhalten bleibt – wie der Kontakt zu vertrauten Freunden und Freundinnen oder der Besuch der Kindertagesstätte.

Die Initiative für solche Lösungen nehmen die Eltern oder andere vertraute Personen oft selber in die Hand. Die Sozialen Dienste können sie bei der Umsetzung vielleicht unterstützen. Verwandte bis zum dritten Grade brauchen keine Erlaubnis, haben aber einen Anspruch auf Beratung, auch wenn die Unterbringung in der Pflegefamilie nicht als Hilfe zur Erziehung erfolgt.

Bereitschaftspflege

Bei der Bereitschaftspflege – auch familiäre Bereitschaftsbetreuung (Lillig/Helming/Blüml u.a. 2002), familiäre Übergangsbetreuung (Walter 2003), Übergangspflege (Lehmann 2017) und weitere Bezeichnungen werden verwendet – spielen häufig die Perspektivklärung und grundlegende Weichenstellungen eine wichtige Rolle. Die Aufnahme eines Kindes erfolgt hier auch häufig plötzlich und aus einer Notsituation heraus. Das Kind bleibt dann in der Bereitschaftspflegefamilie bis durch die Eltern, das Jugendamt oder Familiengerichte Entscheidungen über seinen zukünftigen Lebensort getroffen wurden. Wenn die Aufnahme aufgrund einer dringenden Gefahr für das Wohl des Kindes erfolgt und die Personensorgeberechtigten – das heißt i.d.R. die Eltern – der Aufnahme ihres Kindes widersprechen, entscheidet das Familiengericht. Dann erfolgt die Unterbringung als Inobhutnahme (ausführlich: Fachgruppe Inobhutnahme 2020), wenn die Personensorgeberechtigten zustimmen als Hilfe zur Erziehung. Das Kind bleibt dann so lange in der Bereitschaftspflegefamilie, bis die weitere Perspektive und der nächste, hoffentlich dauerhafte und gute Lebensort geklärt sind. Aus der Sicht des Jugendamtes ist die Bereitschaftspflegefamilie eine von zwei Antworten auf die Frage: Was machen wir, wenn ein Kind plötzlich untergebracht werden muss und es unklar ist, wo es auf Dauer leben kann und soll? Die andere Antwort ist die vorübergehende Unterbringung in einer Einrichtung. Insbesondere bei jüngeren Kindern ist die Bereitschaftspflegefamilie besonders wichtig, auch weil deren Betreuung in Schichtdienstgruppen ihren Bedürfnissen fast nie gerecht wird (Petri/Pierlings 2016).

Die Bereitschaftspflegfamilie übernimmt die Aufgabe, vorübergehend ein Kind aufzunehmen, zu versorgen und zu beeltern – wenn wir das Parenting oder good enough mothering/fathering so übersetzen wollen. Sie weiß bei der Aufnahme nicht, wie lange das Kind bleiben wird und wohin es sie wieder verlassen wird. Die Bereitschaftspflegeeltern erhalten manchmal den Rat, keine tiefere Bindung zu dem Pflegekind aufzubauen, da es nicht auf Dauer bei ihnen bleiben wird. Dieser Ratschlag ignoriert allerdings, dass Menschenkinder zum Überleben aus anthropologischen Gründen auf eine umfassende emotionale Versorgung angewiesen sind und daher intensiv Bindungen suchen. Außerdem verbleiben gerade viele sehr junge Kinder mit erheblichen Kindeswohlgefährdungsrisiken ungeplant lange – in Einzelfällen deutlich länger als 1 Jahr – in der Bereitschaftspflege (Petri/Pierlings 2016; v. Santen/Pluto/Peucker 2019). Dann werden die Pflegeeltern zur zentralen Bindungsperson. Sie sollten diese Aufgabe auch annehmen, und Soziale Dienste und Familiengerichte sollten dies wertschätzen, weil es eine Voraussetzung für eine gute Entwicklung der Kinder ist.

Die Erwartungen an die Bereitschaftspflegeeltern sind noch umfassender. Sie sollen – auch in lang anhaltenden Klärungsphasen – die Umgangskontakte des Kindes mit den Eltern und ggf. weiteren Verwandten konstruktiv begleiten und fördern. Sie machen dabei oft vielfältige und genaue Beobachtungen zur Eltern-Kind-Beziehung und können das Potenzial der Weiterentwicklung manchmal differenziert einschätzen. Sie erleben die Reaktionen des Kindes vor, in und nach den Kontakten. Damit verfügen sie – etwas abstrakter formuliert – über eine breite Datenbasis vielfältiger Beobachtungen über einen längeren Zeitraum, der für die existenziellen Weichenstellungen, die manchmal bei der Perspektivklärung getroffen werden müssen, relevant sind. Viele Beobachtungen sprechen dafür, dass diese wichtigen Informationen weder durch Soziale Dienste noch bei der Begutachtung und von Familiengerichten systematisch genutzt werden. Das muss die Qualität der Prognosen einschränken. Vielleicht sollte die Tätigkeit von Bereitschaftspflegeeltern als Berufsarbeit ausgebaut und organisiert werden, auch um die Autorität ihrer Einschätzungen zu erhöhen.

Bereitschaftspflegefamilien haben nicht nur besondere Aufgaben, sondern aus diesen ergeben sich auch besondere Strukturmerkmale. Familien sind – im Unterschied zu Organisationen – auf Dauer gedacht und gefühlt (Niederberger/Bühler-Niederberger 1988). Eine von vornherein befristete Mitgliedschaft, die Beendigung der Zugehörigkeit durch Verwaltungsakte oder Gerichtsentscheidungen lässt sich damit nicht widerspruchsfrei verbinden. Gerade länger verweilende Kleinstkinder werden hier nicht einfach platziert, zur Versorgung in einem Familienbetrieb aufgenommen, sondern es entwickeln sich intensive emotionale Verflechtungen.

> Dies wird in folgender Erfahrung einer Bereitschaftspflegemutter deutlich: „Der Junge war 16 Monate bei uns, wurde mit drei Tagen in der Familie aufgenommen, ist sehr in unsere Familie rein gewachsen, das war der letzte Drücker, das es geht, sonst hätte man es vom Herzen her auch nicht mehr gehen lassen können. Kam dann zu einem Ehepaar, die sich sehnlichst ein Kind gewünscht haben, aber eigentlich adoptieren wollten, das sollte ihr Kind sein. [...] Die dauerte wirklich sieben Wochen diese Vermittlung, das Kind ist so früh aufgenommen worden, war so lange bei uns, das hat echt sieben Wochen gedauert. Wir mussten das Kind loslassen, wir mussten es gehen lassen und das war total interessant, wir hatten zunächst ein sehr nettes Verhältnis, aber je mehr das auf den Schluss zu ging, merkte ich, ich kann sie nicht gut gehen lassen. Und die andere Mutter zog und zog ‚ich möchte jetzt endlich mal das Kind haben' und nachher ging es unter Tränen. Die stocherte dann nachher auch gegen mich, und man kann sich dann ja immer auch Hilfe von der Fachkraft holen, man bleibt ja immer in Kontakt, wie es in der Vermittlung gerade läuft, da bin ich auch hingegangen, sie müssen mich unterstützen, die zieht so sehr an dem Kind, das Kind braucht noch die Zeit, wir als Familie brauchen noch die Zeit, um es gehen zu lassen, unsere Kinder brauchen die Zeit'." (Petri/Pierlings 2016: 69)

Hier werden Interessenunterschiede zwischen der Bereitschaftspflegefamilie und der anschließenden Dauerpflegefamilie, die sich in einem emotionalen Adoptionsmodus („das ist unser Kind") befindet, deutlich. Es wird aber auch ein Spannungsfeld zwischen der Logik der Organisation – vorübergehende Platzierung eines Kindes bis zum Abschluss der Perspektivklärung – und der Logik und den Gefühlsmustern der Bereitschaftspflegefamilie mit ihren verschiedenen Mitgliedern deutlich, die das Kind „vom Herzen her nicht mehr gehen lassen können".

Solche Dilemmata sind ein Strukturmerkmal der familialen Bereitschaftsbetreuung. Die Menschen müssen mit der Rolle einer Familie mit zusätzlicher, von Anfang an zeitlich begrenzter Mitgliedschaft, einer fremdbestimmt beginnenden und endenden Elternschaft und der sozialen Geschwisterschaft auf Zeit (ausführlich zum Erleben der leiblichen Kinder der Bereitschaftspflegeeltern: Lehmann 2017) zurechtkommen. Die Dilemmata können nicht aufgehoben werden, sondern die Beteiligten können Wege suchen, damit konstruktiv umzugehen. Dabei sollten insbesondere auch die Belastungen für die leiblichen Kinder der Pflegeeltern beachtet werden (Marmann 2005; Lehmann 2017).

Pflegefamilien in Ungewissheiten

Grundsätzlich sollen Kinder so lange in Pflegefamilien untergebracht werden, wie diese Hilfe zur Erziehung – juristisch gesprochen (§ 27 SGB VIII) – notwendig und geeignet ist. Wenn sie nicht mehr notwendig ist und sich die Lage der Eltern oder der Herkunftsfamilie insgesamt deutlich geändert hat, sollen sie zurückkehren. In dieser rechtlichen Logik, die auch von den unterbringenden Sozialen Dienste sehr häufig als zentrale, handlungsleitende Orientierung genommen wird, bleiben die Pflegefamilie – und mir ihr die Kinder und Eltern – manchmal über viele Jahre in einer Situation der Ungewissheit. Auch wenn das Kind schon viele Jahre in der Pflegefamilie lebt, vielleicht ein Familienmitglied geworden ist und die Pflegeeltern zentrale Elternfunktionen ausfüllen, ist nicht sicher, wie lange es bleiben wird, und zumindest für die Kinder auch: ob sie dies beeinflussen können. Die Folgen werden in späteren Kapiteln weiter diskutiert.

Für den Zusammenhang einer Typologie von Pflegefamilien in zeitlicher Perspektive ist wichtig, dass sich häufig ein Typus entwickelt, in dem die zeitliche Dauer jahrelang unklar bleibt. Das Kind lebt vielleicht schon seit vielen Jahren in der Pflegefamilie, es spürt oder erlebt unmittelbar, dass immer wieder neu entschieden wird, wie es zunächst weitergeht, vielleicht auch, dass die Pflegeeltern unsicher und nervös sind, wenn grundlegende Weichenstellungen angekündigt oder gar Familiengerichte eingeschaltet werden. In der Logik der Organisationen erscheint das unproblematisch: Es handelt sich um eine zeitlich befristete, bei Bedarf immer wieder verlängerte Sozialleistung, bei Wegfall des Bedarfs erfolgt selbstverständlich die Beendigung.

Das Erleben der Eltern und der Herkunftsfamilie ist oft ähnlich: Ihr Kind lebt jetzt erst einmal in der Pflegefamilie, solange es bei ihnen nicht gut geht oder solange ihnen andere die gute Versorgung ihrer Kinder nicht zutrauen. Wenn sich das ändert, kehren sie selbstverständlich zurück. Die Pflegefamilie ist ein Ort auf Zeit, eigentlich gehört das Kind zu ihnen.

> In einer insgesamt lesenswerten Untersuchung von Dirk Schäfer, Corinna Petri und Judith Pierlings (2015: 59) schildert der Vater seine Empfindungen so:
> „Ich sehe keinen Ausweg. Es gäbe ein Ende, wenn das Kind endlich bei der Familie wäre. Ich glaube, bevor ich aufhöre zu kämpfen, müssen die mich umbringen. Bis dahin werde ich immer kämpfen." [...] „Bei Gericht ist jetzt besprochen, dass sie ‚vorübergehend' noch bei der Pflegefamilie bleiben soll, vorübergehend ist meiner Meinung nach vielleicht ein halbes Jahr. Aber das Jugendamt sagt zu meiner Frau: ‚Vorübergehend sind erst mal anderthalb Jahre und dann sehen wir weiter.' Und die anderthalb Jahre wird mein Kind da nicht bleiben, weil der Hass auf die Pflegeeltern und aufs Jugendamt wächst immer mehr." [...] „Für Katja ist das, als würden sich die Erwachsenen um sie prügeln. Zu wem gehöre ich jetzt? Gehöre ich wirklich zum Papa? Wem bin ich wichtiger? Wem sein Blut bin ich jetzt? Bin ich wirklich dem Papa sein Blut oder das Blut von den Pflegeeltern?"

Die Gefühle des Vaters auch im Kampf um die Dauer der Befristungen werden deutlich. Konstellationen, in denen die Vorstellungen der Eltern und die der Sozialen Dienste so weit auseinanderfallen, führen häufig zu großen Unsicherheiten auf allen Seiten.

Die Pflegeltern erleben die Ungewissheit auf der anderen Seite. Für ihr Erleben können auch dann gravierende Dilemmata entstehen, wenn sie über die rechtliche Basis ihres Lebens als Pflegeeltern informiert sind: Sie kennen die Vorläufigkeit, sehen das ihnen inzwischen vertraute Kind aber als ein Familienmitglied an und eine Herausnahme als Verlust und manchmal Bedrohung.

> In der gleichen Untersuchung (Schäfer/Petri/Pierlings 2015: 64) beschreibt eine Pflegemutter ihr Erleben, als ihre beiden Pflegekinder nach langer Zeit doch wieder zu ihrer Mutter zurückkehren sollen, so:
> „Das war das, was wir am Anfang gehört haben und dass die Kinder dauerhaft untergebracht werden – sprich also bis sie Erwachsene sind. Bis sie selbständig sind, sollten die Kinder hier bei uns bleiben und die Mutter hatte das soweit eingewilligt und unterschrieben." [...] „Die Perspektive war von Anfang an ja eigentlich, dass die Kinder dauerhaft hierbleiben. In der Schulung sagen sie zwar, dass die Rückführung das Ziel sei, aber nur in zwei Prozent der Fälle vorkomme. Daher sind wir davon ausgegangen, dass es Kinder sind, die höchstwahrscheinlich länger bleiben sollen oder müssen. Wir haben die Entscheidung nicht von den zwei Prozent abhängig gemacht, aber wir wollten Langzeitpflege machen. Von Anfang an weiß man zwar, dass eine Rückkehr möglich ist – das hat man ja gehört. Aber wenn dann das Jugendamt sagt, die Kinder müssen dauerhaft bei einer Familie untergebracht werden und wir werden angerufen, dann steht das nicht mehr im Mittelpunkt. Wir sind von Anfang an davon ausgegangen, dass die Kinder hierbleiben".

Abgesehen von einem kleinen Restrisiko war diese Pflegemutter davon ausgegangen, dass die Pflegekinder bei ihr aufwachsen „bis sie Erwachsene sind". Sie hatte sich eher im Typus Dauerpflege gesehen.

Die Untersuchung zeigt auch, dass das Erleben der Eltern und das der Pflegeeltern bei der Herausnahme des Kindes jeweils aus ihrer Familie große Ähnlichkeiten hat: Beide Gruppen fühlen sich ungerecht behandelt, sind oft wütend und traurig und setzten sich mit der Frage auseinander, was sie jetzt noch tun können.

Die Bezeichnung von Pflegefamilien in einer solchen Konstellation als „Pflegefamilien in Ungewissheiten" ist nicht etabliert, sie trifft aber nach meiner Überzeugung das Strukturmerkmal am besten: Es geht weniger um die Dauer der Zugehörigkeit des Kindes zur Pflegefamilie – niedrige, mittlere, höhere Dauer – sondern um das Merkmal der Ungewissheit über den weiteren Verbleib. Die Ungewissheit entsteht häufig durch unterschiedliche Wünsche und Interessen von Eltern und Pflegeeltern über die Dauer und damit auch über die Art der Zugehörigkeiten. Darauf werde ich bei der Rolle von Pflegekindern und Pflegeeltern noch einmal zurückkommen.

Dauerpflege

Die Vorstellung von der Dauerpflege beruht auf der Annahme, dass das Kind seinen Lebensmittelpunkt über die gesamte weitere Kindheit und Jugend in der Pflegefamilie haben wird. Die Verbindung zur Pflegefamilie reicht dann nach den Vorstellungen der Pflegeeltern und ggf. auch denen des erwachsenen Pflegekindes nicht nur über die Volljährigkeit hinaus, sondern bleibt unabhängig von der rechtlichen Beendigung der Jugendhilfemaßnahme bestehen.

Das bedeutet nicht, dass keine Kontakte zu den Eltern bestehen, sondern dass Lebensmittelpunkt und Verortung dauerhaft in der Pflegefamilie oder mit der Pflegefamilie verbunden sind. Wenn die Eltern überhaupt keine Rolle mehr spielen sollen und von Mitgliedern der Pflegefamilie gar nicht mehr mitgedacht werden, empfehle ich die Bezeichnung „Pflegefamilie im Adoptionsmodus". Der Begriff ist kritisch gemeint, denn hier würden zentrale rechtliche Merkmale der Pflegefamilie geleugnet und fälschlicherweise der Eindruck erweckt, die Eltern seien nun gelöscht und durch die Pflegeltern vollständig ersetzt worden. Zwischen auch dauerhafter Mitgliedschaft in der Pflegefamilie und einer Adoption bestehen gravierende, nicht zuletzt rechtlich verankerte Unterschiede, die nicht ohne erhebliche Konflikte geleugnet werden können.

Es erscheint mir verständlich, wenn Menschen, die ein sehr junges Kind aufnehmen und es versorgen, erziehen, über die Kindheit und Jugend begleiten und alle wichtigen Elternfunktionen übernehmen, eine elementare Verbindung zu diesem Kind empfinden und die oben skizzierten Unterschiede zur Adoption negieren. Problematisch ist es aber, wenn Soziale Dienste sie in diesem Irrtum bestärken, statt mit ihnen konstruktive Umgangsformen im Spannungsfeld zwischen rechtlichen Rahmungen und persönlichen Haltungen zu suchen.

Manchmal wird aber auch die Auffassung vertreten, dass Pflegeverhältnisse grundsätzlich gar nicht auf Dauer gedacht und gefühlt werden dürfen und die Pflegeeltern und das Kind immer damit rechnen müssten, dass der Grund für die Platzierung in der Pflegefamilie entfällt und die Kinder wieder in ihre Herkunftsfamilie zurückkehren.

> Ein – im Übrigen freundlicher und interessierter – Familienrichter sprach mich auf einer Tagung so an: „Herr Professor, Sie reden da manchmal von Dauerpflege. Die gibt es gar nicht. Zeigen Sie mir mal im BGB, wo da von Dauerpflege gesprochen wird. Sie müssten den Pflegeeltern klarmachen, dass das nie auf Dauer ist." Meinen Hinweis auf § 37 SGB VIII („auf Dauer angelegte Lebensperspektive") notierte er sich, das wolle er sich mal ansehen mit Sozialrecht habe er ja nicht viel zu tun. Für ihn bleibe aber sowieso das BGB entscheidend.

Bei den Gesetzesänderungen in Deutschland, die die Position der Pflegekinder stärken wollten, wurde auch die Frage diskutiert, ob Pflegekinder ständig damit rechnen müssen, dass sie gegen ihren Willen wieder aus der Pflegefamilie herausgerissen und zu ihren Eltern zurückgeführt werden. Hier sind bei der Reform 2021 Änderungen im BGB vorgenommen worden, die die Kontinuitätssicherung als einen das Kindeswohl stark beeinflussenden Faktor stärker in den Blick nehmen. So wird das Familiengericht verpflichtet „bei seiner Entscheidung auch das Bedürfnis des Kindes nach kontinuierlichen und stabilen Lebensverhältnissen zu berücksichtigen" (§ 1697a Abs. 2 BGB). Auch auf der Dauerverbleibensanordnung (§ 1632 BGB) beruhen Hoffnungen, dass die Entscheidungen der Familiengerichte zukünftig stärker die Wünsche und Bedürfnisse der Kinder berücksichtigen können. Ähnliche Diskussionen habe ich auch in Österreich (z.B. auf der Fachtagung Kinderschutz/Kindesabnahme 2020 des Österreichischen Bundesjustizministeriums) und der Schweiz (vgl. Hotz/Gassner 2013; SODK und KOKES 2020) beobachtet.

Dauerpflege wird häufig als Normalfall eines Pflegeverhältnisses betrachtet. Alle anderen Formen erscheinen dann als seltene Ausnahmen. Dann richten sich alle Darstellungen, Entscheidungen und Regelungen an diesem Normalitätsmodell aus. Das kann zu gravierenden Fehleinschätzungen führen, zum Beispiel der, dass sich schon alles von alleine gut und normal entwickle, wenn das Pflegeverhältnis erst einmal gut eingerichtet wurde. Man brauche dann das Pflegeverhältnis nicht aufwendig zu begleiten, die Pflegeeltern könnten sich ja bei Bedarf melden. Um wichtige Entscheidungen nicht auf der Basis solcher Mythen zu treffen, sind empirische Untersuchungen sehr nützlich und manchmal desillusionierend.

Walter Gehres und Bruno Hildenbrand (2008: 105) haben den Vorschlag gemacht, Pflegefamilien als eine Als-ob-Familie zu betrachten. Sie verstehen darunter eine Familie, „die handelt, als ob das Pflegekind ein eigenes Kind sei, das einen unbedingten Anspruch auf Dauer, Verlässlichkeit und affektive Zuwendung hat, auch wenn diese Beziehung nur eine vorläufige ist, und damit rechnen muss, dass das Pflegekind eine Beziehung zu seiner Herkunftsfamilie aufrechterhalten will". Diese Vorstellung zeigt das Spannungsfeld, in dem die Menschen jenseits eines Adoptionsmodus und eines Vorläufigkeitsgefühls ihre Bewältigungsversuche machen können.

In einem interessanten und lesenswerten Buch haben Eric van Santen, Liane Pluto und Christian Peucker (2019) insbesondere quantitative empirische Befunde zur Pflegekinderhilfe zusammengestellt und kenntnisreich interpretiert. Darin gehen sie auch der Frage nach, ob Dauerpflegeverhältnisse wirklich von Dauer sind. Die zusammenfassende Antwort in einem umfangreichen Kapitel lautet:

> „Die empirischen Ergebnisse zeigen, dass wenn man Pflegeverhältnisse betrachtet, die mindestens zwei Jahre andauern und jene Fälle unberücksichtigt lässt, die möglicherweise aufgrund von Unstimmigkeiten zwischen Herkunftseltern und Pflegefamilien beendet werden, 41 Prozent der Platzierungen in Fremdpflegeverhältnissen und 47 Prozent der Platzierungen in Verwandtenpflege den Beginn einer bis ins Erwachsenenalter reichenden biografischen Linie darstellen." (v. Santen/Pluto/Peucker 2019: 205)

Diese Daten zeigen, dass der Anteil der auf Dauer gedachten Pflegeverhältnisse (länger als zwei Jahre bestehend, konflikthafte vorzeitige Beendigungen unberücksichtigt), die bis zum Erwachsenenalter andauern, unter 50 % liegen. Die Mehrzahl endet also vorher. Anderseits wird auch deutlich, dass immerhin in 41 bzw. 47 % der Dauerpflegekonstellationen lange biografische Linien entstehen können. Pauschal eine Normalität von Dauerpflege zu unterstellen ist damit aber nicht vereinbar.

> Das Buch von v. Santen, Pluto, Peucker, das als E-Book sogar kostenlos zugänglich ist, zeigt, wie wichtig belastbare statistische Daten und ihre Interpretation mit Feldkenntnissen sind. Die Aktivitäten in der Schweiz und – noch sehr am Anfang – in Österreich, eine ausreichende Datenbasis zu entwickeln sind daher sehr zu unterstützen. Sie ermöglichen Wissenschaftler*innen in ihrer Rolle als Mythenjäger*innen (Norbert Elias) sich von falschen Vorstellungen zu befreien. Das erleichtert dann auch richtige Entscheidungen in der Praxis.

Die Adoption, die hier nicht systematisch behandelt wird, hat eine rechtliche Rahmung, die die Frage nach der Beendigung im Unterschied zur Betreuung in einer Pflegefamilie nicht mehr aufwirft. Auch deswegen erscheint sie manchmal für die Pflegekinder und Pflegeeltern sehr attraktiv.

Die Darstellung der unterschiedlichen zeitlichen Perspektiven ist holzschnittartig. In dem auch kommunal sehr vielfältig aufgesplitterten Feld der Pflegekinderhilfe gibt es viele weitere Varianten, die hier nicht erfasst werden können.

> **Arbeitsaufgabe 8:**
>
> Recherchieren Sie bitte in Ihrer Region, welche Formen von Pflegeverhältnissen dort entwickelt wurden.
>
> a) Wie lauten die Bezeichnungen?
> b) Für welche Fallkonstellationen sind die unterschiedlichen Formen gedacht?
> c) Unterscheiden sich die – z.B. finanziellen – Ausstattungen?

Vielfalt von Pflegefamilien: besondere Aufgaben

Neben der Vielfalt familialer Lebensformen in Pflegefamilien und die Vielfalt der zeitlichen Perspektiven haben sich noch weitere Formen entwickelt, von denen drei vorgestellt werden sollen.

Pflegefamilien für Kinder mit Behinderung

Im § 33 SGB VIII, der die Vollzeitpflege (im Unterschied z.B. zur Tagespflege) behandelt, heißt es im 2. Satz: „Für besonders entwicklungsbeeinträchtigte Kinder und Jugendliche sind geeignete Formen der Familienpflege zu schaffen und auszubauen." Damit ist eine Unterscheidung zwischen Kindern geschaffen, die als „besonders entwicklungsbeeinträchtigt" diagnostiziert werden, und anderen. Ob eine solche Unterscheidung wünschenswert ist und vielleicht durch das KJSG überwunden wird, sei dahingestellt.

In der Praxis haben einige Träger (und einzelne Leitungspersönlichkeiten) das Ziel entwickelt, auch für Kinder mit gravierenden Behinderungen und so schweren chronischen Erkrankungen, dass sie zu einer niedrigeren Lebenserwartung der Kinder führen können, Pflegefamilien zu finden. Es gibt in unserer Gesellschaft Pflegeeltern, die gerade diese Kinder betreuen wollen und dies oft zum Mittelpunkt ihres Lebens gemacht haben.

So hatte die Diakonie Düsseldorf auf Initiative von Frau Zottmann-Neumeister im Jahr 2000 begonnen, einen Fachdienst „Sonderpädagogische Pflegestellen für Kinder mit chronischen Erkrankungen und Behinderungen" auszubauen. In einem Forschungsprojekt (Schäfer 2011 und 2011a) lernte ich einige Pflegeeltern und ihre Pflegekinder kennen und war tief beeindruckt von ihnen.

Ein Pflegevater erklärte seine Gründe zum Beispiel so:

„Und da sieht man aber erst mal, was wirklich wertvoll ist. Wie wertvoll die Kinder sind. Und das verstehen die Leute nicht. Das kann man auch nicht erklären. Und wir oder ich jedenfalls haben aufgehört, den Leuten zu erklären, warum ich unseren Pflegesohn richtig für wertvoll halte. Weil das ist er einfach. Und wer das so nicht versteht, bei dem fehlt irgendwas. Also bloß weil er nicht rechnen kann und nicht spricht und immer noch nicht sauber ist, ist er trotzdem wertvoll. Und das müssen die Leute einfach kapieren. Und da ist die Gesellschaft so was von weit weg davon. Wenn man sich da die Fernsehsendungen anguckt, um was es da geht, um Schönheit und sonst was. Das ist so was von Pillepalle." (Schäfer 2011: 58)

Eine Pflegemutter berichtet, wie sie und ihr Mann ihrem Pflegekind, das auch im Gesicht durch Brandverletzungen entstellt war, ein möglichst unauffälliges Bewegen in der Öffentlichkeit ermöglichen:

„Und wie gesagt, unsere Kinder werden begafft. Wir gehen hin, wir kommen da nicht drum herum, wir werden begafft. Also geht mein Mann hin und lässt sich die Fußnägel lackieren. Und dann guckt kein Mensch mehr auf die Kinder. Da rennen sie alle hin und gucken auf meinen Mann." (Schäfer 2011: 83). Ein Schrank von einem Mann läuft in Latschen mit lackierten Fußnägeln durch die Einkaufsstraße, und das Mädchen bleibt im Windschatten der Aufmerksamkeit, die er auf sich zieht, fast unbeachtet.

Die Pflegefamilien haben sehr viele Themen zu bearbeiten, die mit der Erkrankung oder Behinderung zusammenhängen und müssen daher intensiv mit dem medizinischen System kommunizieren und vielfältige Kostenfragen klären. Allein schon dafür brauchen sie eine kompetente Begleitung durch einen leistungsfähigen Dienst. Weitere Aufgaben kommen hinzu. Da die alltägliche Betreuung der Kinder sehr oft viel Zeit erfordert, wird eine zusätzliche Berufstätigkeit oft eingeschränkt. Deswegen erhalten die Pflegeeltern eine finanzielle Unterstützung, die die Einkommensausfälle zum Teil kompensieren.

Mehrere Untersuchungen zeigen, warum Menschen diese Aufgabe und das damit verbundene Leben für sich wählen und wie sie die dabei auftretenden Probleme bewältigen (Schäfer 2011 und 2011a; Föltz 2021). Im Ringen um eine integrative Kinder- und Jugendhilfe wird auch deutlich, dass es noch vielfältige Barrieren gibt, die den Zugang von Kindern, die besondere Ansprüche an die Menschen stellen müssen, die mit ihnen zusammenleben, erschweren. Die „Vermeidung von Exklusionsprozessen in der Pflegekinderhilfe" (Schäfer/Weygandt 2017) wie eine lesenswerte Untersuchung heißt, steht damit erst am Anfang – nicht nur in Deutschland, sondern auch in Österreich und der Schweiz. Die Änderungen durch das KJSG in Deutschland lassen hoffen, dass die Interessen von Kindern mit Behinderungen zukünftig systematisch mitgedacht werden und dies ihre Lage deutlich verbessert.

In Österreich sind spezifische Pflegefamilien und entsprechende besondere Finanzierungsleistungen nur in einigen Bundesländern vorgesehen.

> „In den Bundesländern Wien, Burgenland, Steiermark, Oberösterreich, Salzburg und Kärnten bestehen keine speziellen Unterbringungsformen für Pflegekinder mit Behinderung. Lediglich in drei Bundesländer existieren derartige Pflegeverhältnisse: In Niederösterreich werden Pflegekinder mit Behinderung im Rahmen der Professionellen Pflege und in Vorarlberg im Rahmen von Ankerfamilien betreut. In Tirol besteht das Konzept der heilpädagogischen Pflegefamilie, um Pflegekinder mit Behinderung aufzunehmen." (Geserick/Mazal/Petric 2015: 80)

Pflegefamilien für Kinder und Jugendliche im Exil

Auch wenn die Betreuung unbegleiteter Kinder und Jugendliche schon länger ein Thema der Sozialen Arbeit war, wurde es vor dem Hintergrund der Kriege, Vertreibungen und Fluchtprozesse seit 2015 als eine besondere Herausforderung und Aufgabe empfunden (viele Facetten in: Hartwig/Mennen/Schrapper 2018). Schließlich wurde es auch ein Thema für die Pflegekinderhilfe. Nun sollten Kinder und Jugendliche, deren Flucht ohne ihre Eltern und oft ohne andere Verwandte in Mitteleuropa (vorläufig) endet, in größerer Zahl in einer anderen Familie untergebracht werden. Die politisch Verantwortlichen in Deutschland haben dafür den Begriff Gastfamilien festgelegt, der eher Missverständnisse hervorbrachte und das Erleben der Menschen verfehlte. Ein Grund für die unpassende Begriffswahl war, dass die – insbesondere finanziellen – Regelungen für andere Pflegefamilien auf diese neue Form nicht übertragen werden sollten.

Überwiegend ging es um ältere männliche Jugendliche, aber eben auch nicht ausschließlich: Es waren auch Mädchen darunter, manchmal Geschwisterverbände mit jüngeren Kindern, manchmal auch einzelne junge Kinder. Die Bezeichnung „im Exil" erfasst die Situation der Kinder und Jugendlichen und das Selbstverständnis der Pflegefamilien eher als die „auf der Flucht". Die Flucht hatte hier für viele ein (vorläufiges) Ende gefunden. Es ging jetzt um Perspektivklärung einschließlich der ganzen rechtlichen Statusklärungen und um die Entwicklung einer Lebensperspektive in einem (zunächst) fremden Land. Unbegleitet sind die Kinder und Jugendlichen in dem Sinne, dass sie von ihren Eltern getrennt sind und die Personensorge durch diese i.d.R. nicht wahrgenommen werden können und sie damit auch in rechtliche Strukturen der Inobhutnahme eingeordnet werden, die weitere Akteure z.B. als Träger der Personensorge ins Spiel bringen: private, ehrenamtliche oder professionelle Vormünder*innen.

Die Pflegekinderhilfe erhielt Zugang zu Pflegeeltern, die sie bisher weitgehend nicht im Blick hatten: oft politisch engagierte Menschen, deren eigene Kinder bereits erwachsen waren und nicht mehr im Haushalt lebten. Sie waren nicht auf eine Beelterung jüngerer Kinder ausgerichtet, sondern musste und wollten mit den Jugendlichen ihre Rolle irgendwie finden und klären.

> In einem speziellen Online-Forum, in dem sich Pflegeltern untereinander austauschten, schreibt Anja am 3.12.2016 unter Verwendung der Bezeichnung umA (unbegleiteter minderjähriger Ausländer), wie er in Gesetzestexten verwendet wird und dann auch im allgemeinen Wortschatz Karriere machte: „Unser umA hat Familie in Eritrea, eine Mutter und Geschwister, die in der ganzen Welt verteilt sind. Er braucht keine Familie. Er braucht einen sicheren Ort, was zu essen, Kleidung etc. Die geschwisterlichen Beziehungen zu meinen Kindern sind entstanden und sind gut. Wir als ‚Eltern' wissen manchmal nicht, welche Rolle wir in seinem Leben haben. Als eine gewisse ‚Autorität' werden wir glaube ich (noch) nicht gesehen." (Wolf 2018a: 661)

Die Familien – oft waren auch die erwachsenen Kinder in das Familienprojekt eingespannt und Beschlüsse wurden im Familienrat getroffen – konnten nicht vorbereitet sein auf das, was auf sie und die Kinder und Jugendlichen zukam, sondern sie bewältigten die Probleme, wann und wenn sie auftraten. Das ist allerdings auch für andere Pflegefamilien nicht ungewöhnlich.

> So schreibt Moderator (Nickname im Online-Forum) am 3.12.2016:
> „Wir haben vor zehn Monaten drei Kinder/Jugendliche aus Afghanistan aufgenommen. Es sind Geschwister. Der Kleine ist mittlerweile 11 Jahre alt, die mittlere 16 und die große 17 Jahre alt. Sie besuchen die Grundschule/Hauptschule. Zusammen sind wir jetzt eine Familie von acht Personen. Die drei sprechen hervorragend deutsch. Wir brauchen gar kein Englisch mehr. Langsam kennen wir auch alle Eigenarten von ihnen, sei es persönliche oder kulturelle. Es ist nicht immer leicht, klappt aber erstaunlich gut." (Wolf 2018a: 660)

Das Selbstverständnis der Familien als Familien, die ihre Angelegenheiten nach ihren eigenen Vorstellungen, ihrem Lebensstil und ihren z. B. gesellschaftspolitischen Vorstellungen gestalten wollen, führte oft dazu, dass sie sich stark für ihre Jugendlichen engagierten. So nutzten sie oft ihre privaten Ressourcen und Beziehungen, um Praktikums- oder Arbeitsplätze für ihre Jugendlichen zu finden oder besondere Freizeitaktivitäten oder Bildungsmöglichkeiten zu eröffnen. Dieses sehr persönliche, im positiven Sinne nicht professionelle Engagement lässt sich aber nicht einfach durch Verwaltungsakte abschalten. Wenn rechtliche Entscheidungen zu Ungunsten der Jugendlichen getroffen wurden, wehrten sich die Pflegeeltern oft sehr engagiert dagegen. Politik, Verwaltung und Soziale Arbeit hatte dann oft Schwierigkeiten den Eigensinn zu respektieren. Wer zivilgesellschaftliches Engagement will und nutzt, kriegt eben auch eigensinniges Engagement. Da können sich Familien eingebettet in ihre gesellschaftspolitischen Milieus als widerständig und nicht gerade pflegeleicht erweisen.

In dem Online-Forum wurden auch gravierende Belastungen beschrieben. Diese ergaben sich – neben den Auseinandersetzungen mit Behörden, die eine wichtige Rolle spielten – auch aus dem Zusammenleben mit den Kindern und Jugendlichen, Enttäuschungen, dass diese nur den Service suchten und kaum persönliche Beziehungen eingingen, oder Anfeindungen im sozialen Umfeld für ihr Engagement.

Schon länger in der Schweiz und ebenfalls im Zusammenhang mit den verstärkten Fluchtbewegungen seit 2015 in Österreich spielen die Betreuung von geflüchteten Kindern und Jugendlichen in Pflegefamilien eine wichtige Rolle und wurde auf Tagungen diskutiert.

> Ein sehr positives Beispiel berichtete eine politisch engagierte Pflegemutter 2016 auf einer Tagung in Graz: „Ihre Mutter sei völlig gegen diese ganze Unterstützung für Flüchtlinge gewesen. Geradezu entsetzt war sie, als sie nun auch noch einen Flüchtlingsjugendlichen aufgenommen habe: Sie käme nun nicht mehr zu Besuch und sie sollten sich unterstehen, mit dem Burschen bei ihr aufzutauchen. Im Laufe der Monate kam es dann aber doch zu Kontakten zwischen ihrem Pflegesohn und ihrer Mutter – erst sehr kurz, dann aber auch intensiver. Schließlich habe sie erlebt, wie ihre Mutter sich mit dem Jugendlichen über ihre eigene Flucht am Ende des 2. Weltkrieges unterhalten hat. Seine Flucht und was er darüber erzählte eröffnete ihr einen Zugang zu ihrem eigenen Erleben. Die Pflegemutter war völlig verblüfft, dass ihre Mutter anfing, mit ihm über Ereignisse zu reden, die bisher kein Thema sein durften." (Wolf 2018a: 663)

Weder positive noch negative Beispiele und Narrative bilden das ganze Feld ab. Daher sind sie auch nicht typisch für das größere Feld. Sie zeigen aber die Variationsbreite.

Wochenpflege

Die Wochenpflege ist nicht verbreitet und spielt auch in der Fachdiskussion eher ein Nischendasein. Ihr besonderes Merkmal ist, dass das Pflegekind während der Woche über Tag und Nacht in der Pflegefamilie lebt, das Wochenende jedoch regelmäßig bei seinen Eltern oder einem Elternteil verbringt. In vielen Regionen wird sie überhaupt nicht praktiziert, in einigen Regionen der Schweiz gab es Modellprojekte der Wochenpflege.

Trotz der geringen Verbreitung und trotz der immer mal wieder geäußerten, aber selten begründeten grundsätzlichen Skepsis wird diese Form hier genannt, weil sie ein Modell des Koparentings in der Pflegekinderhilfe darstellt. Einige Beobachtungen sprechen dafür, dass die Kinder mit diesem regelmäßigen Wechsel – auch bei unterschiedlichen Familienkulturen – gut umgehen können, wenn die Eltern und Pflegeeltern freundlich miteinander umgehen und dass die Rückkehroptionen in diesem Modell sehr viel aktiver bearbeitet werden. Eine räumliche Nähe, die es (auch älteren) Kindern ermöglicht, ihre Freunde von beiden Haushalten ausgehend zu treffen, erleichtert es ihnen, das Leben an zwei Orten – das auch in Wechselmodellen bei getrennt lebenden Eltern auftritt – zu praktizieren.

Früher entstand dieses Modell häufiger aus der Berufstätigkeit alleinerziehender Eltern und dem Mangel an geeigneten Betreuungsmöglichkeiten ihrer Kinder während der Berufstätigkeit. Heute gibt es wohl kaum noch Platzierungen in Wochenpflege allein aufgrund der Erwerbstätigkeit der Eltern.

Die Rolle der Pflegeeltern kann sich in Richtung auf ein Coaching der Eltern in Erziehungsfragen entwickeln und so die Bedingungen für eine baldige Rückkehr aktiv herzustellen und nicht auf eine Besserung lediglich zu warten. Es setzt voraus, dass keine Kindeswohlgefährdungssituationen bei den Eltern zu befürchten sind.

Rollenvielfalt der Pflegekinder

Die Vielfalt an Pflegefamilien hat schon deutlich gemacht, dass es sehr unterschiedliche Pflegekinder in außerdem sehr verschiedenen Lebenssituationen gibt. Pflegekinder mit und ohne Behinderung oder solche mit und ohne Migrationsgeschichte ihrer Eltern oder Kinder und Jugendliche im Exil haben wir in den Blick genommen. Noch grundsätzlicher ist die individuelle Vielfalt: Pflegekinder sind Individuen, mit jeweils einzigartigen Merkmalen, unterschiedlichen Lebenserfahrungen und ihrer je eigenen Auseinandersetzung mit ihrem Leben. Deswegen führt es in die Irre, wenn „die Pflegekinder" wie eine homogene Gruppe gesehen und behandelt werden.

Jetzt soll es noch um eine weitere Dimension der Vielfalt gehen: unterschiedliche Rollen. Die Vielfalt an familialen Lebensformen und insbesondere die unterschiedlichen Funktionen und Verwertungszwecke von Pflegefamilien beeinflussen auch die Rolle der Pflegekinder in der Pflegefamilie. In der alltäglichen Herstellung der Praxis des familialen Lebens – also dem, was wir als Doing-Family kennengelernt haben – bildet sich heraus, welche Position das Pflegekind in der Pflegefamilie hat, welche Erwartungen die anderen Familienmitglieder und es selbst an sein Verhalten, aber auch Denken und Fühlen haben und wie auch andere Akteure außerhalb, die Art seiner Teilhabe an und in der Pflegefamilie verstehen können. Dies wird hier als Rolle des Pflegekindes bezeichnet.

Die Erwartungen können übereinstimmen oder zwischen den verschiedenen Menschen sehr unterschiedlich sein, sie können irritiert werden, sich wandeln oder etablieren und verfestigen. Dabei sind sehr unterschiedliche Varianten vorstellbar und in der Praxis zu finden. Einige sollen nun skizziert werden.

Das Pflegekind kann als **Gast** in der Familie betrachtet werden. Es wird hier vorübergehend aufgenommen, wohnt im Moment hier, wird aber nicht bleiben und nicht zu einem Familienmitglied.

> Die leibliche Tochter der Pflegemutter beschreibt ihre Erfahrungen in der Bereitschaftspflege so: „Das war dann so eine absehbare Zeit und dann war irgendwie schon der Nächste halt wieder da (...), also das war immer schon so, dass die mit dazugehörten, aber es war dann auch okay, wenn sie halt irgendwie wieder gegangen sind" (Lehmann 2017: 338).

Die Zugehörigkeit, aber auch die Selbstverständlichkeit des Auszugs zeigen ein anderes Profil als das einer Familienmitgliedschaft, die auf Dauer gedacht und gefühlt ist und z.B. mit dem Auszug des erwachsenen Kindes nicht endet. Das Pflegekind kann in zeitlich klar begrenzten Übergangssituationen – in Bremen heißt die Bereitschaftspflege folgerichtig Übergangspflege (grundlegend: Lehmann 2017) – zunächst ein fremder, später vielleicht vertrauter Gast sein. Allerdings gibt es für diese Gastrolle kein etabliertes Modell. Das macht es kompliziert. Gäste oder Besucher haben sonst einen Lebensmittelpunkt, von dem aus sie Besuche machen können. Bei Pflegekindern ist dieser oft unklar, es ist nicht sicher, wohin sie zurückkehren können oder was ihre nächste Station sein wird. Dann ist manchmal der Typus ihrer Zugehörigkeit auch unklar, sie können nicht wissen, ob sie hier Gast sind oder ob sich eine andere Rolle entwickeln wird und welche.

Kinder, die sehr jung in die Bereitschaftspflegefamilie kommen und dort ungeplant lange bleiben, entwickeln ihr Bewusstsein von der Welt erst in dieser Familie. Sie werden vielleicht von den Pflegeeltern zunächst wie ein Gast betrachtet – aber auch das kann sich dann bald mit der Entwicklung von Bindungen in beide Richtungen ändern.

Etwas ältere Kinder können sich über die Art ihrer Zugehörigkeit und ihre Rolle in der Pflegefamilie täuschen, aus ihrer Sicht manchmal: getäuscht werden.

> So beschreibt ein junger Mann seine Erfahrung mit ca. 4 Jahren so: „An diesem Tag im Krankenhaus, den werd ich glaub ich nie vergessen, ja da kam so ne Familie rein, was heißt Familie, wer war denn dabei, Gerlinde, Fritz und ein Kind glaub ich, ja und dann meint die da, wir packen jetzt die Sachen, wir nehmen dich mit. Und ich hab das gar nicht verstanden und wollte eigentlich auch immer bei meiner Mama bleiben. Ja und dann musst ich da mit zu denen fahren, ich dachte ich müsst da mal zu Besuch hin, aber irgendwie war das net so, war sehr komisch, ne Familie die du net kennst die holt dich dann ab und du hast die in deinem Leben noch nie gesehn, dann hab ich das irgendwie erst zwei Jahre später begriffen. Ganz lange wusste ich nicht wo ich hier war, ich dachte immer jetzt jeden Moment kommt meine Mama rein und holt mich wieder." (Reimer 2015: 71 f.)

Er dachte zunächst und für längere Zeit, er sei dort zu Besuch, dann stellte es sich aber anders heraus. Wahrscheinlich fanden für ihn hinter den Kulissen Entscheidungs- und Klärungsprozesse über Rückkehrmöglichkeiten zu seiner Mutter oder einen dauerhaften Verbleib in der Pflegefamilie statt. Er merkte erst später, dass er hier jetzt seinen Lebensmittelpunkt haben soll.

Arbeitsaufgabe 9:

Bitte entwickeln Sie für folgendes Szenario einen Plan, wie Sie mit einem 4-Jährigen über die weitere Entwicklung sprechen würden: Sie gehen davon aus, dass er wohl dauerhaft in der Pflegefamilie bleiben wird. Die Pflegefamilie ist darauf eingestellt. Aber vor dem Familiengericht läuft noch ein Verfahren, in dem die Mutter das Aufenthaltsbestimmungsrecht zurückfordert. Dann würde sie ihren Sohn sofort nach Hause holen. Vermutlich wird das Gericht ihrem Antrag nicht folgen, sicher ist das aber nicht.

a) Wie würden Sie das dem 4-Jährigen erklären?
b) Was könnte für ihn hilfreich sein?
c) Was wollen Sie unbedingt vermeiden?

Pflegekinder können wichtige emotionale Beziehungen zu den erwachsenen Bezugs- und manchmal Bindungspersonen entwickeln. Dann wohnen sie nicht nur in der Pflegefamilie und werden dort versorgt und betreut, sondern die Pflegefamilie wird zum Zuhause. Das Pflegekind erscheint dann wie ein **Familienmitglied**. Darin können sich das Kind und z.B. die Pflegeeltern täuschen oder es gelingt ihnen tatsächlich, auch ohne eine entsprechende rechtliche Basis – wie sie bei leiblichen Eltern oder Adoptiveltern besteht – eine dauerhafte Familienzugehörigkeit zu entwickeln, die unabhängig von der Kinder- und Jugendhilfe lebt, in dem gemeinsamen Bewusstsein, das ist unser Kind und das ist meine Familie.

> Joy berichtet über diese Diskrepanz des Blicks von außen auf eine immer befristete Jugendhilfemaßnahme und ihr Erleben:
> „Ich hab schon von vielen gehört, die dann sagen: „Ja aber wenn du achtzehn bist ist das doch vorbei, dann ziehst du doch aus und hast keinen Kontakt." Dann sag ich: „Nein, das ist doch meine Familie." Also wieso soll ich da mit achtzehn sagen, jetzt will ich nix mehr von euch wissen? Oder wieso sollten die das sagen? Ne, ich mein da gewöhnt man sich ja auch dran, an diese Kinder und schickt die dann nicht einfach in die Welt hinaus und überlässt die sich selbst, ne." (Reimer 2011: 149)

Andere Pflegekinder, die auch schon viele Jahre in der Pflegefamilie leben, haben aber auch das Gefühl, dass sie nie ein richtiges Familienmitglied gewesen sind und nie so ganz dazugehört haben.

> So beschreibt Leyla:
> „Ja und dann bin ich zur Familie Z. habe mich, bin sozusagen eingezogen ja, und ja, es ist halt oft schon komisch, so wie eine Familie und irgendwie gehört man gar nicht dazu und ist trotzdem wie so quasi die Tochter von ihnen." (Werner 2019: 238)

Dann sehen die Pflegefamilie und das Pflegekind darin von außen betrachtet wie eine normale Familie aus, aber zwei Strukturmerkmale, die Familien von Organisationen unterscheiden, werden hier nicht erfüllt: Die Familienmitgliedschaft ist – im Unterschied zu der in Organisationen – als unkündbar und ihre Mitglieder als nicht austauschbar gedacht und gefühlt (Niederberger/Bühler-Niederberger 1988). Das gilt hier nicht. Das Pflegekind ist lediglich in der Rolle eines **Mitbewohners,** es wohnt im gleichen Haushalt wird aber nicht zum Familienmitglied.

Ältere Kinder und Jugendliche suchen manchmal auch gar nicht unbedingt eine Familienmitgliedschaft, sondern sehen ihre zentrale familiale Verortung und Zugehörigkeit weiterhin in der Herkunftsfamilie. Auch dann können sich für sie wichtige Beziehungen zu Mitgliedern der Pflegefamilie entwickeln. Diese können im Einzelfall sogar nach einem Abbruch des Pflegeverhältnisses noch bestehen bleiben – z.B. in der Fallgeschichte Josefie.

Arbeitsaufgabe 10:

Die Fallgeschichte Josefie (Dittmann/Reimer 2020: 56 – 70) zeigt die Lebensgeschichte eines Mädchens, das als Säugling zunächst für wenige Monate in eine Bereitschaftspflegefamilie und anschließend in eine Dauerpflegefamilie gekommen ist. Mit 14 Jahren beginnt sie aus der Pflegefamilie auszubrechen, lebt auf der Straße, wird in einem Heim platziert, kehrt in der Pflegefamilie zurück und wird im Alter von 17 Jahren von den Pflegeeltern adoptiert.
Bitte besorgen Sie sich diesen Text und analysieren Sie diese ungewöhnliche Lebensgeschichte mit folgenden Fragen:

a) Zeichnen Sie auf einem Zeitstrahl die verschiedenen Stationen ein.

b) Untersuchen Sie was sich an den Übergängen ereignet hat und entwickeln Sie Ideen, wie Sie die Veränderungen erklären können.

c) Stellen Sie die Sicht von Josefie, die ihrer Freundin und die der Pflegemutter gegenüber. Welche Widersprüche werden deutlich und wie können Sie die erklären?

d) Welche Interventionen der Sozialen Dienste und der Justiz beeinflussen den Verlauf?

Karin Werner (2019) zitiert in ihrer insgesamt sehr interessanten Untersuchung viele jugendliche Pflegekinder, die die Unterstützung bei ihrer Schul- und Berufsausbildung als eine besondere Ressource in der Pflegefamilie betonen.

> So sagt Marco: „Dann sind das schon enorme Hilfen von dieser Pflegefamilie, das ist eine sehr enorme Hilfe. Dank ihnen habe ich sicher auch sehr große Hilfe bei der Lehrstelle bekommen. Auch bei den Schulsachen helfen sie extrem, vor allem Tanja (Anmerkung: die Pflegemutter)...“ (Werner 2019: 226).

Es können gerade im Erleben von Jugendlichen – neben den emotionalen Beziehungen – auch besondere Ressourcen für Bildungsbiografien wichtig sein. Dann nutzen die Jugendlichen manchmal die funktionalen Leistungen der Pflegefamilie.

Bei Jugendlichen mit Migrationsgeschichte, die in einer Pflegefamilie ohne Migrationshintergrund leben, habe ich das in der Schweiz oft beobachtet (Wolf 2018a). Ihre zentrale familiale und kulturelle Verortung und Zukunftsausrichtung lag im Herkunftssystem. Sie hatten oft gute Beziehungen zu Mitgliedern der Pflegefamilie, die zu ihren Eltern und anderen Verwandten waren indes für sie emotional wichtiger. Sie sahen aber klar, dass sie ihre Ausbildung wohl nicht erfolgreich abschließen würden, wenn sie die Pflegefamilie zu früh verließen.

Auch Jugendliche im Exil sehen die Pflegefamilie manchmal als Pool an Ressourcen und stoßen dabei auf Akzeptanz der Pflegeeltern oder nicht („benutzen uns nur als Hotel").

Damit sind einige Aspekte beschrieben, die auf unterschiedliche Rollen von Pflegekindern und unterschiedliche Bedeutungen der Pflegefamilie für die Kinder verweisen. Eine von allen geteilte selbstverständliche Familienmitgliedschaft ist dabei eine Form von mehreren, keineswegs die einzig denkbare oder die einzig wünschenswerte. Viele Facetten beeinflussen, wie sich die Rolle entwickelt und verändert. Eine davon ist die Rolle und das Selbstverständnis der Pflegeeltern.

Rollenvielfalt der Pflegeeltern

In unterschiedlichen Formen von Pflegefamilien sind unterschiedliche Rollen von Pflegeeltern zu erwarten. Die Erwartungen von anderen Menschen aus dem privaten Umfeld oder von offiziellen Ansprechpartner*innen aus Behörden und Gerichten formen ihre Rolle aus. Schon die Frage, ob sie überhaupt als Pflegeeltern oder nur als Pflegepersonen angesprochen werden, zeigt unterschiedliche Formatierungen der Rolle. Auch das Pflegekind und seine Eltern und andere Verwandte haben Erwartungen an ihre Rolle. Selbstverständlich sind auch ihre eigenen Erwartungen an sich selbst, die Aufgabe, die sie als Pflegeeltern haben, und die Art ihrer Beziehung zum Pflegekind wichtig. Sie bilden ihr Selbstverständnis als Pflegemutter und Pflegevater.

Die Erwartungen der verschiedenen Personen können weitgehend übereinstimmen, aber sie können auch sehr unterschiedlich sein, und dies kann zu gravierenden Konflikten führen. Wird Rolle als Metapher aus dem Theater verwendet, kann dies zu einer Fehleinschätzung führen. Denn die Pflegeeltern spielen nicht nur eine Rolle auf einer Bühne, auf der das Theaterstück Pflegefamilie inszeniert wird und klare Spielanweisungen vorliegen, sondern ihr Selbstverständnis berührt sie in ihrer ganzen Existenz und Lebensführung. Dann können sie sehr verletzt werden, wenn sie vom Pflegekind, den Eltern oder Fachkräften ganz anders gesehen und so behandelt werden (grundsätzlich zur Verletzbarkeit: Gassmann 2018). In dem aktiven Onlineforum von Pflegeeltern (www.pflegeeltern.de) erfolgt ein intensiver Austausch über solche negativen Erfahrungen.

So schreibt eine Pflegemutter:

„Müsst ihr euch denn, so was' aufhalsen? = Originalton meiner Mutter auf die Information hin, dass unser Pflegesohn nun bei uns ist. Ich bin ja schon einiges von meiner lieben Verwandtschaft gewohnt, aber so viel Gefühlskälte? Meine Eltern wussten, dass wir ein Pflegekind aufnehmen wollten, aber es hat sie nie wirklich interessiert. Gespräche über dieses Thema wurden abgeblockt, Fragen sowieso nie gestellt. Und nun ist er da, unser Süßer, und meine Eltern signalisieren überdeutlich, dass sie nichts davon wissen wollen und mit ihm sowieso nichts zu tun haben wollen." (Jespersen 2011: 136 f.)

Die in Deutschland – und manchenorts auch in Österreich – als Grundsatzstreit geführte Debatte, ob Pflegefamilien generell Ergänzungsfamilien sein sollen – also die Eltern in der Zeit und in den Aufgaben begrenzt vertreten sollen – oder Ersatzfamilien – in denen die Pflegeeltern an die Stelle der Eltern treten und deren sozialisatorische Rolle vollkommen übernehmen sollen –, lässt sich in der Zuspitzung und ideologischen Überhöhung ohne dieses Verletzungspotenzial gar nicht verstehen. Die Forschung z.B. von Walter Gehres und Bruno Hildenbrand (2008) hat schon längst gezeigt, dass eine so grundsätzliche Gegenüberstellung – entweder sind alle Pflegefamilien das eine oder das andere – der Vielfalt in der Realität nicht gerecht wird. Auch als normatives Konzept – alle Pflegefamilien sollen Ersatzoder alle sollen Ergänzungsfamilien sein – sind sie ungeeignet. Aus der therapeutischen Praxis mit hochtraumatisierten Kindern ist vielleicht die Sorge verständlich, dass die Risiken und Belastungen für die Kinder extrem steigen, wenn ihre Eltern weiterhin als selbstverständliche Bezugspersonen und wichtige Akteure betrachtet werden. Daraus aber generalisierend abzuleiten, dass es für alle Pflegekinder am besten sei, wenn jegliche Verbindung zu ihren Eltern abgeschnitten würde, sie diese und das Herkunftsthema ausblenden und vergessen könnten, ist weder mit dem Wissen über die Ursachen für die Unterbringung in Pflegefamilien noch der Forschung zur Identitätsentwicklung vereinbar. Die Position der Pflegekinder immer zwischen der Pflegefamilie und Herkunftsfamilie zu betonen und den Aufenthalt und die Beziehungen in der Pflegefamilie ausschließlich als begrenzt und vorläufig zu betrachten, entspricht ebenfalls nicht dem Erleben aller Pflegekinder. Manche suchen und finden ihre zentrale familiale Verortung in der Pflegefamilie, und diese sollte dann respektiert und geschützt werden. An einer Beurteilung im Einzelfall führt also kein professioneller Weg vorbei. Gehres und Hildenbrand (2008) haben außerdem gezeigt, dass sich die Bedeutung der unterschiedlichen Beziehungen und manchmal Bindungen im Laufe der Kindheit und Jugend des Pflegekindes verändern kann. Die Konzepte müssen daher flexibel sein, um Entwicklungen – auch in ihren Risiken – begleiten und beeinflussen zu können. Weil die grundlegende Kontrastierung überholt ist, werden diese beiden Konzepte hier nicht weiter diskutiert. Die Fragen, die sie nicht gut beantworten konnten, werden uns aber immer wieder beschäftigen.

Bereits bei der Darstellung der Pflegefamilienformen und der unterschiedlichen Rollen der Pflegekinder hatten wir ein breites Spektrum gesehen: Pflegeeltern können zur zentralen Bezugs- und Bindungsperson werden, sie können ein wichtiger erwachsener Mensch neben anderen für das Kind und den Jugendlichen sein oder begrenzte, aber trotzdem wichtige Aufgaben als Begleiter*in, Berater*in oder Erzieher*in und vielleicht – wobei der Begriff Missverständnisse auslösen kann – zur Freund*in werden. Welches ihr Part im Einzelfall ist – das wäre die Ebene der Analyse der besonderen Merkmale ihrer Rolle – oder was ihr Part sein sollte – das ist das normative, auch durch Idealvorstellungen, Wünsche und Sehnsüchte geprägte Modell – muss jeweils, auch in der Auseinandersetzung mit divergierenden Interessen (Wolf 2016) ausgehandelt werden. Dieses Aushandeln darf man sich dabei nicht als einen sachlichen, vielleicht auch noch gleichberechtigten Verhandlungsprozess vorstellen, der ein klares, dann von allen akzeptiertes, auf Dauer gültiges Ergebnis hat. Dies ist leider sehr selten, öfter bleiben Unklarheiten und unterschiedliche Ziele, mit denen die Beteiligten dann möglichst konstruktiv umgehen sollten.

Wie dies konstruktiv gelingen kann, zeigt folgendes Beispiel aus einem familienanalogen Setting, in dem die Pflegemutter und die Geschwister eine Lösung gesucht und gefunden haben, die für alle passt:

> „Irgendwann hat dann der Daniel angefangen, Mama zu sagen. Die Großen konnten das nicht so ganz gut verkraften. Das hab ich gemerkt, und dann hab ich zu ihm gesagt, du kannst Gabi sagen oder so. Aber der kleine Kerl hat immer Mama gesagt. Und dann hat die Mandy gesagt: ‚Daniel, sag doch einfach Gabimama.‘ Und seit dem Tag war ich dann die Gabimama, und das hat niemandem wehgetan, hab ich gemerkt. Der Kleine hat seine Bedürfnisse da drüber gestillt gehabt, weil des scheinbar alle Kleinkinder brauchen, und die Großen hatten damit kein Problem, weil der Vorname eben dazugeflickt wurde." (Petri/ Radix/ Wolf 2012: 65)

Zum Selbstverständnis der Erwachsenen in Pflegefamilien („family foster care") gibt es eine sehr interessante Untersuchung aus Großbritannien. Sie hat dazu geführt, dass zwei Rollenmodelle („role identities") der Erwachsenen in Langzeit-Pflegeverhältnissen („long-term foster family placement") gegenübergestellt werden. Die Untersuchung von Gillian Schofield und Emma Ward an der University of East Anglia fassen die Ergebnisse ihrer Untersuchung so zusammen:

> „Analysis of the interviews with 40 foster carers found that there was great variety among carers who offered a long-term foster family placement intended to be permanent. In addition to the differences in background and motivation, there seems to be an important question regarding role identity in relation to long-term fostered children. Carers seem to fall into four groups: 1) Carers who identify themselves primarily as carers, but also take on the role of parent 2) Carers who identify themselves primarily as parents, but accept the role of carer 3) Carers who identify themselves as carers and do not take up the role of parent 4) Carers who identify themselves as parents and reject the role of carer. These differences have implications for practice in recruitment, and support but also in matching carers' expectations with the needs of children. What seem to be most needed are flexible carers who manage the carer/parent roles in ways that enable them to make a parenting commitment while also managing for themselves and the children the fact of the children's care identity and contact with the birth family. The study also found that those who had

flexible role identities were also more likely to be tune into and able to provide a secure base to troubled children..." (Schofield, Ward 2010: 234)

Die erste wichtige Unterscheidung erfolgt also zwischen Betreuungspersonen, die eine Rollenidentität als Carer entwickelt haben und solche, die eine als Parents entwickelt haben.

Die sich primär als Carer verstehen und für die vielleicht der Begriff Betreuungsperson am besten passt:

■ genießen ihre Rolle als professionelle Betreuer mit entsprechenden Fähigkeiten und eine gute Zusammenarbeit mit den Fachkräften,

■ schätzen Ausbildungsmöglichkeiten, arbeiten in positiver Weise mit dem Kind zusammen und

■ berücksichtigen ihre Rolle als Betreuer auch im Verhältnis zur Herkunftsfamilie.

Die mit einer Rollenidentität als Parents, also Eltern:

■ sind sehr motiviert eine Familie zu bilden,

■ betonen die Normalität der Kinder in einer Familie,

■ begründen, dass sie handeln wie andere Eltern auch, und

■ nutzen ihre eigenen Familien- und Freundschaftsnetzwerke zur Unterstützung.

Sowohl Menschen mit einer Rollenidentität als Carer als auch solche mit einer als Parents sind gut geeignet, Pflegekinder zu betreuen, wenn sie einige Elemente des jeweils anderen Konzeptes nicht grundsätzlich ausschließen, also eine flexible Rollenidentität entwickeln (Schofield/Beek/Ward u.a. 2013). Das meint, dass die Betreuungspersonen auch akzeptieren, dass manche Kinder ein Familienmitglied sein möchten und deren Erwartung akzeptieren können, bis in das Erwachsenenalter mit ihr verbunden zu sein. Für die mit Parents-Identität ist wichtig, dass sie auch akzeptieren können, dass sie im Auftrag einer Behörde tätig sind und die Fachkräfte als Unterstützung für sich und die Kinder nutzen. Hingegen gibt es bei beiden Identitätskonzepten Schwierigkeiten, Konflikte und höhere Abbruchquoten, wenn die Rollen rigide gehandhabt werden und die Carer keinerlei Eltern-Verantwortung übernehmen und die Parents die Betreuerrolle und den organisatorischen und rechtlichen Rahmen grundsätzlich zurückweisen und „gegen das System kämpfen".

Pflegeeltern mit einem Identitätskonzept als Parents können sich insbesondere mit der langfristigen Beheimatung von Kindern identifizieren, zu einer sicherheitsgebenden Bezugsperson auch im Erwachsenenalter der Kinder werden und eine ganzheitliche Zuständigkeit und Verantwortlichkeit entwickeln. Sie können den Kindern Erfahrungen als ein (relativ) normales Familienmitglied in einer „richtigen" Familie ermöglichen. Sie sind verletzbar, wenn ihre Rolle als zentrale Bezugsperson in Frage gestellt wird und empfinden es schnell als eine Überforderung, wenn eine professionelle Distanzierung gefordert wird. Manchmal haben sie größere Schwierigkeiten, mit den Mitgliedern der Herkunftsfamilie konstruktiv umzugehen und deren Bedeutung für das Kind zu akzeptieren, und sie sehen Rückführungen oft grundsätzlich kritisch oder als Bedrohung.

Pflegeeltern mit einem Identitätskonzept als Carer können sich auch auf zeitlich befristete oder in der Zeitperspektive unklare Betreuungsaufgaben einlassen, mit Sozialen Diensten gut zusammenarbeiten und ein Selbstbewusstsein als Expert*innen für dieses Kind entwickeln und präsentieren. Sie sind nicht darauf angewiesen, dass ihnen von den Kindern, deren Eltern oder Sozialen Diensten eine volle Elternrolle zugestanden wird. Sie können leichter Übergänge der Kinder begleiten und wechseln selbst auch manchmal in andere berufliche Arbeitsfelder. Sie machen eher Unterschiede zwischen eigenen und betreuten Kindern und verstehen die Pflegekinder nicht so leicht als vollwertige Familienmitglieder.

Da Menschen mit beiden Identitätskonzepten geeignet sind, Kinder in ihrer Familie gut zu betreuen, wenn sie in ihrem Konzept flexibel sind, sollten die spezifischen Besonderheiten, Stärken und Grenzen bei ihrer Begleitung beachtet werden. Sie liefern interessante Hinweise für das Matching – die Passungsherstellung, auf die ich in den Kapiteln 7 und 8 zurückkommen werde.

Rollenvielfalt der Eltern

Auch die Rolle der Eltern in einem konkreten Pflegeverhältnis kann in sehr unterschiedlicher Weise ausgeformt sein. Die Erwartungen an sie sind bei ihnen selbst und den anderen am Pflegeverhältnis Beteiligten oft sehr unterschiedlich. Das Spektrum reicht von der Selbstdefinition „ich bin die wahre Mutter/der wahre Vater, das war ich schon immer und werde ich immer bleiben" bis zur Erwartung von anderen an die Eltern „nachdem ihr dem Kind so sehr geschadet habt, habt ihr eure Elternschaft moralisch verwirkt und ihr solltet euch aus allem völlig heraushalten und aus dem Leben des Kindes verschwinden". Zwischen diesen beiden Extrempositionen gibt es vielfältige Variationen, die unterschiedliche Antworten auf die Frage geben: „Was bleibt für mich als Mutter/Vater, wenn mein Kind in einer Pflegefamilie lebt?"

Auch hier werden bereits im Ringen um die angemessenen Bezeichnungen die unterschiedlichen Vorstellungen über die Rollen deutlich: Werden die Eltern einfach als Eltern bezeichnet oder mit zusätzlichen, einschränkenden Bezeichnungen wie Herkunftseltern, biologische oder leibliche? Diese Zusätze deuten an: Es gibt noch weitere Eltern und Elternfunktionen, die diese Eltern so nicht selbstverständlich haben.

In Anlehnung an Irmela Wiemann (2018) können wir drei Dimensionen der Elternschaft unterscheiden: die biologische der leiblichen Elternschaft, die soziale Elternschaft und die rechtliche (die auch Unterhaltsverpflichtungen betrifft). Diese drei Dimensionen beeinflussen auch das Profil der Rolle der Eltern in der Pflegekinderhilfe.

Die biologische Rolle der leiblichen Elternschaft bringt eine unaufhebbare Verbindung des Kindes zu seinen Eltern hervor – auch bei Kindern, die adoptiert wurden. Sie bezieht sich nicht nur auf den genetischen Zusammenhang (Was hat das Kind an Merkmalen und Eigenschaften geerbt?), sondern wird auch durch gesellschaftliche Deutungsmuster verstärkt und aufgeladen (z.B. „Blut ist dicker als Wasser"). Diese Verbindung kann weder durch die Kinder noch die Erwachsenen aufgehoben werden. Sie kann als starkes Band der Zugehörigkeit empfunden werden oder auch als Belastung und Hypothek. Die Menschen setzen sich mit dieser Frage der Herkunft im Laufe ihres Lebens immer mal wieder auseinander.

Die rechtliche Seite kann – wie wir im 3. Kapitel gesehen haben – durch Entscheidungen der Familiengerichte in unterschiedlicher Weise gestaltet sein, und sie schafft mit der Trennung der Rechte für Entscheidungen des alltäglichen Lebens und denen von grundsätzlicher Bedeutung ein besonderes Strukturmerkmal von Pflegeverhältnissen. Wenn es Konflikte um die Rollen von Pflegeeltern und Eltern gibt, werden sie häufig auf dieser rechtlichen Ebene ausgetragen. So gibt es Rechtsanwaltsbüros, die sich auf eine der Parteien spezialisiert haben und auch im politischen Raum – z.B. in den Ausschüssen der gesetzgebenden Parlamente – werden oft sehr kontroverse und parteiliche Vorschläge gemacht.

Die Dimension der sozialen Elternschaft bezieht sich auf die offensichtliche Ebene der Zuschreibung und Erfüllung von zentralen Elternfunktionen. Sie umfasst das Parenting, die alltägliche Förderung und Unterstützung der physischen, kognitiven, emotionalen und sozialen Entwicklung des Kindes, und die Zuschreibung der Bedeutung als Eltern – z.B. als Mama und Papa. Dass die alltägliche Versorgung, Betreuung und Erziehung bei den Pflegeeltern liegen, ist meistens nicht umstritten und selten Gegenstand der Rivalität. Die Zuschreibung der Rolle als Eltern im Sinne der sozialen Elternschaft ist hingegen oft umstritten, wie schon das Beispiel der unterschiedlichen Bezeichnung der Pflegemutter unter den Geschwistern gezeigt hat.

Die drei Dimensionen der Elternschaft stehen nicht isoliert nebeneinander, sondern in Wechselwirkungen. In wirkmächtigen gesellschaftlichen Deutungsmustern ist ihr Zusammenfallen in einer einzigen als Elternteil oder zwei Personen als Normalität gedacht und gefühlt. Ihre Aufteilung hatten wir als ein Merkmal unkonventioneller Familien kennengelernt. Die Eltern der Kinder, die in Pflegefamilien leben und vielleicht dort aufwachsen, müssen Antworten auf die Frage finden, welche der Elterndimensionen für sie vollständig oder teilweise gilt, aus ihrer Sicht häufig: welche bedroht sind oder verloren gegangen sind.

So vergewissert sich eine Mutter, die nach einer Unterbrechung wieder Kontakt zu ihrer Tochter aufgenommen hat, vor sich und anderen ihrer Rolle:

> „.... auf jeden Fall hab ich dann wieder schon Kontakt zu ihr aufgenommen, weil ich hab dann schon gesagt, okee sie ist und bleibt halt meine Tochter, auch wenn sie jetzt wo anders aufwächst." (Wilde 2014: 161)

Eine andere Mutter schildert eine Drucksituation, in der sie der Unterbringung ihres Sohnes in der Pflegefamilie zugestimmt hat, um ihre stärkere rechtliche Basis nicht zu verlieren:

„Dann wurde entschieden, dass Nico in eine Pflegefamilie kommen soll. Das sollte ich dann unterschreiben. Ich habe dann irgendwann nachgegeben, weil ich dadurch das Sorgerecht und Aufenthaltsbestimmungsrecht behalten konnte." (Schäfer/Petri/Pierlings 2015: 56)

Manchmal sieht es so aus, als ob die Verteilung der Elternfunktionen ein Nullsummenspiel sei: Was der eine Elternteil gewinnt, muss der andere verlieren. Diese Sichtweise verschärft den Kampf um die Elternrolle. Manchmal gelingt aber auch ein Koparenting von Eltern und Pflegeeltern. Die Elternteile akzeptieren auch die Elternrolle der anderen, verhindern Rivalitäten und zwingen die Kinder nicht, sich zugunsten der einen und gegen die anderen zu entscheiden, sondern lassen sie ihre Bezeichnungen so wählen, wie es für sie passt.

> In einem Gespräch mit einem Pflegekind erklärte es mir seine Welt so: „Ich hab ja zwei Mamas (ihr Blick sagte etwa: Du Armer wirst ja wohl nur eine haben, da bin ich besser dran). Die eine hast du ja schon vorhin gesehen. Meine andere Mama kommt manchmal zu Besuch, bei der habe ich früher gelebt."

Josef Faltermeier (2019: 218–252) hat ein interessantes Konzept einer Erziehungspartnerschaft von Eltern, Pflegeeltern und Fachkräften entwickelt. Im Mittelpunkt stehen dabei das Erleben und die Bedeutung der Eltern. Dies Modell ist sicher nicht in allen Fällen realisierbar, eröffnet aber einen Blick auf Konzepte, die auf die Annahme einer grundsätzlichen Konfrontation von Eltern und Pflegeeltern verzichtet.

Es gibt, so können wir festhalten, auch eine größere Vielfalt der Rolle der Eltern in Pflegeverhältnissen und Debatten darüber, was günstig für die Entwicklung der Kinder ist. Problematisch wird die Auseinandersetzung darüber fast immer, wenn eine einzige generell gültige Antwort vorgegeben werden soll. Vielmehr kommt es darauf an, für den Einzelfall Lösungen zu finden. Diese Suche nach guten Lösungen findet in einem Feld statt, das durch die große Vielfalt an Pflegefamilien, Pflegekindern und ihren Eltern gekennzeichnet ist. Die Kriterien, was eine gute Lösung ausmacht, werden in folgenden Kapiteln weiter diskutiert. Zunächst aber soll noch eine wichtige weitere und bisher weitgehend ausgesparte Variante betrachtet werden.

Verwandten- und Netzwerkpflege

Die bisher dargestellte Formenvielfalt in der Pflegekinderhilfe bezog sich auf eine Praxis in der Soziale Dienste für ein Kind, das nicht mehr bei seinen Eltern leben sollte, wollte oder konnte, eine andere Familie suchten, die die alltägliche Betreuung, Versorgung und Erziehung übernehmen konnte. Das Kind kannte diese neue Familie bisher nicht, und auch für die Familie war das Kind zunächst fremd. Die neue Familie hatte sich zuvor allgemein für die Aufnahme eines Kindes – vielleicht eines Kindes mit bestimmten Merkmalen – entschieden. Die Eignungsprognose, Auswahl und Vorbereitung der Familie, die Organisation des Kennenlernens und des Wechsels in die Familie wurde durch Fachkräfte durchgeführt – wie wir später noch genauer sehen werden.

Nun geht es um einen Typus von Pflegeverhältnis, dessen Entstehung einer anderen Logik folgt. Hier sind die Suchbewegungen nach einem anderen Lebensort jenseits der Kernfamilie der leiblichen Eltern nicht auf zunächst Fremde bezogen, sondern auf Menschen, die das Kind bereits kennen und in einer Beziehung zu ihm stehen und die mit der Aufnahme in ihren Haushalt eine neue Aufgabe der alltäglichen Betreuung dieses Kindes übernehmen. Wenn diese dem Kind bereits bekannte Familie, in der das Kind nun seinen Lebensmittelpunkt findet, mit den Eltern verwandt oder verschwägert ist, wird dies als Verwandtenpflege bezeichnet, wenn es sich um eine andere Familie aus dem sozialen Umfeld handelt, als Netzwerkpflege.

In der Verwandtenpflege ist eine weitere Unterscheidung wichtig, die sich auf unterschiedliche rechtliche Rahmungen mit bedeutenden Konsequenzen für das alltägliche Leben bezieht: die zwischen formeller, informeller und halbformeller Verwandtenpflege.

Bei der formellen Verwandtenpflege wird die Unterbringung in der verwandten Pflegefamilie wie auch sonst in der Pflegekinderhilfe auf Antrag der Personensorgeberechtigten vom Jugendamt als Hilfe zur Erziehung bewilligt. Es gelten die gleichen Voraussetzungen, z.B. der erzieherische Bedarf und Feststellung der Eignung der Pflegeeltern, die gleichen Ansprüche, z.B. auf Beratung, Unterstützung und finanzielle Leistungen, und die gleichen Verfahren, z.B. zur Aufstellung eines Hilfeplanes – wie in der Fremdpflege. In der Statistik tauchen sie zusammen mit anderen Pflegefamilien als Vollzeitpflege auf.

Dies ist bei der informellen Verwandtenpflege anders. Hier regeln die Eltern und die Verwandten das untereinander. Sie einigen sich darauf, dass das Kind jetzt z.B. bei den Großeltern oder seiner Tante wohnt, regeln irgendwie die Finanzen, und das Jugendamt erfährt (zunächst) nichts davon, dass das Kind jetzt bei den Verwandten wohnt und dort betreut, versorgt und erzogen wird. In den amtlichen Statistiken tauchen diese Pflegeverhältnisse nicht auf, Blandow und Küfner (2011: 745) schätzen die Zahl auf der Basis des Mikrozensus 1996 auf über 50 000. Auch wenn die Schätzung nicht einfach auf heute übertragen werden kann, zeigt sie doch sehr deutlich, dass die informelle Verwandtenpflege für eine große Zahl von Kindern einen anderen Lebensort hervorbringt. Vielen Eltern erscheint die Vorstellung, bei Schwierigkeiten zum Jugendamt zu gehen und dort über Familienprobleme zu reden, ziemlich abwegig. Sie suchen und finden selber eine Lösung. Das ist legal, denn Großeltern und Geschwister als Verwandte 2. Grades, Urgroßeltern, Urenkel, Onkel und Tanten, Neffen und Nichten als Verwandte 3. Grades, sowie Schwager und Schwägerin dürfen das Kind bei sich aufnehmen, ohne dass es einer Pflegeerlaubnis und einer damit verbundenen Überprüfung bedarf (vgl. Blandow/Küfner 2011: 763). Diese Unterstützung unter Verwandten kann als eine zivilgesellschaftliche Ressource betrachtet werden, wirft zugleich aber auch die Frage auf, inwieweit die Kinder an den Entscheidungen beteiligt werden und wie es ihnen bei den Verwandten ergeht. Es gibt erst punktuelle Antworten, die auf ein breites Spektrum sehr unterschiedlicher Erfahrungen verweisen.

Schließlich gibt es eine dritte Form, die oft als halbformelle Verwandtenpflege bezeichnet wird. Diese Pflegeverhältnisse sind dem Jugendamt zwar bekannt, allerdings werden sie als offizielle Pflegefamilie nicht anerkannt, da die Voraussetzungen für eine Hilfe zur Erziehung nicht vorliegen, z.B. weil die Verwandten als ungeeignet angesehen werden oder eine Zusammenarbeit mit dem Jugendamt ablehnen. Es gibt somit Zweifel, ob die Kinder sich dort gut entwickeln können. Wenn die Personensorgeberechtigten dies aber so entschieden haben, könnten die Jugendämter nur – ggf. unter Einschaltung der Familiengerichte – eingreifen, wenn eine Kindeswohlgefährdung, d.h. eine erhebliche Schädigung des Kindes mit ziemlicher Sicherheit zu befürchten ist. Unterhalb dieser hohen Schwelle können sie Hilfe anbieten und beraten, um die Risiken zu verringern, aber das Kind dort nicht gegen den Willen der Personensorgeberechtigten herausnehmen. Die halbformellen Pflegeverhältnisse werden auf 10 000 Kinder geschätzt (Blandow/Küfner 2011: 745).

Zwischen den unterschiedlichen, rechtlich determinierten Verwandtenpflegeformen kann es Verschiebungen geben. Das ist beim sogenannten Nachvollzug ein wichtiges, bei Jugendämtern oft Unbehagen auslösendes Thema. Hier haben die Eltern ihr Kind zunächst eigenständig und ohne Beteiligung des Jugendamtes in einer von ihnen ausgewählten und für geeignet befundenen Pflegefamilie untergebracht und beantragen nun Hilfen zur Erziehung für ihr Kind, das bereits einige Zeit in dieser Pflegefamilie lebt. An der Auswahl der Pflegefamilie war das Jugendamt nicht beteiligt, soll nun aber Kosten und Verantwortung mit übernehmen und somit entscheiden, ob aus einer informellen eine formelle Verwandtenpflege entstehen kann.

Bei der **Netzwerkpflege** (social network care) gibt es keine verwandtschaftliche Beziehung zu den Eltern und zum Kind, aber alltägliche Kontakte. Eine Beziehung und Vertrautheit führen auch hier dazu, dass sich Erwachsene für das Kind mitverantwortlich fühlen und sich Kind und Erwachsene ein Zusammenleben vorstellen können. Die Kontakte sind überwiegend im Freundschafts- und Bekanntenkreis der Familie oder des Kindes, aber auch in Schul- oder Kindergartenkontakten und – seltener – in anderen Beziehungen entstanden. In einer der wenigen Untersuchungen zu Netzwerkpflegeverhältnissen (Dittmann/Schäfer 2016: 424) wurden 25 % durch Elternteile, 23 % vom weiteren Familiensystem, 18 % durch Soziale Dienste, 10% durch Sonstige und 24 % von den Pflegekindern selbst initiiert. Das zeigt – ähnlich wie in der Verwandtenpflege – ein besonderes Profil: Die Eigeninitiative aus der Familie heraus und die Eigenaktivitäten der (älteren) Kinder und Jugendlichen sind hier besonders wichtig.

In der Verwandten- und Netzwerkpflege ist das Verhältnis der Problemlösungen durch Soziale Dienste und durch die Betroffenen selbst anders ausbalanciert als in der Fremdpflege. Die Initiative geht hier oft von den Familienmitgliedern aus, Weichenstellungen erfolgen durch sie, und Soziale Dienste werden eher funktional genutzt („Wofür brauchen wir die denn?" „Vielleicht können die uns ja bei der Umsetzung unterstützen?"). Das kann dazu führen, dass sich die Fachkräfte eher ausgeschlossen, in eine marginale Rolle gedrängt oder als Servicedienstleister missbraucht fühlen. Professionelle Soziale Dienste können aber auch eine andere Logik entwickeln und diese Arbeit und Rolle wertschätzen und zum Zentrum ihrer Arbeit machen.

Sie sehen dann eine wichtige Aufgabe darin, die zivilgesellschaftlichen Ressourcen zu unterstützen und zu stärken. In der Überzeugung, dass sowieso nicht alle sozialen Probleme und Aufgaben durch Soziale Dienst und Berufstätige bearbeitet und gelöst werden können – das war beim Pflegefamiliendreisatz schon skizziert worden –, entwickeln sie professionelle Strategien, wie die Initiativen der Betroffenen und ihre Eigenaktivitäten gefördert werden können. In Konzepten des Empowerments (Herriger 2020) oder in Methoden wie dem Familienrat (Früchtel/Roth 2017), das Family Group Conferencing oder der Familiennetzwerkberatung sind solche Zugänge inzwischen auch im deutschsprachigen Raum angekommen.

Arbeitsaufgabe 11:

Wenn Sie Konzepte des Empowerments oder des Familienrates bereits kennen – oder sich dazu kundig machen wollen –, entwickeln Sie bitte Anregungen für die Verwandten- und Netzwerkpflege daraus:

a) Welche Leitideen oder methodischen Elemente könnten in die Pflegekinderhilfe importiert werden?

b) Wie verändert dies die Denkmuster und die organisatorischen Strukturen bei Pflegekinderdiensten?

c) Welche Voraussetzungen sollten vorliegen, damit diese innovativen Impulse umgesetzt werden können?

In einigen Ländern gibt es schon länger Erfahrungen mit Netzwerkstrategien – generell in der Sozialen Arbeit und auch ansatzweise für die Pflegekinderhilfe. So gibt es in Teilen der Niederlanden Projekte, die – weit über Pflegefamilien hinaus – soziale Netzwerkstrategien als zentrales Organisationsprinzip der Sozialen Arbeit entwickelt haben (z.B. MEE Brabant Nord 2010). Niederländische Forschungsergebnisse illustrieren, dass viele Menschen, die nie die Aufnahme eines fremden Pflegekindes geplant hatten, sich durchaus vorstellen konnten, ein Kind aus der eigenen Familie oder ihrem sozialen Netzwerk aufzunehmen. Hierfür fühlen sie sich zuständig und mitverantwortlich. Der insgesamt interessante Projektbericht von Ina Ruchholz, Jenna Vietig und Dirk Schäfer (2020) zeigt solche Entwicklungen auch für die Pflegekinderhilfe in Deutschland und ermöglicht eine Diskussion der bei der Arbeitsaufgabe 11 gefundenen Antworten.

Während der geschätzte Anteil bei der informellen Verwandtenpflege bereits hoch ist, bestehen bei der formellen Verwandtenpflege und insbesondere bei der Netzwerkpflege erhebliche Ausbaupotenziale – wie die Praxis in den Niederlanden oder Spanien zeigt. Dort liegen auch die offiziellen Raten sehr viel höher. Eine Antwort auf die oft beklagten Schwierigkeiten, Pflegeeltern zu finden (vgl. v. Santen/Pluto/Peucker 2019: 119 ff.) – verschärft noch mal für ältere Kinder – liegt in einer Intensivierung der Förderung von Verwandten- und Netzwerkpflege. Denn hier werden auch viele ältere Kinder und Jugendliche betreut. Die Kinder haben weniger vorherige Unterbringungen erfahren und bleiben länger und häufiger über die Volljährigkeit hinaus in diesen Pflegefamilie (vgl. v. Santen/Pluto/Peucker 2019: 191 f.). Wenn eine systematische Netzwerkerkundung mit den klassischen Methoden (wie Netzwerkkarte/Eco-Map, Familienbrett u.a.) erfolgt und auch die digitalen Netzwerke der (älteren) Kinder und Jugendlichen einschließt (vgl. Ruchholz/Vietig/Schäfer 2020: 112 ff.), eröffnet dies den Zugang zu potenziellen Pflegefamilien, die bisher nicht erreicht wurden.

Nun soll der Blick auf einige Merkmale von Verwandten- und Netzwerkpflegeverhältnissen gerichtet werden, die für die Entwicklung der Kinder besonders relevant sind.

Ungewöhnliche Startbedingungen

Die persönliche Verpflichtung sich um das verwandte oder gut bekannte Kind zu kümmern, das Miterleben der Not des Kindes und der manchmal desolaten Situation seiner Eltern können einen Druck aufbauen, der kaum Alternativen zulässt. Ein genaues Abwägen, was dies für das eigene Leben bedeutet, ob man sich diese Aufgabe und Verantwortung auch auf längere Sicht – z.B. als Großeltern – zumuten und dann durchhalten kann, ist dann kaum möglich. Die Not ist da, und nun muss gehandelt werden. Das ist sympathisch, aber führt es auch zu günstigen Entwicklungsbedingungen für das Kind? Eine allgemeingültige Antwort ist nicht möglich. Das durch die empirische Forschung gewonnene Wissen ist noch sehr lückenhaft und die – oft eindrucksvollen – Einzelfallstudien zeigen sehr positive, aber auch problematische Verläufe.

Jürgen Blandow beschreibt mögliche und sicher nicht selten auftretende Dilemmata der Verwandtenpflegefamilien so:

> „Man wird zu einer Verwandtenpflegefamilie in einem zumeist schmerzhaften Prozess, nach dem Mit-Erleben und Mit-Erleiden gravierender Probleme der Tochter oder des Sohnes, des Nichten oder Neffen, der kleinen Schwester oder des kleinen Bruders. Man sieht, dass es dem verwandten Kind mit seinen Eltern nicht gut geht oder dass diese aus objektiven Gründen sich nicht um ihr Kind kümmern können. In den meisten Fällen hat man über längere Zeit noch versucht, die Situation des Kindes irgendwie zu verbessern, seine Eltern zur Umkehr zu bewegen und in Notsituationen einzuspringen. Manchmal ergibt sich daraus ein schleichender Übergang von der mitbetreuenden Person zur Hauptverantwortlichen, in anderen Fällen sieht man sich von einem Tag zum anderen vor der Entscheidung, etwas gegen die eigene Tochter (etc.) zu unternehmen, zum Beispiel zum Jugendamt zu gehen, oder sich selbst noch einmal zu engagieren und zu arrangieren." (Blandow/Küfner 2011: 751).

Diese Frau beschreibt die Aufnahme ihrer Nichte so:

> „Also ganz einfach: Meine Schwester war sehr stark drogenabhängig, und da gab es auch keine Überlegungen. Die war froh, dass die Milena dann zu uns gekommen ist und dass sie halt in der Familie bleibt und nicht irgendwo anders, wo man die dann auch gar nicht mehr sehen kann. Die war wirklich froh und glücklich (schluckt schwer)" (Ruchholz/Vietig/Schäfer 2020: 67)

Drogenprobleme der Eltern und deren Wunsch, durch die Verwandtenpflege den Kontakt vielleicht leichter aufrechterhalten zu können, werden häufiger beschrieben. Hier deutet sich ein Problem der informellen Verwandtenpflege auch schon an: Kann die Frau ihrer Schwester die Rückkehr ihres Kindes verwehren, wenn sie gravierende Bedenken hat?

Die Pflegemutter einer Netzwerkpflegefamilie beschreibt die Aufnahme eines sehr jungen Kindes so:

> „Und dann kam Natalie aber immer mit und war damals ein Jahr alt und hatte irgendwie eine unsichtbare Bindung zu mir. Sie ist mir immer hinterhergelaufen, wollte immer bei mir auf den Arm. Und dann kam es halt zu dem Zustand, dass die Kinder aus der Familie rausmussten (…). Und dann haben die mich angerufen, ob ich mir das vorstellen könnte und dann war das eigentlich von heute auf morgen, rucki zucki also ganz ungeplant und spontan eigentlich. Ja, und seitdem ist sie bei uns." (Ruchholz/Vietig/ Schäfer 2020: 67 f.)

Wir wissen nicht genau, wer angerufen hat, aber wahrscheinlich war es eine Fachkraft des Jugendamtes, denn die Netzwerkpflege bedarf einer formellen Anerkennung und einer rechtlichen Rahmung wie andere Pflegeverhältnisse auch. Es ging ungeplant und spontan, die Perspektive konnte da sicher nicht genau geklärt werden. Interessant ist aber, dass die Signale des Kindes hier steuernd waren: seine Signale wo es Sicherheit findet, die plausibel als Anzeichen einer Bindung interpretiert werden.

Rollenklärungen

In der Netzwerkpflege unterscheiden sich die Rollen nicht grundsätzlich von denen in der Fremdpflege, hier finden wir das gleiche Spektrum wie dort. Dies wird auch durch die rechtliche Formatierung als formelle Pflegefamilie erleichtert.

In der Mehrgenerationenperspektive der Verwandtenpflege wird es komplizierter. Wird die Großmutter jetzt zur Pflegemutter, der Enkel zum Kind und bleibt die Mutter des Enkels immer noch das Kind oder ändert sich ihre Rolle? Wie nehmen die erwachsenen Familienmitglieder ihrer jeweiligen Rollen wahr, wie das Kind und wie die Fachkräfte, die ein formelles Pflegeverhältnis begleiten? Hier sind deutliche Divergenzen in den Rollenselbstdefinitionen und Zuweisungen zu erwarten. Ruchholz, Vietig, Schäfer (2020: 63) fassen ihre Beobachtungen so zusammen:

> „In Verwandtenpflegeverhältnissen, so zeigt das zugrunde liegende Datenmaterial, verschärfen sich diese Divergenzen und können nachhaltig belastende Folgen haben. Eine Selbstdefinition als Pflegefamilie und besonders die als Pflegemutter, Pflegevater, Pflegekind erscheint den Akteur*innen mitunter gar als absurd, da das Entscheidende in der Verwandtenpflegefiguration nicht das formale Konstrukt der Hilfe zur Erziehung ist, sondern die schon bestehenden Beziehungen, die Verwandtschaft und damit einhergehend auch oft eine besondere, organisch gewachsene Form der Zugehörigkeit, die für die Konstruktionsleistung bedeutsamer erscheint."

Diesen Themen können die Beteiligten nicht ausweichen, sie können aber subjektive Lösungen suchen und finden. Dann ist das Problem nicht aufgelöst, aber sie finden Wege mit den Rollendiskrepanzen und der Rollendiffusität – hier sind die unterschiedlichen Rollen in unterschiedlichen Kontexten und Beziehungen gemeint – zu leben und zurechtzukommen. Für die Beratung der Menschen und das Verstehen ihrer Lösungen ist es – wie immer in der Sozialen Arbeit – nützlich, auf die Begriffe zu achten, mit denen sie ihre Rolle oder die der anderen bezeichnen und nicht etwa, die „richtige" Lösung vorzugeben. Damit wäre der Zugang zur Vielfalt der subjektiv passenden Antworten verbaut.

Diese Großmutter sieht sich weiterhin als Großmutter und erklärt es den Fachkräften so:

> „Sie wollte, dass man ist, wie halt Eltern mit Kindern sind und nicht wie Großeltern mit Kindern sind. Die verwöhnen dann auch und ich habe dann auch gesagt: ‚Wir sind die Großeltern, man kann den Titel nicht ändern als Mama und fertig.' Und der Herr Mühl hat dann auch gesagt: ‚Es ist halt nun mal so. Es sind ja die Großeltern und bleiben auch die Großeltern, ob das jetzt die Pflegeeltern sind oder nicht.'" (Ruchholz/Vietig/Schäfer 2020: 87).

Eine ähnliche Lösung hat diese Schwester der Mutter und Tante des Pflegekindes gefunden:

> „Ich habe das für mich gar nicht definiert. Ich bin einfach so, wie ich bin. Also ich bin genau die Tante, die ich vorher auch war und ich versuche eigentlich einen lockeren Umgang mit ihr zu haben. Also keine Freundin zu sein, aber zumindest schon eine Respektsperson. [...] Also ich habe da keine andere Rolle. Ich sehe mich nicht als Pflegemutter. Ich sehe mich weiterhin als die, die ich bin. Und Marie kennt mich ja von klein auf. Also es ist ja nicht so, dass ich mich jetzt irgendwie verstellen müsste, das wäre auch doof, wenn ich jetzt eine andere Aufgabe übernehmen würde, die mir letztendlich ja auch gar nicht zusteht. Klar, habe ich mehr Verantwortung, klar, habe ich mehr Entscheidungsgewalt, das mache ich auch alles, aber trotzdem versuche ich die zu bleiben, die ich vorher auch war, und zwar die Tante, die mit ins Kino geht, oder die Tante, die Eis essen geht." (Ruchholz/Vietig/Schäfer 2020: 88)

Unter Bedingungen sehr unterschiedlicher Definitionen und Erwartungen anderer eine klare Rolle und damit auch Identität („die, die ich bin") zu behalten oder zu entwickeln, ist eine Herausforderung. Das kann bedeuten, dass sie auf der Bühne der Jugendhilfeadministration die Rolle der Pflegemutter spielt. Dort ist die juristische Bezeichnung Pflegeperson vielleicht gut geeignet, die Differenz zu einer neuen Mutterrolle zu markieren. Für das Kind, ihre Nichte, bleibt sie die Tante, als die es sie schon immer kannte – nun mit zusätzlichen Aufgaben („mehr Verantwortung" „mehr Entscheidungsgewalt").

Auf zwei Ebenen der Intergenerationenbeziehungen müssen bei der Verwandtenpflege immer Antworten zu den neuen oder alten, aber modifizierten Rollen entwickelt werden. Die eine Ebene ist die Ebene zwischen den Erwachsenen: z.B. Großeltern und Eltern oder Geschwistern. Die andere Ebene ist die zwischen Pflegeperson und Kind. Insbesondere hier gestalten die Kinder mit. Dieses Mädchen, die als junge Jugendliche zu ihrer Tante umgezogen ist, beschreibt das so:

> „Interviewerin: ‚Wie ist das denn für dich, dass deine Tante auch deine Pflegemutter ist? Spielt das für dich eine Rolle?'
> Jugendliche: ‚Nee, eigentlich nicht, also für mich bleibt sie halt meine Tante. Ich könnte sie auch nicht als zweite Mutter ansehen, weil ich weiß, sie ist die Schwester von meiner Mutter und meine Mutter wird immer meine Mutter bleiben. Aber meine Tante wird halt auch immer ein wichtiger, also auch so ein wichtiger Teil sein'. " (Ruchholz/ Vietig/ Schäfer 2020: 90)

Eine andere Jugendliche, die schon seit dem Kleinkindalter bei ihren Großeltern lebt und zusätzlich eine enge Beziehung zu ihrer Tante hat, empfindet das so:

> „Ich habe meinen Vater, sage ich mal so, mein Opa. Bei meiner Mutter ist das genauso. Okay, da ist jetzt ein bisschen mehr Kontakt zu ihr, aber ich werde sie auch nie so als Mutter sehen können [...] Meine Oma und meine Tante waren für mich immer so meine Eltern. Ich hatte zwei Mamas. Und der Opa, der war auch immer so Papa." (Ruchholz/Vietig/Schäfer 2020: 91)

Die Überlegungen drehen sich um die gefühlte Typologie der einzelnen Beziehungen. Sie sind durch biologische oder rechtliche Definitionen nicht abschließend geklärt, sondern sie müssen und können jeweils vor dem Hintergrund der Lebenserfahrungen und der entwickelten Zugehörigkeitsgefühle subjektiv bestimmt werden. Wenn die biologische, rechtliche und die subjektiv empfundene Art der Verbindung auseinanderfallen, wird es aufwendiger sich selbst und anderen dies zu erklären, und Diskrepanzen zwischen den Sichtweisen der Menschen werden wahrscheinlicher. Fachkräfte können diese Prozesse begleiten und die Bewältigung erleichtern, solange sie nicht selbst die zentrale Definitionsmacht beanspruchen. Dann würden sie eher zum Teil des Problems.

Die zweite Ebene, auf der die neue Rolle als Pflegeperson Neujustierungen der bisherigen Beziehungen erfordert, ist die zwischen den Eltern und der Pflegeperson. Schon beim Start des Pflegeverhältnisses können die Konstellationen sehr unterschiedlich sein. Wenn die Unterbringung bei Verwandten auf Initiative der Eltern als informelle Verwandtenpflege erfolgt, ist die Wahrscheinlichkeit hoch, dass ein gemeinsamer Plan und Absprachen auch über die gegenseitigen Erwartungen die Basis bilden. Auch in der Netzwerkpflege sind ähnliche Rollenerwartungen am Start wahrscheinlich, wenn die Suche und Zusage gemeinsam erfolgen. Erfolgt die Unterbringung des Kindes durch Intervention des Jugendamtes bei einer Kindeswohlgefährdung, sind nicht nur größere Konflikte, sondern auch unvereinbare Rollenvorstellungen zu erwarten. So berichtet eine Pflegemutter aus einer Netzwerkpflegefamilie:

> „Die Freundschaft ging damit zu Ende, dass ich die Polizei gerufen habe. Weil ich nicht erst sie [die Mutter] angerufen habe, um das [Missbrauchsvorwürfe des Kindes gegenüber dem Lebensgefährten der Mutter] zu klären.... Da hatte die Mutter ziemliche Wut auf mich [...] Also ich war auch danach dann nicht gut auf die Mutter zu sprechen und andersrum genauso wenig. Aber ich bin immer wieder einen Schritt auf sie zugegangen. Immer wenn der Kontakt zu Nina dann doch noch gekommen ist, bin ich immer wieder auf sie zugegangen. Ich so: ‚Pass mal auf, für dich und deine Kinder steht jederzeit die Tür bei uns offen, wenn du Hilfe brauchst, sag Bescheid‘. Ich bin immer wieder auf sie zugegangen. Aber irgendwann habe ich auch keine Lust mehr‘. Jetzt ist der Punkt halt gekommen, wo ich denke, mein Gott, soll sie ihr Leben leben, Nina lebt ihres mit uns zusammen.“ (Ruchholz/Vietig/Schäfer 2020: 102)

Schon am Beginn des Pflegeverhältnisses – der in der Verwandten- und Netzwerkpflege gemeinsame Biografien einschließen kann – sind Vorgeschichte und Startbedingungen wichtig und der weitere Verlauf ist relativ offen und kann zu Transformationen der Rollen führen. Die Ergebnisse eines Prozesses mit mehreren Erwachsenen und mindestens einem Kind – bei Geschwistern wird die Sache noch komplizierter –, ggf. Interventionen von Sozialen Diensten und hoher emotionaler Relevanz für alle sind kaum vorherzusagen. Über die Entwicklungen können sie aber kommunizieren, Perspektivwechsel können angeregt und die Signale der Kinder bedacht werden. Die Familiendynamik mit einer oft tiefen biografischen Verortung über mehrere Generationen wird dann (partiell) der Selbstreflexion und Beratung zugänglich. Dann kann auch eine Basis für gute Rückkehrentscheidungen entstehen. So beschreibt diese Frau ihre Aufgabe in der Betreuung ihrer Nichte als begrenzt und definiert die zentrale Rolle der Mutter, ihrer Schwester Sabine, so:

> „Für mich, ganz ehrlich, ich sage es Ihnen, wie es ist, wenn die Sabine gut drauf ist und sagt, sie traut sich das wieder zu, dann ist das für mich überhaupt gar kein Ding. Es ist ihre Mama. Und das hat die Sabine am Anfang nicht verstanden, dass ich das so sehe. Sie ist ihre Mama.“ (Ruchholz/Vietig/Schäfer 2020: 110)

Das Spektrum der Parents- und Carer-Rollenidentitäten, das wir bereits kennengelernt hatten, wird in der Verwandten- und Netzwerkpflege noch einmal erweitert. Hier sind partielle Aufgaben, spezifische Erwartungen auf vorübergehende Elternfunktionen und die Rückkehr in frühere Rollen – z.B. der Großeltern oder Freundin der Familie – angelegt. Die Beziehungen, manchmal Bindungen können gerade unter solchen Bedingungen zu besonders langen biografischen Linien führen. Auch wenn die Funktion als Pflegeperson entfallen ist, bleibt die Beziehung. Sie wird weder durch die Tätigkeit als Pflegefamilie erst begonnen noch mit deren Wegfall beendet. Umgekehrt bleibt das Kind Bestandteil des Verwandten- oder Freundschaftsnetzwerkes, auch wenn es in der Pflegefamilie lebt. Beziehungsabbrüche und ein harter Switch des Lebensortes können hier leichter vermieden werden. Möglicherweise ist dies auch ein Grund für die längere Verweildauer über die Volljährigkeit hinaus, die wir in den Statistiken für die Verwandtenpflege sehen.

Risiken

Bisher sind die Chancen der Verwandten- und Netzwerkpflege besonders betont worden. Es ist auch deutlich geworden, dass es hier besonders kompliziert werden kann. Nun sollen die Risiken konkreter beleuchtet und eher skeptische Fragen beantwortet werden. Denn eine Vorstellung, dass schon immer alles gut würde, wenn die Menschen sich kennen und Verantwortung füreinander übernehmen, wäre naiv.

Grundlegende Bedenken beziehen sich auf die Milieunähe in beiden Formen, insbesondere in der Verwandtenpflege und in den Formen der explizit milieunahen Netzwerkpflege, in den USA auch als „home finding" diskutiert. Das, was bisher als Vertrautheit oder innere Nähe positiv betrachtet wurde, wird nun hinsichtlich der damit verbundenen Risiken betrachtet. Hängt es nicht auch mit ihren eigenen problematischen Kindheitserfahrungen zusammen, wenn die Eltern ihre Aufgaben nicht ausreichend erfüllen können, und stehen die pädagogischen Fähigkeiten ihre Eltern, die jetzt als Großeltern auch noch die Enkel erziehen sollen, dabei nicht in Frage? Steht die Drogenabhängigkeit der Eltern, die die Herausnahme ihrer Kinder erforderlich macht, in einem Zusammenhang mit ungünstigen Erfahrungen in Kindheit und Jugend, und sind ihre Geschwister, die nun ihre Nichten oder Neffen betreuen sollen, dann nicht auch gefährdet? Sind die Risiken einer weitgehenden Abkapselung der Familien in der Verwandtenpflege für die Kinder in Not hier überhaupt zu bearbeiten und kann die Loyalität innerhalb der Familie dazu führen, dass Hilfe für die Kinder ausdrücklich nicht außerhalb der Familie – z.B. bei Sozialen Diensten – gesucht wird?

Diese Fragen sind nicht abwegig und sollten mit den Pflegeeltern besprochen und dann mit einer auf den Einzelfall bezogenen Einschätzung der Risiken und ggf. einer Planung des besonderen Unterstützungsbedarfs und Zugangs zum Kind beantwortet werden. Problematisch wird es allerdings, wenn sie nicht im Einzelfall, sondern pauschal als eine Art Sippenhaft mit einem sozialisatorischen Vererbungsmythos beantwortet werden. In der formellen Verwandtenpflege können diese Prüfungen, Chancen- und Risikoeinschätzungen und Klärungen systematisch erfolgen. In der halbformellen kaum und insbesondere in der sehr zahlreichen informellen gar nicht. Das wirft Fragen weit über die Pflegekinderhilfe hinaus auf, ob und wo die Signale von Kindern, dass sie sich in einer schwierigen Situation befinden, aufgenommen und konstruktiv beantwortet werden.

> **Arbeitsaufgabe 12:**
>
> Sammeln Sie bitte Ideen, wie der Zugang zu informellen Pflegeverhältnissen erleichtert werden kann:
>
> a) Welche grundsätzlichen Haltungen und konkreten Strategien schätzen Sie als Erfolg versprechend ein?
> b) Welche sind eher kontraproduktiv?
> c) Was spricht dafür, bisher halbformelle Pflegeverhältnisse eher anzuerkennen? Was spricht dagegen?

Weitere Bedenken entstehen durch den Zeitdruck („rucki zucki" hieß es in einem Zitat) und durch den emotionalen Druck, Verantwortung für das Kind zu übernehmen, der dazu führen kann, dass eine etwas distanziertere sachliche Klärung der Voraussetzungen kaum möglich ist. Können die Großeltern bei der Aufnahme eines jungen Enkelkindes abschätzen, ob sie seine Versorgung über viele Jahre tatsächlich leisten können? Tragen alle Familienmitglieder in der Netzwerkpflege die Aufnahmeentscheidung mit oder fühlen sich einige überrumpelt und nachhaltig überfordert? Auch auf diese Fragen können im Einzelfall Antworten gefunden werden. Dabei können das Wissen und die reflektierten Erfahrungen von Fachkräften zu einer wichtigen Ressource für die Menschen werden, die helfen wollen. Eine solche wohlwollende Begleitung ist für die Entwicklungschancen der Kinder, die Wertschätzung zivilgesellschaftlicher Hilfsbereitschaft und die Stabilität der Pflegeverhältnisse notwendig. Der Anspruch der Pflegeperson auf Beratung und Unterstützung – wie er im neuen § 37a SGB VIII betont wird – gilt explizit auch für die informelle Verwandtenpflege.

Auch für die Verwandten- und Netzwerkpflege entspricht somit eine Bewertung, die einem Schwarz-Weiß-Bild folgt – hier die grundlegende Diskreditierung der milieunahen und verwandtschaftlichen Pflegekinderhilfe, dort ihre Darstellung als natürliche Lösung mit exklusiven Vorteilen – nicht dem noch (lückenhaften) Wissensstand. Sondern differenzierende Kriterien sind notwendig, die einen klaren Blick auf die Chancen – gerade auch für ältere Kinder und für die von ihnen gewollten Lösungen – in einer Kultur der Anerkennung der sie unterstützenden Erwachsenen eröffnen und zugleich die Augen vor den Risiken der Verstrickung in destruktiven Familiendynamiken oder Überforderungen nicht verschließen.

Besonderheiten in der Schweiz und in Österreich

Hier sollen einige Unterschiede zur bisherigen Darstellung für Deutschland in der Schweiz und in Österreich kurz benannt werden.

In der **Schweiz** sollen rund 50 Prozent der Pflegekinder bei Verwandten leben und weitere 20 Prozent der Pflegeeltern aus dem näheren Sozialraum der Herkunftsfamilie kommen (Gassmann/Heuberger 2016). Damit ist die Verwandten- und Netzwerkpflege außerordentlich relevant. Hier benötigen die Pflegeeltern in der Verwandtenpflege – wie alle anderen Pflegeeltern auch – eine Bewilligung („Pflege-platzbewilligung") durch die Kinder- und Erwachsenenschutzbehörde (KESB) und unterliegen allen Verfahren und der Aufsicht für Pflegefamilien. Eine informelle Verwandtenpflege würde gegen diese Regelung verstoßen, eine Konstellation, die zu einer halbformellen führen würde, ist rechtlich nicht vorgesehen. Rechtlich haben Verwandte also keine Sonderstellung im Vergleich zu anderen Pflegeeltern. Während aber Pflegeeltern einen Anspruch auf ein „angemessenes Pflegegeld" haben, gilt bei Verwandten die Vermutung von Unentgeltlichkeit der Verwandten-pflege (Art. 294 ZGB). Dies schließt finanzielle Unterstützung für die Kosten des täglichen Bedarfs nicht aus, die kantonalen Bestimmungen dazu sind aber sehr unterschiedlich und die Vermutung der Unentgeltlichkeit wird neuerdings kritisch diskutiert.

In **Österreich** spielt die Verwandtenpflege in den Fachdiskussionen eine eher rand-ständige Rolle. Kinder und Jugendliche, die von nahen Angehörigen nicht nur vorübergehend betreut werden, gelten als Pflegekinder, wenn die Betreuung im Rahmen der vollen Erziehung geschieht (vgl. Geserick/Mazal/Petric 2015: 22). Großeltern fallen dabei nicht unter den Pflegeelternbegriff, andere Verwandten hingegen können auch offiziell Pflegeeltern sein (vgl. Geserick/Mazal/Petric 2015: 20). Eine interessante Diskussion gibt es um die Frage, ob das Pflegegeld auch für Verwandte gezahlt werden soll. Wenn dies wegfiele, sei der Zugang zu den Verwandtenpflegefamilien, die oft als problematisch angesehen würden, kaum noch möglich – so wurde gewarnt (vgl. Geserick/Mazal/Petric 2015: 126). Über finanzielle Leistungen auch einen Kontakt und Zugang zu Familien ohne Kontakt zur Kinder- und Jugendhilfe zu erhalten, wird auch in anderen Ländern diskutiert. Vermutlich gibt es in Österreich außerhalb der vollen Erziehung einen großen Anteil von informellen Verwandtenpflegen insbesondere durch Großeltern, der bisher kaum diskutiert und in Konzeptionen bearbeitet wird. Dann werden die besonderen Chancen der Verwandtenpflege vernachlässigt und die spezifischen Kindeschutzthemen nicht bearbeitet.

6. Kapitel: Bevor das Pflegekind zum Pflegekind wird

Zusammenfassung:

In diesem und in den nächsten Kapiteln werden wir dem Weg der Kinder folgen: ihrem Leben, bevor sie in die Pflegefamilie kommen, dem Übergang in die Pflegefamilie, dem Leben dort und dem Übergang und Leben danach. Wir folgen damit ihrem biografischen Prozess: das Kind in Kindheit und – manchmal vernachlässigt (Ehlke/Koch/Thomas/Schröer 2019) – Jugendalter bis hin zum Erwachsenenalter an verschiedenen Lebensorten mit unterschiedlichen, für sie jeweils wichtigen Menschen.

Die folgende Abbildung zeigt fünf Stationen. Die Beendigungsszenarien und die nächste Station sind hier noch getrennt dargestellt und werden im 9. Kapitel zusammen betrachtet. Bei jeder Station sind einige Themen genannt, die jeweils für die Aufgaben Sozialer Dienste eine Rolle spielen.

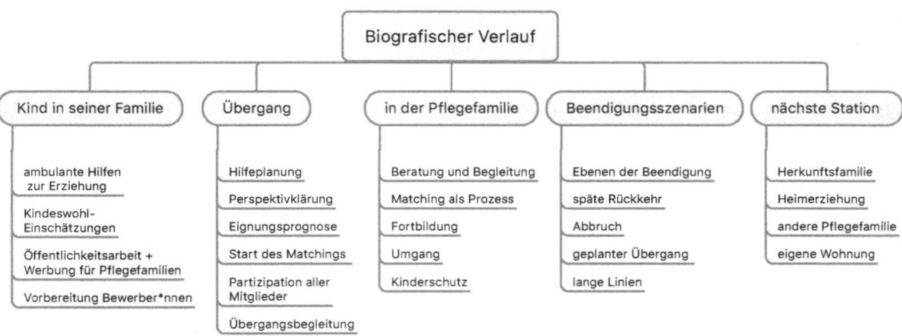

Abbildung 2: Biografischer Verlauf. Quelle: Eigene Darstellung

Einführung: biografische Prozesse im Leben von Menschen

Biografisches Erleben der Kinder und Erwachsenen bedeutet, dass die Erfahrungen in dem einen Lebensfeld die in den folgenden beeinflussen. Die besonderen Sensibilisierungen, die Ordnungen für das, was als wichtig, gefährlich oder sehnsüchtig gesucht wahrgenommen wird – Alfred Schütz hat das als Relevanzsystem bezeichnet – entstehen in den biografischen Prozessen – natürlich nicht nur bei Pflegekindern, hier aber besonders interessant, weil sie Ungewöhnliches erlebt haben. Wollen wir uns dem annähern, es verstehen und sie vielleicht dabei gut begleiten, müssen uns ihre Erfahrungen interessieren – weniger in diagnostischen Zuordnungen zu z.B. Typologien von Störungen, sondern im Verstehen des Sinns, den diese Erfahrungen für sie haben. Dabei folgen wir ihnen durch die vier Stationen. Im Leben eines einzelnen Pflegekindes können noch viel mehr Stationen auftreten, diese vier sind allerdings immer dabei.

Die Erfahrungen der Eltern können ebenfalls in diesen vier Stationen betrachtet werden. Ihre Geschichte mit ihrem Kind vor der Herausnahme und dem Wechsel in diese Pflegefamilie – im Einzelfall mit weiteren Zwischenstationen – der Zeit, in der ihr Kind in der Pflegefamilie lebt, vielleicht jahrelang aufwächst und seinem Verlassen der Pflegefamilie – zu ihnen zurück oder an einen anderen Ort. Dies kann jeweils isoliert betrachtet als Stationen, die nacheinander abgeklappert werden, nicht gut verstanden werden, sondern eher in einer Dramaturgie eines Entwicklungsprozesses, der so nicht von Anfang an geplant und planbar war und manchmal die Prozessdynamik eines Bedrohungsverlaufes entfalten – wie Ingrid Klein (2020) es am Beispiel von ehemaligen Pflegekindern als Eltern, deren Elternschaft später infrage gestellt wurde, sehr interessant analysiert hat. Die Unterbringung ihres Kindes in einer anderen Familie oder bei Verwandten wird ein wichtiger Teil der Familiengeschichte der Eltern.

Auch die Pflegeeltern und ggf. weiteren Mitglieder der Pflegefamilie erleben einen Prozess, der zum Teil ihrer Familiengeschichte wird. Die Entscheidung, dieses Kind aufzunehmen, hat für sie eine Vorgeschichte in ihrer Familie und einen Entwicklungsprozess ihrer persönlichen Wünsche. Sie wissen, dass sie ein Kind mit einer Geschichte aufnehmen. Auf die Bedeutung auch schon sehr früher Erfahrungen verweist ein Buch von Daniel Stern (2003) mit dem interessanten Titel „Die Lebenserfahrung des Säuglings". Dessen Prägungen und Erfahrungen können nicht einfach gelöscht werden, sondern die bringen sie mit und ein. Auch die jungen Kinder sind keine unbeschriebenen Blätter, und ihre Erfahrungen sind auch jenseits von Traumata relevant. Pathologisierende Engführungen würden den Blick ebenso verstellen wie eine Leugnung von Belastungen und ihrer Folgen. Die Pflegeeltern müssen sich damit auseinandersetzen, sie erleben die Aufnahme des Kindes in ihre Familie, gestalten das Leben mit ihm und beschäftigen sich mit den Fragen nach einem Ende des Pflegeverhältnisses und seiner Folgen für sie.

Das, was ist, ist so geworden und wird sich in Zukunft weiterentwickeln. Wie es ist und warum es so geworden ist, wird von den verschiedenen Menschen oft sehr unterschiedlich interpretiert, erklärt und bewertet. Erst im komplexen Zusammenspiel dieser unterschiedlichen Erfahrungen und Deutungsmuster entstehen die Phänomene, die uns in diesem Buch beschäftigen. So wie sie sich entwickeln, waren sie nicht geplant und planbar (Wolf 1999: 122 f.). Wir werden daher an den jeweiligen Stationen diese drei Perspektiven betrachten und dabei die Vielfalt berücksichtigen müssen, die wir im 5. Kapitel kennengelernt haben. Als wäre die Komplexität damit nicht schon hoch genug, kommt noch eine vierte Perspektive hinzu: die der Sozialen Dienste. Auch sie spielen mit, nehmen Einfluss auf das Leben der anderen, deuten, bewerten und handeln.

Soziale Dienste als Biografie gestaltende Akteure

Fachkräfte Sozialer Dienste erfüllen in den einzelnen Stationen wichtige Aufgaben. Dies tun sie nicht wegen einer unmittelbaren persönlichen Betroffenheit, sondern aufgrund von beruflichen Verpflichtungen und auf der Basis von rechtlichen Regelungen, z.B. zum Kinderschutz oder zum Anspruch auf Unterstützung in schwierigen Lebenssituationen (z.B. „erzieherischer Bedarf"). Von den Diensten und den bei ihnen beschäftigten Fachkräften erwarten die Gesellschaft und die in Politik und Verwaltung Verantwortlichen, dass sie über das notwenige Fachwissen, die

Fähigkeiten (Skills) und Hilfsmittel (Tools) verfügen, wirksame Hilfe bei der Bewältigung schwieriger Probleme der angesprochenen Menschen in und um das Pflegeverhältnis zu leisten. Beim Pflegefamiliendreisatz wurde dieser Zusammenhang bereits hergestellt.

Wenn wir die Aufgaben und Probleme, die Kinder und Erwachsene bewältigen müssen, an den vier Stationen betrachten und analysieren, werden jeweils auch die (möglichen) Leistungen und Aufgaben Sozialer Dienste beschrieben und zentrale Qualitätsmerkmale begründet. Denn dieses Buch soll zentrale Wissenselemente vermitteln, über die Fachkräfte in der Pflegekinderhilfe verfügen sollten. Die hohen Anforderungen sollen nicht einfach gesetzt werden, sondern aus den Notwendigkeiten des Kinderschutzes und der unverzichtbaren Ressourcen, die die Fachkräfte den Menschen zugänglich machen sollen (vgl. Wolf 2007), abgeleitet werden. Dies ist auch besonders wichtig, weil es für die Betroffenen oft um existenzielle Weichenstellungen und sehr bedeutsame Lebensthemen geht. Kunstfehler können hier zu erheblichen zusätzlichen Belastungen führen, nachhaltige, wirksame Hilfen hingegen zu ganz neuen Lebens- und Entwicklungschancen. Es geht also jeweils um das Zusammenspiel von biografischen Bewältigungsversuchen der Kinder und Erwachsenen mit den Aktivitäten Sozialer Dienste.

Hier sind mehrere Soziale Dienste angesprochen, für die sich innerhalb Deutschlands und zusätzlich in Österreich und der Schweiz unterschiedliche Begriffe – am Ende des 3. Kapitels kurz skizziert – (regional) etabliert haben. Grob können drei Dienste unterschieden werden: die für umfassende Entscheidungen, Weichenstellungen, Entscheidungen für Familien und Kinder in Not zuständig sind, jene die speziell Pflegeverhältnisse betreuen, und solche, die die elterliche Sorge teilweise oder vollständig übertragen bekommen haben. Weitere – wie Sozialbehörden oder Dienste im Gesundheitswesen – können im Einzelfall ebenfalls wichtige Akteure werden, bleiben hier aber zunächst unberücksichtigt.

Der Allgemeine Soziale Dienst (ASD) – manchenorts auch z.B. als Bezirkssozialarbeit oder Regionaler Sozialdienst bezeichnet – ist fast immer eine zentrale Abteilung des Jugendamtes und für die „sozialpädagogische Basisversorgung im erzieherischen Bereich" (Maly 2017: 13) zuständig. Für unseren Zusammenhang erfüllt er insbesondere wichtige Aufgaben bei der Bewilligung von Hilfen zur Erziehung – sowohl im Vorfeld einer stationären Unterbringung als auch bei den Entscheidungen über eine Unterbringung in der Pflegefamilie –, der Hilfeplanung und den Entscheidungen über die Beendigung der Erziehungshilfen. Auch die Abwendung von Kindeswohlgefährdungen und die dazu notwendigen Einschätzungen und Entscheidungen sind wichtige Aufgaben. Für die Herkunftsfamilien und die Pflegekinder ist der ASD oft der erste Ansprechpartner und Kontakt.

Der Pflegekinderdienst (PKD) ist ganz überwiegend als Abteilung im Jugendamt eingerichtet, doch manchmal werden einzelne Aufgaben – selten die zentrale Zuständigkeit wie z.B. in Bremen – an einen PKD freier Träger übertragen (vgl. v. Santen/Pluto/Peucker 2019: 89 f). Zu seinen Aufgaben gehören oft die Information und Vorbereitung der Pflegeeltern, die Begleitung der Pflegefamilien und ihrer Mitglieder, manchmal auch die Anerkennung der Pflegeeltern, die Organisation von Umgangskontakten und – eher selten – die Begleitung der Herkunftsfamilien oder die Zuständigkeit für die Hilfeplanung bei langfristigen Pflegeverhältnissen. Die Arbeitsteilung zwischen ASD und PKD regeln die Kommunen unterschiedlich, verbindliche Standards gibt es nicht.

Hat ein Familiengericht die Rechte der Eltern eingeschränkt, überträgt es sie auf eine andere Person, die sie als Pflegschaft (bei einem teilweisen Entzug der Sorge) oder Vormundschaft (bei vollständigem Entzug) anstelle der Eltern wahrnimmt. Diese erfolgt – entgegen der Intensionen des Gesetzgebers – in den meisten Fällen als Amtsvormundschaft. Das heißt, dass eine Fachkraft – die aber bedauerlicherweise keine sozialpädagogische Qualifikation haben muss – in der beruflichen Rolle als Amtsvormund*in die Aufgaben wahrnimmt. Einen guten Überblick gibt das „Bundesforum Vormundschaft und Pflegschaft" (https://www.vormundschaft. net). Für das Pflegekind sind Entscheidungen zur Platzierung in einer Pflegefamilie (Aufenthaltsbestimmungsrecht), zu den Umgangskontakten, zur Hilfeplanung bis hin zu den „Angelegenheiten von erheblicher Bedeutung", die wir im 3. Kapitel kennengelernt haben, besonders wichtig.

Eine Anmerkung zu den verwendeten Begriffen ist vielleicht sinnvoll. Der Begriff „Platzierung" wird manchmal als unangemessen kritisiert. Er betont die Perspektive von Behörden, die einen Platz für ein Kind suchen, und wird auch in der Statistik verwendet. Deswegen übernehme ich ihn – trotz des Unbehagens –, wenn diese behördliche Sichtweise gemeint ist. Eltern, Pflegeeltern und die Kinder würden ihn wohl nicht verwenden.

Diese drei Sozialen Dienste können als Teile der Pflegekinderhilfe betrachtet werden. Nicht alles, was der ASD tut, hat mit Pflegekindern zu tun, aber dort, wo er an Entscheidungen und Leistungen für die Pflegekinder, ihre Herkunftsfamilien oder die Pflegefamilien beteiligt ist, ist er Teil der Pflegekinderhilfe – so mein Vorschlag für eine Begriffsbildung die deutlich macht, dass nicht alleine der Pflegekinderdienst für Pflegekinder und Pflegefamilien wichtig und zuständig ist, sondern unterschiedliche Organisationen und Behörden, die zusammenarbeiten sollten und erst im Zusammenspiel Effekte hervorbringen.

In Pflegeverhältnissen treten manchmal noch weitere Akteure auf, die nicht als Soziale Dienste („social services") bezeichnet werden können, aber ebenfalls professionelle Organisationen darstellen, die einer eigenen Logik folgen und das private Leben der Eltern, Pflegeeltern und des Kindes stark beeinflussen können. Hier spielen insbesondere die Familiengerichte und manchmal auch medizinische und therapeutische Professionen und Organisationen eine Rolle.

Wir setzen uns somit an den vier Stationen jeweils mit den Perspektiven der Menschen auseinander, die unmittelbar in ihrem privaten Leben betroffen sind, und solchen, die als Funktionäre von Organisationen Aufgaben in der Pflegekinderhilfe erfüllen. Diese – die Eltern, Pflegeeltern und das Kind – sind Expert*innen für ihr persönliches Leben, Empfinden und Handeln, jene handeln beruflich als Fachkräfte – hoffentlich auf der Basis gut abgesicherten Wissens und durch Anwendung anerkannter Methoden in diesem hochsensiblen Feld. Dieses Buch will dazu beitragen, die Grundlagen dafür zu vermitteln.

Station 1: Bevor das Kind zum Pflegekind wird

Pflegeverhältnisse haben eine Vorgeschichte. In dieser entstehen wichtige Weichenstellungen, Sensibilisierungen und Lebenserfahrungen, die das Pflegeverhältnis und seinen Verlauf beeinflussen. Viele spätere Deutungs- und Gefühlsmuster der Menschen könnten ohne diesen Zusammenhang – also dekontextualisiert von ihrer Entstehungsgeschichte – nicht gut verstanden werden. Deswegen handelt dieses Kapitel von der Zeit, in der das Kind noch nicht in seiner Pflegefamilie gelebt hat.

Die Statistik sagt, dass die meisten Kinder vor der Platzierung in der Pflegefamilie bei beiden Eltern oder einem Elternteil gelebt haben (53 %). Diejenigen, die vor der Aufnahme in der statistisch erfassten Pflegefamilie in einer anderen Pflegefamilie (20 %), bei Verwandten (10 %), in einem Heim (9 %) oder an einem anderen Ort lebten (vgl. v. Santen/Pluto/Peucker 2019: 47), haben bereits einen Weg mit mehreren Stationen hinter sich, der fast immer auch eine Zeit bei den Eltern oder einem Elternteil einschloss.

Obwohl ca. 2/3 der Vollzeitpflegen mit – manchmal nicht ganz freier – Zustimmung der Eltern erfolgt, geht die Initiative der Platzierung am häufigsten von Sozialen Diensten und andere Organisationen (61 %) aus und mit einem geringeren Anteil von den Betroffenen selbst: den Eltern mit 23 % und den Kindern mit 7 % (v. Santen/Pluto/Peucker 2019: 66).

Bereits in der bisherigen Darstellung haben wir unterschiedliche Szenarien kennengelernt: die (relative) Zustimmung der Eltern zur Unterbringung ihres Kindes im rechtlichen Rahmen einer Hilfe zur Erziehung oder bei 32 % die Platzierungen, die erst durch einen Eingriff des Familiengerichtes in ihre Rechte erfolgt ist (vgl. v. Santen/ Pluto/ Peucker 2019: 43), verschiedene zeitliche Perspektiven und Erwartungen und damit verbunden unterschiedliche Rollen der Eltern, Pflegeeltern und Kinder.

Die Geschichte der Eltern, deren Kind später zum Pflegekind wird, zeigt in der Mehrgenerationenperspektive oft eine Kumulierung von Belastungen, Diskontinuitäten und Eingriffen Sozialer Dienste. Josef Faltermeier (2019: 134) fasst diese Beobachtungen in seiner dichten Forschung zu Eltern, deren Kinder in Heimen oder Pflegefamilien platziert wurden, so zusammen:

> „Sehen wir uns die Lebensverläufe von Eltern an, deren Kinder fremduntergebracht wurden, dann werden wir feststellen, dass deren Biografie bis zur Inpflegegabe ihrer Kinder selbst durch Unordnungen, Diskontinuitäten oder Mangelerfahrungen geprägt ist. Dabei ist ihr Lebensentwurf selbst häufig nur schwach konturiert und ihre eigenständige biografische Planung, soweit sie überhaupt in ihrer Erwartungshaltung implizit zum Ausdruck kommt, in gewisser Weise aus den Fugen geraten. Das die Orientierung leitende Handlungsschema, vor dessen Hintergrund sie bislang ihre Lebensbewältigung geordnet und strukturiert haben, ist durch unvorhersehbare und oft dramatisch verlaufene Ereigniskonstellationen gekippt

oder sogar obsolet geworden, d.h., die Belastungsgrenzen werden durch zusätzliche Konfliktsituationen überschritten."

Außerdem leben die Eltern häufig in schwierigen materiellen Lebenslagen: 64 % der Eltern der Pflegekinder beziehen Transfergeldleistungen (Arbeitslosengeld II, Grundsicherung), während der Anteil in der Gesamtbevölkerung nur bei 15 % liegt (vgl. v. Santen/Pluto/Peucker 2019: 44 f.). Der Anteil der Ein-Eltern-Familien ist mit 47 % überdurchschnittlich hoch, was bekanntlich ebenfalls zum Armutsrisiko beiträgt.

Arbeitsaufgabe 13:

Die Zahlen zeigen einen Zusammenhang zwischen Armutsrisiken und der Fremdunterbringung der Kinder. Allerdings schaffen es ungefähr 94 % der Transferleistungsbeziehenden, ihre Kinder ohne Heimerziehung oder Pflegekinderhilfe großzuziehen (v. Santen/Pluto/Peucker 2019: 45). Das unterstreicht, dass Armuts-Lebenslagen nicht linear zur Fremdunterbringung führen. Eine monokausale Erklärung kann den Zusammenhang nicht erklären. Haben Sie Ideen, wie wir uns diesen statistischen Zusammenhang besser erklären können?

Ungünstige Entwicklungsbedingungen in der eigenen Kindheit, aktuelle Mangelerfahrungen und Krisen und brüchige soziale Unterstützungsnetzwerke können sich zu Belastungen auftürmen, die nicht mehr so bewältigt werden können, dass die Entwicklungschancen der Kinder davon unbeeinträchtigt bleiben. Eine vorschnelle Verurteilung der Eltern im Sinne einer moralisch „verwirkten Elternschaft"– wie Faltermeier (2001) den Code zurecht kritisch in Frage stellt – wäre daher wohl allzu selbstgerecht.

Neles Mutter beschreibt einen Teil des Weges, der schließlich zur Verwandtenpflege bei den Eltern von Karl führt, so:

„Karl und ich waren super befreundet und dann für kurze Zeit ein Paar. Ich war 14, er 16 und wir haben nur Scheiße gebaut. Als ich schwanger wurde, das war ein ziemlicher Schock. Er musste kurz drauf wegen Drogengeschichten in den Knast und ich bin ins Mutter-Kind-Heim. Schule war mir schon immer total wichtig. Deshalb habe ich im Heim die Zeit genutzt und viel gelernt. Das fanden die Betreuerinnen nicht okay. Ich sollte mich mehr um Nele kümmern." (Schäfer/Petri/Pierlings 2015: 47)

Die Gründe, die schließlich zur Vollzeitpflege führen sind vielfältig. Eine grobe Kategorisierung in der Statistik enthält nicht sehr trennscharfe Zuordnungen und Zuschreibungen und ist damit besonders interpretationsbedürftig. Dort werden drei Sammelkategorien unterschieden (vgl. v. Santen/Pluto/Peucker 2019: 54):

1. Unzureichende Sorge (61 %) darin Unversorgtheit (36 %), Kindeswohlgefährdung (21 %) und unzureichende Versorgung (14 %),

2. Familiäre Probleme (24 %) darin eingeschränkte Erziehungskompetenz (14 %), Belastungen durch Problemlagen der Eltern (7 %) und durch familiäre Konflikte (3 %) und

3. (Verhaltens-)Probleme der Kinder (6 %)

Es wird deutlich, dass nicht gravierende Probleme, die die Kinder machen, im Mittelpunkt stehen, sondern die Sorge um ihre Entwicklung, die – bei einer Kindeswohlgefährdung: erheblich – gefährdet erscheint. Dies dürfte auch mit dem jungen Alter vieler Pflegekinder bei der Platzierung zusammenhängen: jeweils 14 % der Kinder sind unter 1 Jahr, 1 bis 3 und 3 bis 6 Jahre alt bei der begonnenen Platzierung – also 42 % bis 6 Jahre alt (vgl. v. Santen/Pluto/Peucker 2019: 42).

Die Statistik bildet eher die Interventionsbegründungen der Jugendämter ab, die die Daten für die Statistik nach einem vorgegebenen Raster zur Verfügung stellen, und stellen keine Analyse der Bedingungen des Aufwachsens dar, die zur Vollzeitpflege führen. Denn dabei müsste sich die Aufmerksamkeit auf biografische Belastungen der Eltern, Armut und andere Formen der Benachteiligung und brüchige Unterstützungsnetzwerke richten.

Bei den Entscheidungen der Familiengerichte und in den Gutachten, auf denen sie oft beruhen, spielt die Frage nach der Erziehungsfähigkeit eine zentrale Rolle. Dieser diagnostische Code fokussiert sehr eng auf die Kompetenz – fast immer der Mutter – als ein stabiles intrapersonales Merkmal und blendet die Kontexte, die die Entwicklungschancen der Kinder ebenfalls stark beeinflussen, weitgehend aus. Insbesondere die Resilienzforschung (grundlegend: Frindt 2020) hat aber schon länger gezeigt, dass sozialisatorische Netzwerke (Wolf 2015a: 199 ff.) (partielle) Mängel in der Eltern-Kind-Interaktion so kompensieren können, dass auch unter ansonsten schwierigen Bedingungen positive Entwicklungschancen eröffnet werden. Die Fähigkeiten der zentralen Bezugs- und Bindungsperson spielen insbesondere bei sehr jungen Kindern eine wichtige Rolle, sie alleine determinieren allerdings nicht gelingende oder misslingende Entwicklungsverläufe.

Arbeitsaufgabe 14:

Erstellen Sie bitte eine Übersicht der besonders wünschenswerten Merkmale des Lebens- und Entwicklungsfeldes eines Kindes. Entscheiden Sie sich dabei für eine bestimmte Altersgruppe (bei mehreren Arbeitsgruppen gerne für unterschiedliche).

a) Was benötigt das Kind unbedingt und unverzichtbar?

b) Was ist zusätzlich wichtig und sollte auf Dauer nicht fehlen?

c) Wenn diese Merkmale durch die Eltern nicht sicher geschaffen werden können:
Wie könnten sie durch andere Menschen geschaffen werden? Skizzieren Sie ein Beispiel, wie dies gelingen kann.

Bisher haben wir uns auf Vorgeschichten konzentriert, in der Wechsel aus der Herkunftsfamilie in die Pflegefamilie stattfinden. Dem werden wir gleich auch weiter folgen. Aber insbesondere ältere Kinder – immerhin 39 % der Pflegekinder sind bei der Aufnahme 12 Jahre und älter (vgl. v. Santen/Pluto/Peucker 2019: 42) – haben häufig eine Biografie mit vielen weiteren Stationen und Beziehungsabbrüchen. Weitere Stationen in anderen Pflegefamilien, in verschiedenen Heimerziehungsarrangements, seltener auch in der Kinder- und Jugendpsychiatrie führen manchmal zu hochfragmentierten Biografien. Die Erfahrung ständiger Wechsel des Lebensfeldes sind für die Kinder belastend und beeinträchtigen ihre Entwicklungschancen erheblich.

Erlebensmuster: das Kind in seiner belasteten Familie

Kinder, die später zu Pflegekindern werden, haben in ihren Familien unterschiedliche positive und negative Erfahrungen gemacht. Sie sind häufiger von Armut und Benachteiligung betroffen und leben oft bei alleinerziehenden Elternteilen. Ihre Eltern haben oft selbst problematische Erfahrungen als Kinder gemacht und müssen sich auch aktuell mit gravierenden Problemen auseinandersetzen. Das sind keine günstigen Voraussetzungen für eine unbeschwerte Kindheit.

> Anja beschreibt ihre Kindheitserfahrungen so: „Ja, dann kam eben mein Bruder [...], dann zwei Jahre später kam der nächste Bruder. Ein Jahr später kam dann meine Schwester, und dann fing unser Malheur in der Familie an. Da war diese Überforderung meiner Mutter. Das hat alles nicht so geklappt, wie man sich normale Familien vorstellt, wo das alles miteinander geht, sondern da sind eben Probleme angefallen." (Petri/Radix/Wolf 2012: 43)

Dass bei einem Drittel Familiengerichte die Rechte der Eltern eingeschränkt haben und bei 21 % Kindeswohlgefährdung als Grund für ihre Fremdunterbringung angegeben wird, zeigt, dass bei einigen Kindern auch erhebliche Belastungen das Leben bestimmen.

> Mandy beschreibt, wie sehr sie in einer desolaten Lebenssituation auf ihre Schwester angewiesen war: „Ja, und ich hab halt eigentlich immer nur meine Schwester gehabt. Und ich war halt auch sehr viel draußen, und ich bin halt auch von meinem Stiefvater geschlagen worden, und unsere Mutter hat die ganze Zeit immer am Tag geschlafen, und danach war sie dann wach und so. Also, es war eigentlich ziemlich alles ungeregelt und so. Ich weiß noch, dass meine Schwester und ich, wir ham ziemlich stark zusammengehalten, und die hat auch für mich immer das Essen gemacht. Und wo da die Kleinen war'n, da hat sie sie auch immer gewickelt, also die Jessi, die hat die dann gewickelt und dann halt wieder Essen gemacht." (Petri/Radix/Wolf 2012: 43)

Ein Teil der Pflegekinder hat starke Vernachlässigung oder Misshandlungen erlebt. Auch Fälle von extremer Gewalt werden aus der therapeutischen Praxis berichtet. So haben Monika Nienstedt und Armin Westermann (z.B. 2011) aus ihrer jahrzehntelangen therapeutischen Praxis erschütternde Beispiele veröffentlicht. Diese Gewalt- und Vernachlässigungserfahrungen hinterlassen tiefe Spuren im Denken und Fühlen der Kinder und beeinflussen auch ihr späteres Verhalten in der Pflegefamilie. So hat Richard Müller-Schlotmann (1998) gezeigt, wie unterschiedlich die Kinder den Anfang in der Pflegefamilie gestalten, wenn sie Gewalt durch in diesem Sinne gefährliche Erwachsene erlebt haben und wie anders Kinder, die überwiegend Vernachlässigung durch in diesem Sinne abwesende Erwachsene erfahren mussten.

Sehr belastende, negative Erfahrungen sind nicht selten, aber sie betreffen auch nicht alle Pflegekinder. Denn andere haben durchaus liebevolle Beziehungen bei ihren Eltern erfahren. Sie erleben die Trennung auch als Verlust. Andere machen sich bis zur Umkehrung der Generationenbeziehung Sorgen um die Eltern oder manchmal auch Geschwister, die sie zurücklassen. Auch das sind ungünstige Bedingungen. Aber die Quellen für die Belastungen und die Erlebensmuster der Kinder sind so individuell unterschiedlich wie ihre Erfahrungen. Daher ist es nicht sehr realitätsgerecht, aus einzelnen Fällen auf die Gesamtheit zu schließen. Diese Pars-pro-toto-Verzerrungen – ein Teil wird für das Ganze gehalten – und Generalisierungen aus besonders beeindruckenden Beispielen und Narrativen – an diesem Beispiel siehst du, wie es bei den Pflegekindern ist – führten bei anderen Kindern mit anderen Erfahrungen zu Fehleinschätzungen. Das ist auch bei den von mir zitierten Beispielen zu bedenken: Sie stehen für den einen Erfahrungsbereich, zeigen manchmal ein Phänomen sehr anschaulich, aber sie können nie als Aussagen für das gesamte Feld herhalten. Es gäbe immer auch andere Beispiele und Erfahrungen.

Gelegentlich werden Debatten über das Ausmaß der Misshandlungen von Kindern in ihrer Herkunftsfamilie verbittert geführt, oft anhand von Aussagen, wie hoch der Anteil von traumatisierten Kindern sei. Das reicht bis zu Angaben von 100 % – z.B. wenn behauptet wird, die Trennung von den Eltern sei immer schon ein schwerwiegendes Trauma. Mir erscheinen solche Diskussionen – die oft mit eher alltagssprachlichen Traumavorstellungen geführt werden – nicht sehr produktiv. Sie sind jedenfalls kein Ersatz dafür, sich die Erfahrungen jedes einzelnen Kindes, seine Signale, wovor es Angst hat und worauf seine Sehnsüchte zielen, genau anzuschauen und ernst zu nehmen. Das kann durch Prozentangaben, wie es bei (fast) allen sei, nicht ersetzt werden. Dass für einige Kinder Therapien wichtig und nützlich sein können, für viele Biografiearbeit und für alle wohlwollenden Pflegeeltern, die es so annehmen können, wie es (geworden) ist, wird uns auch bei den weiteren Stationen beschäftigen.

Dabei ist noch ein weiterer Zusammenhang wichtig. Die Kinder entwickeln ihre Normalitätsvorstellungen in den Verhältnissen, in denen sie leben. Das hat Albert Lenz (2005) für Kinder psychisch kranker Eltern eindrucksvoll untersucht und dargestellt. Was Erwachsene und Kinder dürfen, wie andere mit ihnen umgehen, wie wichtig sie sind und welche Sorge um sie realisiert wird, das erfahren sie sehr intensiv bereits in den ersten Lebensjahren. Das prägt ihre ersten Normalitätsvorstellungen.

Jonas bringt diesen Zusammenhang sehr klar auf den Punkt: „Wir Kinder, wir werden aus unserm – selbst, wenn das ganz schrecklich war, aber es war mir ja vertraut sag ich mal – rausgerissen und kommen hier hin in was ganz, ganz Neues." (Petri/Radix/Wolf 2012: 64)

Wenn das Vertraute schrecklich war, wird die Erfahrung im Neuen – so schützend und versorgend es vielleicht auch ist – zunächst auch zu einer Herausforderung: Alle Gefühls-, Denk- und Verhaltensmuster müssen und können umgebaut werden. Das wird uns bei der nächsten Station intensiv weiter beschäftigen.

Erlebensmuster der Eltern: Menschen in Krisen

Für die Eltern ist die Phase, bevor ihr Kind in einer Pflegefamilie untergebracht wird häufig eine Zeit von Krisen, sich zuspitzenden Schwierigkeiten und unvorhergesehenen Entwicklungen. Dies gilt oft in dramatischer Weise, wenn Jugendämter und dann Familiengerichte gegen ihren Willen eingreifen. Aber auch wenn sie schließlich selbst die Hilfe zur Erziehung beantragen, geschieht dies oft aus einer Notlage heraus, in der sie keine anderen Auswege sehen und die (völlige) Trennung von ihrem Kind vermeiden wollen.

Auch wenn sie Hilfe beim Jugendamt gesucht und erhofft hatten, dachten sie dabei sehr oft nicht an die Herausnahme ihres Kindes. So hat das Ehepaar Imhoff zwar gespürt, dass es nicht gut geht mit ihrem Kind, und sie haben Alternativen gesucht, aber nicht gedacht, dass ihnen das Kind weggenommen wird:

> „Das war ja das Schlimme daran. Man hat uns nicht die Möglichkeit gegeben, zu sagen, hört mal, ne, das und das macht ihr verkehrt. Wir zeigen euch jetzt, wie es anders gehen kann. Hat man uns ja nie gezeigt. Die Möglichkeit... hat man uns nie gegeben. Und das ist das Traurige daran." (Berghaus 2020: 197)

> „[W]eil, ich bin immer davon ausgegangen, wenn ich um Hilfe ringe, bekomme ich Hilfe. Und nicht im Gegenzug, ja ah, ... was man da alles weggenommen kriegt." (Berghaus 2020: 209)

Die drohende Herausnahme setzt dann oft gerade keine konstruktiven Kräfte frei, nun aktiv an der Verbesserung der Situation mitzuarbeiten, sondern sie erleben einen Kontrollverlust, der sie lähmt und zu einem Rückfall in alte, letztlich die Probleme verschärfende Verhaltensweisen beiträgt. Ingrid Klein hat dies als Eskalation zu einer Hochkonfliktphase analysiert und beschreibt die Erfahrungen von Frau Rosen so:

> „Ämter und Familienhilfe hätten ihr, die Pistole auf die Brust gesetzt'. Sie habe nicht mehr selbst entscheiden können, alles sei für sie entschieden worden, sie habe sich nur fügen können. Das sei ihr zu viel gewesen. Sie habe keine Kontrolle mehr über ihr Leben gehabt. Anfangs habe sie mitgearbeitet, aber dann sei es ihr zu viel geworden. Sie habe immer zu allem „Ja und Amen' sagen müssen, egal ob sie eine andere Meinung gehabt habe. Sie habe sich dann eingeschlossen, wieder konsumiert, um sich keine Gedanken machen zu müssen. (Klein 2020: 120)

So können Kinderschutzinterventionen die Bedingungen für die Eltern (weiter) verschlechtern und Eskalationsspiralen forcieren. Das bedeutet in der Konsequenz nicht, dass auf sie verzichtet werden könnte, aber in Kenntnis solche Prozessdynamiken können – wie die Untersuchungen von Ingrid Klein (2020) und Michaela Berghaus (2020) zeigen – weniger eskalierende Varianten gefunden werden.

Manchmal sehen die Eltern die eingeschränkten Entwicklungsmöglichkeiten ihres Kindes bei ihnen zu Hause und die besseren Chancen in einer Pflegefamilie und ringen sich dann zu einer schwierigen Entscheidung durch. So berichtet Frau Gerlach:

> „(atmet hörbar ein).... wo ich dann auch hörte von den Ärzten irgendwie hörte, dass sie halt da auf jeden Fall nen ruhiges Umfeld brauch zum Aufwachsen. Und das war mir eigentlich dann schon klar, dass sie das bei (.) mir und meinem Exmann nicht haben würde. [...] Das war dann überhaupt der Gesichtspunkt, wo ich dann gesagt hab, okee damit es ihr halt gut geht und ich den Kontakt zu ihr halt halten kann. [...] Mach ich das halt dann so." (Wilde 2014: 142)

Einige Eltern erleben die Krise und die Frage nach der Trennung von ihrem Kind vor dem Hintergrund ihrer eigenen Kindheitserfahrungen auf eine besondere Weise. Ich habe dies als biografische Sensibilisierung (Wolf 2015a: 150) bezeichnet. So beschreibt Lea, die ihre Tochter als sehr junge Erwachsene bekam, wie schwer ihr ihre negativen Erfahrungen als Pflegekind die Entscheidung zur Unterbringung ihrer neugeborenen Tochter gemacht hat:

> „Mit dem Thema Pflegekinder habe ich schon seit meiner eigenen Kindheit zu tun – damals waren es leider keine positiven Erfahrungen. Dies war einer der Hauptgründe, warum ich so starke Zweifel hatte, als es darum ging, meine eigene Tochter in eine Pflegefamilie zu geben. Der Vorschlag kam vom Jugendamt, als ich im fünften Monat schwanger war.... Meine erste Reaktion auf den Vorschlag des Jugendamtes war totale Ablehnung, eben weil ich selbst so negative Erfahrungen mit Pflegefamilien gesammelt habe. Andererseits konnte ich die Gründe für diesen Vorschlag schon ganz gut verstehen. Ich war damals nicht besonders stabil, nahm Drogen, trank zu viel Alkohol und hatte mit meinem Borderline-Syndrom zu kämpfen. Auch wenn ich während der Schwangerschaft eine ganze Weile ganz gut zurechtkam und mich an alle Absprachen mit meinen Betreuern hielt – diese Probleme waren schon seit Längerem meine Begleiter gewesen, weshalb ich, nach fast zwei Monaten des Nachdenkens, schließlich dem Vorschlag zustimmte." (Gaida 2018: 69 f.)

Generell stellt es für die Eltern eine große Schwierigkeit dar, wenn sie selbst als Kind keine eigenen positiven Familienerfahrungen machen konnten und nun als Eltern ein gutes Familienleben mit ihren Kindern entwickeln sollen und wollen. Ohne positive Modelle von Elternschaft und Familienleben aus eigenen Erfahrungen und vielleicht mit kaum geeigneten aus Fernsehserien müssen sie selbst für sich passende Wege suchen. Dass sie dafür Unterstützung benötigen, sie manchmal auch in ihren sozialen Unterstützungsnetzwerken nicht finden und dann auf Begleitung durch z.B. sozialpädagogische Familienhilfe angewiesen sind, ist kein Indikator für ein Versagen, sondern eher für besonders schwierig zu bewältigende Problemlagen, in denen sie – nicht zuletzt einen gesetzlichen – Anspruch auf Hilfe haben. Wenn sie dann diese Hilfe als Bedrohung der Trennung von ihrem Kind erleben, fühlen sie sich in einer Falle.

Wenn die Lebens- und Interventionsgeschichten (Ader/Schrapper 2020) über längere Zeiträume oder gar Generationen analysiert werden, zeigt sich, dass es der Kinder-, Jugend- und Familienhilfe oft nicht gut gelingt, die Schicksale von Kindern und ihrer Eltern zu entkoppeln. Das Ziel wäre nicht, Eltern und Kinder zu entkoppeln, sondern dafür zu sorgen, dass ungünstige biografische Verläufe, Bildungskarrieren und Familienerfahrungen nicht von einer Generation an die nächste weitergegeben werden und die Kinder immer wieder von den gleichen Benachteiligungen betroffen sind. Das setzt voraus, dass die Not und die Bewältigungsversuche der Eltern einerseits und die Not der Kinder andererseits gemeinsam in den Blick genommen werden. Die oft hoch kontroverse Diskussion über die Eltern von Pflegekindern – hier werden sie nur als Unterprivilegierte unter dem Druck staatlicher Kontrollbehörden wahrgenommen, dort nur als Täter, die ihre Kinder misshandeln – ermöglicht vielleicht jeweils das schöne Gefühl von Parteilichkeit und Sympathie für die Schwächeren. Der Preis für den Verzicht auf den anstrengenden Umgang mit Ambivalenz (vgl. Thiele 2009: 228 ff.) ist dann aber ein Verlust von Handlungsmöglichkeiten Sozialer Dienste.

Erlebensmuster der Pflegeeltern

Menschen, die zu Pflegeeltern werden wollen, müssen sich darauf vorbereiten. In der Wohnung muss ein geeigneter Platz für das Kind geschaffen werden: ein Bett und ein sicherer Schlafplatz, vielleicht ein Platz am Esstisch, Spielzeug und alle anderen Requisiten, die nach den Vorstellungen in unserer Gesellschaft zu einem Lebensort für ein Kind eines bestimmten Alters gehören. Vielleicht müssen auch noch Gefahrenquellen durch Baumaßnahmen beseitigt werden, und für ein Kind mit Körperbehinderung sind vielleicht auch größere Umbauten und Anschaffungen notwendig. Das lässt sich organisieren und auch durch Soziale Dienste leicht kontrollieren.

Komplexer wird es bei der inneren Vorbereitung der potenziellen Pflegeeltern. Sie müssen Antworten finden auf Fragen wie: Wie sicher sind wir uns, dass wir ein Kind bei uns aufnehmen wollen? Wie unterschiedlich sind die Antworten der verschiedenen Familienmitglieder? Wurden ggf. auch die eigenen Kinder ernsthaft beteiligt? Was ändert sich in unserem Leben – sofort und auf Dauer? Um gültige Antworten zu finden, sollten die Menschen sich auch über ihre Sehnsüchte, ihre Zweifel und Befürchtungen im Klaren werden.

Wenn sie sich selbst befragen und ihre Antworten abwägen, benötigen sie auch Vorstellungen davon, was das für Kinder sind, ob sie sich ein Kind aussuchen dürfen oder welche Rolle die Eltern spielen werden, wenn das Kind schon bei ihnen lebt. Insbesondere die Frage, ob die Eltern jederzeit kommen können und ihr Kind zurückfordern können, beschäftigt sie oft intensiv.

Sie benötigen dafür möglichst realistische Informationen. Viele werden im Internet recherchieren und dort erste Informationen finden. Vielleicht hören sie auch von Pflegeeltern, die schon länger dabei sind. Oder sie haben in Filmen oder der belletristischen Literatur Geschichten gehört und fragen sich, ob die typisch sind oder auch heute noch so gelten. Irgendwann werden sie auch Kontakt zum Jugendamt aufnehmen und dort Informationen und Kurse suchen und finden. Die weiteren Verfahren werden wir im nächsten Abschnitt bei den Aufgaben Sozialer Dienste genauer kennenlernen.

Manche werden vielleicht auch zögern und sich fragen, ob sie überhaupt als Pflegeeltern in Frage kommen oder mit gruppenbezogener Ablehnung rechnen müssen. Bei der Darstellung der Vielfalt von Pflegeverhältnissen hatten wir Konstellationen kennengelernt, die manchenorts kritisch betrachtet werden: zum Beispiel gleichgeschlechtliche Paare, (zu) junge oder alte, Einelternfamilien oder Pflegeeltern mit Migrationsgeschichte. Diese sind vielleicht besonders vorsichtig und sensibel, wenn sie Kontakt zum Jugendamt aufnehmen und fragen sich, ob ihre Eignung dort grundsätzlich in Frage gestellt wird.

In der Verwandtenpflege stellen sich die Fragen konkret in Bezug auf ein bestimmtes Kind: Können wir unsere Enkeltochter und den Enkelsohn, die Nichte oder den Neffen aufnehmen? Welche Voraussetzungen müssen wir dafür schaffen? Wollen wir das Jugendamt einschalten, und welche Vor- und Nachteile hat das möglicherweise?

In der Zeit, bevor dieses Kind in die Pflegefamilie kommt, findet – jenseits der Verwandten- und Netzwerkpflege – noch keine Kommunikation mit dem Kind und seinen Eltern statt, aber durchaus komplexe Klärungs- und Vorbereitungsprozesse, bei denen die Familiengründung oder die Transformation einer Familie in eine Pflegefamilie schon beginnt und sich die Erwachsenen bereits mit ihrer zukünftigen Rolle auseinandersetzen. Wenn sie schon vorher Pflegekinder aufgenommen hatten, haben diese Transformationen schon stattgefunden, und die Fragen stellen sich etwas anders. Wegen der Individualität der Kinder und ihrer Familie müssen aber auch dann spezifische Antworten gefunden werden.

Aufgaben und Handlungsoptionen Sozialer Dienste

Die verschiedenen Menschen mit unterschiedlichen Erfahrungen und Perspektiven sollten bei der Bewältigung der Probleme durch leistungsfähige Soziale Dienste begleitet werden. Deswegen werden wir in jeder Station deren Handlungsoptionen systematisch betrachten. Das vorher ausgebreitete Wissen bietet dafür die Grundlage.

Bevor ein Kind zum Pflegekind wird, hat seine Familie fast immer sozialpädagogische Interventionen – rechtlich formuliert: Hilfen – bekommen, die oft mit dem Ziel formuliert wurden, die Platzierung außerhalb seiner Familie zu verhindern.

Im biografischen Erleben sind sie Teil der Familiengeschichte, aus der Perspektive der Fachkräfte bilden sie eine Interventionsgeschichte („Da gibt es schon eine dicke Akte").

Auch auf den großen internationalen Fachtagungen und in der Forschung gibt es seit einigen Jahrzehnten einen Konsens darüber, dass Familien-, Kinder- und Jugendhilfesysteme Angebote für die **ambulante Unterstützung von Familien** entwickeln sollen. Systeme, die nur die Alternative haben, nichts zu tun oder die Kinder aus ihren Familien herauszunehmen, gelten als unterentwickelt. Auch in Deutschland sind spätestens mit der Einführung der KJHG (heute: SGB VIII) Rechtsansprüche auf ambulante Unterstützung entstanden, bei denen die Sozialpädagogische Familienhilfe die zentrale Rolle spielt (eine ausführliche Einführung: Wolf 2015a). Ähnliche Entwicklungen gibt es auch in Österreich und der Schweiz („Sozialpädagogische Familienbegleitung").

Wenn es trotz der aufsuchenden Familienarbeit – hier als Oberbegriff für alle Formen ambulanter Unterstützung von Familien und familienbezogener Interventionen – zu einer Platzierung in der Pflegefamilie kommt, kann dies unterschiedlich interpretiert werden. Einige fragen: War die aufsuchende Familienarbeit erfolglos? Wurde sie nicht nach den Regeln der Kunst durchgeführt, sondern vielleicht zu halbherzig, mit unzureichenden Ressourcen oder falschen Programmen? Andere sagen: Die Erfolglosigkeit zeigt, dass bei dieser Familie ambulante Unterstützungen nicht geeignet sind. Deswegen ist es nicht vernünftig und notwendig, später noch einmal mit ambulanten Maßnahmen zu kommen und sie z.B. für die Rückführung der Kinder vorzusehen.

Arbeitsaufgabe 15:

Wollen Sie sich eine der Positionen zuordnen?

a) Welche Argumente, vielleicht sogar empirisch begründete Forschungsergebnisse, sprechen für die eine und welche für die andere Position?

b) Sehen Sie Leitlinien, die aus der Zusammenschau der Argumente gewonnen werden können?

Zweifel, ob die Intensität der Familienhilfe immer ausreichend ist oder ob durch z.B. die Deckelung der Zahl der Fachleistungsstunden pro Familie, wie sie in vielen Kommunen praktiziert wird, die Möglichkeiten der Familienhilfe so eingeschränkt sind, dass sie ihr Potenzial nicht ausschöpfen kann, sind berechtigt (Wolf 2015a: 227). Das Bundesverfassungsgericht hat in mehreren Beschlüssen gerügt, dass die Möglichkeiten der Unterstützung der Eltern nicht ausreichend waren.

> So stellt die 1. Kammer des Bundesverfassungsgerichts in der Begründung seiner Entscheidung, in der es Verstöße gegen das Elternrecht durch die Vorinstanzen rügt und die Beschlüsse aufhebt, fest:

> „Insbesondere muss der Staat wegen des Erforderlichkeitsgebots zur Vermeidung der Trennung der Kinder von ihren Eltern nach Möglichkeit versuchen, durch helfende, unterstützende, auf Herstellung oder Wieder-

herstellung eines verantwortungsgerechten Verhaltens der leiblichen Eltern gerichtete Maßnahmen sein Ziel zu erreichen." (Kammerbeschlusses vom 22.5.2014, AZ 1BvR 2882/13, RdNr. 33).

Die Beschlüsse des Bundesverfassungsgerichtes werden veröffentlicht, können online gelesen und nach Stichworten ausgewählt werden. Dort sind dann die Tatbestände und rechtlichen Bewertungen sehr gut nachvollziehbar dargestellt: www.bundesverfassungsgericht.de/entscheidungen/

Andererseits ist es nicht überzeugend, eine Intervention ohne weitere Begründung zu wiederholen, die sich bisher für diese Familie nicht als hilfreich erwiesen hat. Wenn sich die Familienverhältnisse oder die Motivation der Eltern aber geändert haben, kann aus einem früheren Misserfolg eine negative Prognose nicht einfach abgeleitet werden.

Schließlich zeigt eine Untersuchung von Ulrich Bürger (1998), dass eine folgende stationäre Unterbringung nicht bedeuten muss, dass die ambulante Hilfe gescheitert ist. Viele Eltern und insbesondere die jüngeren Kinder bewerteten auch die ambulanten Hilfen, auf die eine stationäre Unterbringung folgt, positiv, da sie ihnen einen z.B. besser vorbereiteten Übergang ermöglicht hat.

Generell ist der Zusammenhang zwischen guter ambulanter Unterstützung und der Herausnahme und Unterbringung in einer Pflegefamilie sehr bedeutsam: Ohne Prüfung, ob eine leistungsfähige aufsuchende Familienarbeit geeignet und ausreichend ist, um die Lebens- und Entwicklungsbedingungen so zu verbessern, dass eine Trennung von Eltern und ihren Kindern vermieden werden kann, ist eine Platzierung außerhalb weder rechtlich – das wurde bei der SGB VIII-Reform noch einmal deutlich hervorgehoben – noch nach sozialpädagogischen Kriterien zu rechtfertigen. Denn eine Fremdunterbringung stellt eine gravierende, in ihren Folgen z.T. nicht mehr reversible Veränderung der Verhältnisse dar. Deswegen müssen Alternativen geprüft werden. Dabei meint Prüfung allerdings nicht, in einer Versuchs- und Irrtums-Strategie immer erst mal auszuprobieren, sondern in der Hilfeplanung systematisch zu durchdenken.

Pflegeeltern haben – wie Fachkräfte in der Heimerziehung – manchmal ein zu negatives Bild von den ambulanten Hilfen. Das hängt auch damit zusammen, dass sie nur die Kinder kennenlernen, bei denen schließlich doch eine Unterbringung notwendig wurde. Die Fälle erfolgreicher Restabilisierung der Familien lernen sie nicht kennen.

Zum Repertoire der wichtigen Aufgaben Sozialer Dienste gehört auch die **Einschätzung einer Kindeswohlgefährdung**. In Deutschland hat der Gesetzgeber in den letzten 15 Jahren Gesetze geändert, um den Kinderschutz und die Pflichten der Sozialen Dienste darin zu forcieren. Viele Jugendämter haben dafür Instrumente entwickelt, und Weiterbildungen mit dem Abschluss einer „Fachkraft für den Kinderschutz" wurden geschaffen. Da bei fast 1/3 der Pflegekinder Familiengerichte in die Rechte der Eltern eingreifen und eine Voraussetzung für diese Beschränkungen die Gefährdung des Kindeswohls ist, spielt dies für die Pflegekinderhilfe eine Rolle. Die Unterbringung in einer Pflegefamilie kann dann als eine

Maßnahme des Schutzes eines Kindes vor einer Gefährdung verstanden werden. Bei der Inobhutnahme, dem – oft langen – Verweilen in der Bereitschaftspflege, während die zeitaufwendigen Begutachtungen und Entscheidungsprozesse vor und mit Familiengerichten ablaufen, ist das sehr oft der Hintergrund.

Wenn die Entscheidung über die Herausnahme getroffen wurde, müssen die Jugendämter Weichenstellungen vornehmen, ob die Suche nach einem für dieses Kind geeigneten Ort in Richtung Heimerziehung oder Pflegefamilie geht. Dabei spielt auch das Wunsch- und Wahlrecht der Personensorgeberechtigten – also bei über 2/3 der Eltern – eine Rolle. Auch wenn die Rechte der Eltern eingeschränkt sind – also bei dem verbleibenden 1/3 –, ist es sinnvoll, diese mit einzubeziehen. Die Weichenstellungen können sich nicht nur grob auf zwei konkurrierende Systeme – **Heim oder Pflegefamilie** – beziehen, sondern enthalten Annahmen darüber, welche Form der Heimerziehung geeignet wäre und zur Verfügung steht und welche Pflegefamilie. In den meisten europäischen Ländern geht die Suchbewegung der Sozialen Dienste von den Bedürfnissen der Kinder aus und nicht zunächst von den Wünschen der Pflegefamilie, die gerne ein Kind mit ganz bestimmten Merkmalen hätten. Die Jugendämter suchen Pflegefamilien für Kinder und nicht – als besonderer Service – Kinder für Pflegefamilien. Bei Auslandsadoptionen, die in einigen Ländern verbreitet sind, erfolgt das mit bedenklichen Folgen oft andersherum.

Bevor man ein Kind in einer Pflegefamilie unterbringen kann, muss man erst einmal eine Pflegefamilie haben. Damit ist das zweite große Arbeitsfeld von Sozialen Diensten im Vorfeld der Unterbringung angesprochen: die Entwicklung eines Systems der Pflegekinderhilfe.

Die bisher beschriebenen Aufgaben sind zwar auch für die Kinder, die zu Pflegekindern werden sollen, und ihre Familien relevant, aber sie sind noch nicht sehr spezifisch speziell nur für Pflegekinder und Pflegefamilien. Diese werden sehr oft durch spezielle Pflegekinderdienste wahrgenommen, die eigene Abteilungen im Jugendamt oder spezialisierte Organisationen von freien Trägern bilden und in der ersten Phase insbesondere folgende Aufgaben wahrnehmen: Öffentlichkeitsarbeit und Werbung, Information und Vorbereitung der Bewerber*innen und die allgemeine Eignungsprognose.

Monika Krumbholz (2011) hat das Konzept und die Erfahrungen des freien Trägers „PIB – Pflegekinder in Bremen" in der **Werbung von Pflegeeltern und der Öffentlichkeitsarbeit** ausführlich dargestellt. Sie beschreibt die Pressearbeit mit Pressemitteilungen, Einladungen an die Presse, Pressekonferenzen zu wichtigen Themen und Hintergrundgesprächen. Druck-Erzeugnisse z.B. mit wichtigen Informationen zu unterschiedlichen Formen von Pflegeverhältnissen, ansprechende Info-Mappen und Jahresberichte, die nicht nur die Auftraggeber über die Aktivitäten und Themen informieren werden vorgestellt. Beispiele für Anzeigen in unterschiedlichen digitalen und analogen Medien („Risikofreudig? Konfliktfähig? Zielorientiert? Dann haben wir die richtige Aufgabe für Sie") zeigen, wie das Thema in der Gesellschaft und bei speziellen Zielgruppen angesprochen werden kann. Zu Informationsveranstaltungen und Fachtagungen, zu Empfängen für Entscheidungsträger, Kinderfesten oder Tagen der offenen Tür wird eingeladen. Ein Besuch auf der Webseite zeigt weitere Möglichkeiten: www.pib-bremen.de.

Arbeitsaufgabe 16:

Recherchieren Sie bitte in Ihrer Region, wo Pflegeelternbewerber*innen Informationen finden.

a) Wie einladend wirken diese Präsentationen auf Sie?

b) Können Sie eine Überschrift für die Botschaft formulieren, die diese Präsentationen bei Ihnen auslösen?

c) Haben Sie andere Ideen? Dann notieren Sie die bitte.

Auch Jugendämter und andere Träger haben interessante Ideen für die Werbung entwickelt und betreiben Öffentlichkeitsarbeit, z.B. in Filmen (https://loewenzahn-erziehungshilfe.de/loewenzahn-tv/). Trotzdem wird dieses Feld oft nicht besonders intensiv bearbeitet (vgl. v. Santen/Pluto/Peucker 2019: 116 ff.). Das ist bedauerlich. Aber es gibt auch einige Beobachtungen, die zeigen, dass intensive Werbung alleine wenig nutzt, wenn die Qualität der Betreuung von Pflegefamilien und Pflegekindern nicht ausreichend ist. Die unterschiedliche Dienstleistungsqualität der Jugendämter erklärt mittel- und langfristig eher die Varianz, die erheblich ist. So zeigt der Vergleich von Kommunen in Baden-Württemberg, dass der Anteil der in Pflegefamilien platzierten Kinder von über 60 % aller über Tag und Nacht untergebrachten Kinder bis unter 25 % streut. Die Streuung ist auch bei vergleichbaren Landkreisen – bei denen die Quote durchschnittlich über denen der Großstädte liegt – hoch. Diese Unterschiede lassen sich nicht (primär) mit erfolgreichen Werbekonzepten erklären, sondern nur mit einer nachhaltigen Unterstützung durch leistungsfähige Pflegekinderdienste. Auch Untersuchungen aus England zeigen, dass es einen starken Zusammenhang zwischen der Pflegeelternzufriedenheit und der Zahl der Pflegeeltern gibt. Dort, wo die Pflegeeltern mit ihrem Leben in der Pflegefamilie und der Unterstützung durch Soziale Dienste sehr zufrieden sind, interessieren sich mehr Menschen für neue Aufgaben als Pflegeeltern, und die bestehenden Pflegefamilien nehmen eher ein weiteres Kind auf. Das zeigt auch die Bedeutung der Mund-zu-Mund-Propaganda: Dort, wo sie sich durch Soziale Dienste schlecht behandelt fühlen, finden sich weniger Pflegefamilien.

Die Qualität der Dienstleistungen durch Soziale Dienste und als fair empfundene finanzielle Regelungen sind besonders wichtig. Die Frage ob die Vielfalt an Pflegeverhältnissen der Vielfalt an familialen Lebensformen in der gesamten Gesellschaft folgen kann, hatten wir bereits als wichtigen Faktor für eine erfolgreiche Suche nach Pflegefamilien kennengelernt. Schließlich sind auch die Besonderheiten der Verwandten- und Netzwerkpflege zu bedenken, bei der sich Menschen zur Aufnahme eines ihnen bekannten Kindes entscheiden, die sich ansonsten nicht mit dem Thema Pflegekinder befasst hätten. Die Öffentlichkeitsarbeit und Werbung kann also dann erwünschte Wirkungen entfalten, wenn sie in ein gut entwickeltes Gesamtkonzept eingebettet ist. Werbung als Propaganda kann jedenfalls keine nachhaltig positiven Effekte erzeugen.

Wenn das Interesse geweckt ist, geht es um die **Information und eine Vorbereitung** der Interessierten. Sie fragen vielleicht ihnen bekannte Pflegeeltern, recherchieren im Internet oder sehen ein Plakat und wenden sich dann an eine Stelle, um genauere Informationen zu erhalten. Was ist die erste Botschaft, die ihnen dort entgegenkommt? Wenn Sie die Arbeitsaufgabe 16 beantwortet haben, kennen sie bereits eine Antwort. Das Spektrum ist auch hier groß. Der einladende Pol enthält vielleicht eine Begrüßung wie: „Toll, dass Sie sich für die Möglichkeiten von Pflegefamilien interessieren. Hier finden Sie erste Informationen – vielleicht sogar in unterschiedlichen Sprachen. Rufen Sie uns gerne an. Gerne laden wir Sie auch zu unserem nächsten Treffen ein, an dem wir Sie und anderer Interessierte in einer lockeren Runde informieren möchten, Sie Ihre Fragen stellen können und wir uns schon einmal kennenlernen. Kommen Sie gerne auch, wenn Sie noch sehr unsicher sind. So wichtige Entscheidungen sollten ja gut überlegt sein. Das nächste Treffen ist schon bald." Der eher obrigkeitsstaatliche Pol lautet vielleicht: „Moment mal, da kann nicht jeder und jede ein Pflegekind bekommen. Da prüfen wir erst einmal. Bitte füllen Sie den mehrseitigen Fragebogen sorgfältig und wahrheitsgetreu aus. Auch ein polizeiliches Führungszeugnis können Sie schon einmal beantragen. Wir melden uns dann bei Ihnen, von zwischenzeitlichen Nachfragen bitten wir abzusehen." Dieses zweite Beispiel ist hoffentlich eine Karikatur. Überprüfungen sind – wie wir noch genauer betrachten werden – notwendig, aber sie sollten nicht im Mittelpunkt eines Umgangs stehen, der erst einmal Misstrauen ausdrückt.

Die Materialien und die Treffen können den Interessierten die Informationen zur Verfügung stellen, die sie für ihre Entscheidungen benötigen. Dazu zählen Informationen über die rechtlichen Rahmungen des Pflegeverhältnisses und die Verfahren, von der Anerkennung als Pflegeeltern bis hin zur Beendigung. Auch die verbindlich geregelten Erwartungen an die Pflegeeltern werden vermittelt, z.B. über Informationspflichten (vgl. § 44 Abs. 4 SGB VIII). Gelingt dies, sind die zukünftigen Pflegeeltern über die wichtigen Bedingungen eines Pflegeverhältnisses informiert und können für sich prüfen, ob sie unter diesen Bedingungen bereit sind, ein Pflegeverhältnis einzugehen. Oft werden ihnen weitere Informationen zur Entwicklung und Psychologie der Kinder vermittelt. Hierbei spielt die Bindungstheorie – oft in rudimentären und manchmal einseitigen Fassungen – eine wichtige Rolle.

In der Begleitung eines mehrteiligen Vorbereitungskurses, an der ich als neugieriger Beobachter ohne besondere Aufgabe teilnehmen durfte, habe ich beobachtet, dass die Teilnehmer*innen von den Ausführungen zur Bindungstheorie sehr angetan waren, wenn die Bindung zu ihnen als besonders wichtig hervorgehoben und Bindungsunsicherheiten im bisherigen Lebensfeld der Kinder betont wurden. Als in einer zweiten Einheit die Netzwerkbeziehungen des Pflegekindes behandelt wurden und dabei ein ganzes Geflecht an relevanten Beziehungen – auch zur Herkunftsfamilie und zu Geschwistern – deutlich wurde, war die Stimmung nicht mehr so gut.

Dies Beispiel erinnert darin, dass Informationen und Deutungsmuster angeboten werden können, aber entsprechend der Relevanzsysteme und Wünsche der Adressat*innen selektiv aufgenommen werden. Deswegen trifft die Formulierung „die Bewerber*innen werden vorbereitet" den Sachverhalt nicht ganz. Genauer ist: Sie bereiten sich vor. Die Vorbereitung ist ihre Aneignungsleistung. Zu der Teilnahme am Vorbereitungskurs können sie verpflichtet werden und bekommen darin Material – Informationen, Gefühls- und Denkmuster – angeboten. Was und wie sie es aufnehmen, ist aber ihre Eigenleistung.

Wollte man den Erfolg eines **Vorbereitungskurses** überprüfen, könnte man zum einen abfragen, welche Informationen die Teilnehmer*innen behalten haben. Damit hätte man den Kern aber nicht erfasst. Der besteht darin, dass sie ihre Vorstellungen und Wünsche mit den Realitäten abgleichen, die sie dort hören – oft besonders wirksam durch erfahrene Pflegeeltern vermittelt. Dann können sie prüfen, ob sie sich auf das Wagnis Pflegefamilie – das bekanntlich kompliziert werden kann – einlassen können und wollen. Entscheiden sie sich dann dagegen, kann das trotzdem ein erfolgreicher Vorbereitungskurs gewesen sein. Eine Enttäuschung (im wörtlichen Sinne) zu diesem Zeitpunkt hat weniger Nachteile als ein Abbruch des Pflegeverhältnisses, weil sich diese Erwartungen später als völlig unvereinbar erweisen.

Die Kurse, die den Teilnehmer*innen ihre Vorbereitung ermöglichen, werden in sehr unterschiedlichen Formaten angeboten. Dabei variiert auch der Umfang stark: Von wenigen kurzen Informationsabenden bis zu mehrteiligen Kursen, die z.B. auch ein gemeinsames Wochenende mit Übernachtung aller Familienmitglieder und ausführlicher Beratung bei Hausbesuchen einschließt. Da in Deutschland schon die Vorbereitung von Tagesmüttern ein Curriculum von 160 Stunden umfasst und die Aufnahme eines Pflegekindes das Leben noch viel tiefer verändern kann, sind die intensiveren Formate besser geeignet. Es gibt dazu leider noch keine systematische Forschung, aber bei einer guten Vorbereitung sind sowohl eine höhere Pflegeelternzufriedenheit als auch eine größere Stabilität des Pflegeverhältnisses zu erwarten, da die Menschen dann nachdenklich die grundsätzliche Passung ihrer persönlichen Pläne mit den Rahmenbedingungen prüfen können. Ganz gut erforscht ist, wie wichtig die Einbeziehung aller Familienmitglieder – insbesondere auch der eigenen Kinder (Marmann 2005; Lehmann 2017) – ist.

Die Auswahl und allgemeine Eignungsprognose gehören zu den wichtigen und auch zeitaufwendigeren Aufgaben des Pflegekinderdienstes.

> Das Niedersächsische Ministerium für Soziales, Frauen, Familie und Gesundheit erklärt das in seinen insgesamt bemerkenswert differenzierten Empfehlungen so:
> „Gute Eignungsfeststellungen sind ein wesentliches Qualitätsmerkmal eines Pflegekinderdienstes. Ihr Zweck ist nicht nur, Fehlentscheidungen und letztlich Pflegestellen-Abbrüche (die für Kinder und Pflegeeltern eine hohe Belastung und für Jugendämter immer auch kraft- und geldzehrend sind) zu vermeiden, sondern auch, Bewerberinnen/Bewerbern Enttäuschungen zu ersparen. Eignungsfeststellungen sollen dabei nicht (nur, Ergänzung KW)

die Frage einer grundsätzlichen ‚Eignung' beantworten, sondern auch Erkenntnisse über die Geeignetheit von Bewerberinnen/Bewerbern für Kinder mit unterschiedlichen Bedürfnissen und Vorerfahrungen erbringen. Sie sind damit auch Grundbedingung für das sich anschließende ‚Matching'-Verfahren, in dem es darum geht, die ‚richtige Familie' für ein bestimmtes Kind zu finden. Darüber hinaus dienen sie dazu, ein Vertrauensverhältnis zu den künftigen Pflegeeltern aufzubauen (was eine faire, nicht diskriminierende, den Bewerberinnen/Bewerbern gegenüber gut begründete Durchführung voraussetzt). Schließlich können auch nur gute und gut dokumentierte Eignungsfeststellungen nachvollziehbare Materialien für die Ablehnung ungeeigneter Bewerberinnen/Bewerber liefern. (...) Eine qualifizierte Eignungsfeststellung setzt qualifiziertes Fachpersonal und Zeit voraus. Unabdingbar ist es, den notwendigen Zeitaufwand (der mit bis zu 20 Stunden zu kalkulieren ist) in den Personalberechnungs-Schlüssel so einzurechnen, dass er nicht auf Kosten anderer Aufgaben geht.« (Niedersächsisches Ministerium für Soziales, Frauen, Familie und Gesundheit 2008, S. 9–10 zitiert in: Helming/Eschelbach/Spangler/Bovenschen 2011: 412)

Die Eignungsfeststellung ist ein vielschichtiger Prozess. Seine Grundlage sind zum einen Wissensbestände zu „Schlüsselelementen erfolgreicher Pflegeelternschaft" (auch zum Folgenden: Helming/Eschelbach/Spangler/Bovenschen 2011: 400 ff.). Diese beziehen sich auf positive Merkmale von Pflegeeltern, die in einigen empirischen Studien herausgearbeitet wurden. Genannt werden Fürsorglichkeit, Responsivität (einschließlich der Fähigkeit, mit schwierigem Verhalten konstruktiv umgehen zu können), Struktur und Berechenbarkeit. Genannt werden auch flexible Problemlösung, Humor und Commitment. Diese Aufzählung fokussiert auf Fähigkeiten („Skills"), andere Merkmale, die den Erfolg von Pflegeverhältnissen beeinflussen – wie z.B. die Vielfalt an unterstützenden sozialen Kontakten –, bleiben unberücksichtigt. Außerdem liegt eine Schwierigkeit solcher Listen erwünschter oder notwendiger Fähigkeiten darin, wie sie in ihrem graduellen Ausmaß bestimmt, vielleicht gemessen werden könnten (Humorskala?).

In der Schweiz fasst die Pflegekinderverordnung im § 5 Abs. 1 ein breiteres Spektrum ins Auge:

> „Die Bewilligung darf nur erteilt werden, wenn die Pflegeeltern und ihre Hausgenossen nach Persönlichkeit, Gesundheit und erzieherischer Eignung sowie nach den Wohnverhältnissen für gute Pflege, Erziehung und Ausbildung des Kindes Gewähr bieten und das Wohl anderer in der Pflegefamilie lebender Kinder nicht gefährdet ist."

Hier werden auch größere Haushalte mitgedacht und insbesondere das Wohl der anderen Kinder beachtet. Neben den – zweifellos wichtigen – Fähigkeiten der potenziellen Pflegeeltern erscheint hier auch das Lebensfeld Familie als sozialisationsrelevanter Kontext, der mehr oder weniger geeignet sein kann.

Einige Jugendämter und Landesjugendämter haben Arbeitshilfen für die Einschätzung entwickelt, aber ihre Hoffnungen beruhen dabei nicht auf Messverfahren, die einzelne Fähigkeiten testen sollen. Eher werden Daten zur Lebenssituation der Familienmitglieder und der Familie insgesamt (z.B. zum Alter, Familienstand, Religion, Wohnsituation, Familiengeschichte, gesundheitlichen Situation und zur beruflichen und wirtschaftlichen Situation) gesammelt und dokumentiert. Außerdem werden Gespräche über die Gründe für die geplante Aufnahme, Wünsche und Erwartungen an das Kind, Befürchtungen bei Besonderheiten des Pflegekindes, Fragen zur Herkunft und möglichen Pflegeformen dokumentiert. Schließlich wird auch die Kooperationsbereitschaft mit Sozialen Diensten, aber auch – was in den letzten Jahren deutlicher gesehen und stärker betont wird – mit den Eltern und anderen Verwandten diskutiert.

Einfacher als die Analyse der besonderen Fähigkeiten der Pflegeeltern ist die Festlegung von harten Ausschlusskriterien. Hart meint, dass beim Vorliegen dieses einen Merkmals eine Vermittlung generell oder zum aktuellen Zeitpunkt (z.B. bei schweren Erkrankungen) ausgeschlossen und keine weitere Prüfung notwendig ist. Wenn z.B. das erweiterte polizeiliche Führungszeugnis rechtskräftige Verurteilungen über die Misshandlung Schutzbefohlener oder deren sexuellem Missbrauch – der Begriff wird im Strafgesetzbuch verwendet und wurde noch nicht durch „sexualisierte Gewalt" ersetzt – oder Menschenhandel – die Praxis orientiert sich an der Aufzählung in § 72 a SGB VIII – aufweist, ist eine Vermittlung ausgeschlossen. Die Absicht ist nicht, Straftäter*innen ein zweites Mal zu bestrafen, sondern gravierende Risiken für die Pflegekinder auszuschließen. Auch ein aktueller Drogenkonsum führt, wenn er bekannt ist, zum Ausschluss. Nach einem Todesfall in Hamburg mit Pflegeeltern im Methadonprogramm wurde dort ein Drogenscreening für alle Erwachsenen festgelegt, die im Haushalt mit dem Pflegekind leben. Ob dies den Schutz der Pflegekinder nachhaltig verbessert hat, erscheint allerdings fraglich. Einige Jugendämter erwarten ein ärztliches Zeugnis, das über starke gesundheitliche Einschränkungen und psychische Erkrankungen informiert. Auch bei einer prekären finanziellen Lage – z.B. mit dem Risiko der Obdachlosigkeit – wird auf eine Vermittlung verzichtet. Auch wenn die Kooperation mit Sozialen Diensten grundsätzlich verweigert wird oder sehr negative Einstellungen zu den Eltern von Pflegekindern zum Ausdruck gebracht werden, fehlen grundlegende Voraussetzungen für ein gelingendes Pflegeverhältnis. Die Zugehörigkeit zu als radikal eingestuften religiösen Gruppen führt auch zu einem Ausschluss. Manche Jugendämter orientieren sich bei ihrer Unterscheidung von Kirchen- und Sektenmitgliedschaften an der Zugehörigkeit zur Arbeitsgemeinschaft christlicher Kirchen. Ich empfehle, insbesondere darauf zu achten, ob die religiöse Gruppe den Zugang des Pflegekindes zu anderen Menschen außerhalb der eigenen Gemeinde grundsätzlich stark einschränken will. Die Isolierung ist – auch jenseits der Religionsfrage – ein sehr problematisches Merkmal.

Auch wenn die Formen und Inhalte von Eignungsfeststellungen erheblich variieren – wie im „Neuen Manifest zur Pflegekinderhilfe" (IGfH/Kompetenz-Zentrum 2010: 25) richtig konstatiert wird –, gibt es über die harten Ausschlusskriterien weitgehend Einigkeit. Anders ist dies bei weichen Ausschlusskriterien. Diese führen nicht zwangsläufig zum Ausschluss, erfordern aber eine intensivere Prüfung.

Bei der Vorstellung der Wohngemeinschaft als Pflegefamilienform hatten wir eine Fallvignette als Profil einer sich bewerbenden Pflegefamilie kennengelernt, mit deren Hilfe die Kriterien für die weitere Prüfung in Arbeitsgruppen diskutiert werden können. Weitere solcher Profile wurden entwickelt. Sie beziehen sich auch auf ältere alleinstehende Bewerber*innen, eine mit einer erfolgreich therapierten Depression, eine Familie, in denen der Mann sehr stark in der Arbeit eingebunden ist.

Die Fragen

- Für wen geht das (vielleicht)? und
- Worauf müssen diese Bewerber*innen besonders vorbereitet werden?

erwiesen sich als besonders anregend.

Die Diskussion weicher Ausschlusskriterien zeigt manchmal, dass eine Pflegefamilie für ein Kind mit bestimmten Merkmalen nicht geeignet ist, aber für andere Kinder durchaus. So wird wohl kein Dienst einen Säugling in die vorher skizzierte Wohngemeinschaft geben, aber für ein älteres Kind, dass sich aufgrund seiner Lebenserfahrungen (andere würden sagen: Bindungsstörungen) nicht auf dichte emotionale Beziehungen einlassen kann, ist sie vielleicht ideal. Oder die Diskussion zeigt, dass für diese Bewerber*innen eine besondere Vorbereitung und später eine gute Begleitung besonders wichtig sind, um das heikle Thema jeweils im Auge zu behalten. Die Eignung wird dann nicht als zweipoliger Code – geeignet/ungeeignet – verstanden, sondern differenzierter und graduell eingeschätzt: Die Familie ist geeignet für.../für .... nicht geeignet, aber für .... durchaus. Oder die Eignung wird an Bedingungen – z.B. einer intensiven Begleitung –geknüpft. Harte Ausschlusskriterien bleiben auch dann selbstverständlich möglich und wichtig: z.B. bei sexualisierter Gewalt nie.

Andrea Dittmann hat hierfür Methoden zur Erstellung einer Eignungsprognose im Dialog entwickelt. Das ist ein Repertoire unterschiedlicher Methoden, die gemeinsam mit den Bewerberinnen angewendet, diskutiert und beurteilt werden. Das implizite Programm ist nicht „ich prüfe dich jetzt", sondern eher „wir erarbeiten uns zusammen eine Entscheidungsgrundlage". Die Methoden sind: Erstellung eines Genogramms und einer Netzwerk-Karte, die Lebensgeschichte mit Lebenslinien und Wendepunkten, Familienbrett, Paarinterview und weitere.

Damit ist eine wichtige Koproduktionsebene benannt: die zwischen den Bewerber*innen und der Fachkraft. Eine weitere bezieht sich auf die Beurteilung im Team. Es liegen keine Verfahren und Messinstrumente vor, die personenunabhängige Ergebnisse versprechen. Sondern es geht um hochkomplexe Einschätzungen und die Kombination sehr verschiedener Kriterien. Zusätzlich können diese Kriterien auch private Überzeugungen der Fachkräfte – z.B. in ihrer Haltung zu religiösen Fragen, zur Wichtigkeit von Ordnung oder Unordnung im Kinderleben – berühren, die durch ihre eigenen Lebenserfahrungen strukturiert sind. Das ist nicht nur unvermeidbar („Bauchgefühl"), sondern – wenn es reflektiert und relativiert wird – auch eine Erkenntnisquelle. Die Relativierung und Reflexion können in einem guten Team erfolgen, in dem die für den Fall zuständige Fachkraft die Fakten, aber auch ihre persönlichen Resonanzen zur Diskussion stellt. Auch wichtige Gespräche im Tandem zweier möglichst unterschiedlicher Fachkräfte zu führen, kann ein sinnvoller Standard sein. Diese Verfahren, Intersubjektivität durch Selbstreflexion im Team herzustellen (im § 36 SGBVIII heißt es technisch „im Zusammenwirken mehrerer Fachkräfte"), ist in Teilen der Sozialen Arbeit erfolgreich erprobt. Bei der Eignungsprognose ist dies besonders wichtig.

Vor diesem Hintergrund wird vielleicht auch verständlich, warum der Begriff Eignungsprognose – wie er inzwischen auch von einigen Jugendämtern verwendet wird – eher passt als der der Eignungsfeststellung. Die Eignung ist kein statisches Konstrukt und nicht ausschließlich ein intrapersonales Merkmal, sondern sie kann sich verändern und hängt von verschiedenen weiteren Merkmalen ab, die manchmal als Rahmenbedingungen bezeichnet werden, deren Veränderung die Eignungsbeurteilung aber deutlich verändern würde. Feststellung suggeriert auch eher ein methodisch sehr stark vorstrukturiertes Verfahren, dessen Ideal vielleicht ein differenzierter Fragebogen ist, der am Ende in der Addition der Einzelergebnisse das Ergebnis ausspuckt. Der Prognosebegriff betont die relative Offenheit eines Prozesses und bindet auch die zukünftigen Handlungsoptionen Sozialer Dienste ein, die die Erfüllung der Prognose mit beeinflussen.

Arbeitsaufgabe 17:

Wir haben – wieder einmal – ein wenig standardisiertes Feld in der Pflegekinderhilfe entdeckt. Diskutieren Sie am Beispiel der Eignungsprognose bitte:

a) Was sollte und könnte Ihrer Meinung nach standardisiert werden?

b) Welche Vorteile hätte dies?

c) Welche Spielräume sind auch beim Vorliegen verbindlicher Standards wichtig?

d) Wenn Sie sich speziell für die Schweiz interessieren: Besorgen Sie sich die „Bewilligungskriterien für Pflegeelterkandidat/innen" des Kantonalen Sozialamts Graubünden. Welche Nebenwirkungen erwarten Sie, wenn Pflegeelternkandidat/innen so eingeschätzt werden? Welches Bild von ihnen liegt einer solchen Regelung zugrunde?

In diesem Kapitel ging es um die allgemeine Eignungsprognose, im nächsten greifen wir den Gedanken wieder auf, wenn die Entscheidung getroffen wird: Was ist die richtige Pflegefamilie für dieses einzigartige Kind?

7. Kapitel: Station 2 – Das Kind wird zum Pflegekind: der Übergang

> **Zusammenfassung:**
>
> In diesem Kapitel geht es um die Übergänge: für das Pflegekind das Verlassen der Herkunftsfamilie – oder in anderen, selteneren Konstellationen z.B. einer anderen Pflegefamilie oder des Heimes – seinen Auszug und Abschied dort, für die Eltern die Trennung von ihrem Kind, der leer werdende Platz in der Wohnung und die neue Elternrolle und für die Pflegeeltern die Aufnahme des Kindes, vielleicht Familiengründung.

Das Thema Übergänge spielt in der sozialpädagogischen Forschung seit einigen Jahren eine wichtige Rolle – wie z.B. das Handbuch Übergänge (Schröer/Walther/Lenz/u.a. 2013) zeigt – und wird hinsichtlich unterschiedlicher Lebensphasen und Facetten diskutiert. In unserem Fall geht es nicht um typische Statuspassagen, Fragen der Institutionalisierung des Lebenslaufes oder allgemeiner Regelsysteme im Übergang. Es handelt sich vielmehr um einen „Zustandswechsel im Wechselspiel zwischen Selbstkonzepten und externen Rollenzuschreibungen und Positionierungen in lebenszeitlicher Perspektive" (Walther/Stauber 2013: 23), der – jedenfalls für die Eltern und das Kind – keine systematisch erwartbare und in den Normalitätsvorstellungen verankerte Passage darstellt. Der Übergang ist für die Eltern und ihr Kind oft Ausdruck einer Krise, stellt bisherige Lebenspläne in Frage und hat manchmal ein Bedrohungspotenzial (Klein 2020). Er kann als unkonventioneller Übergang bezeichnet werden, auch wenn die Dramatik des Erlebens in diesem Begriff nicht gut abgebildet wird. Für die Pflegeeltern ist dieser Übergang eher ein erwartetes biografisches Ereignis, auf das sie sich vorbereiten und das sie anstreben. Für gleichgeschlechtliche oder kinderlose Paare ist es eine favorisierte Form der Familiengründung – allerdings jenseits der Adoption mit Ungewissheiten und Risiken (z.B. eingeschränkte Elternrechte, Koparenting, Rückkehroptionen) für die weitere Lebensplanung verbunden. Für einige Soziale Dienste gehört die Organisation dieser unkonventionellen Übergänge in Heime oder Pflegefamilien zu den Routineaufgaben. Sie initiieren sie manchmal, haben dafür feste Regeln und (rudimentäre) fachliche Standards und organisieren sie in der Inobhutnahme oder im Hilfeplanverfahren, das in diesem Sinne als Akt der Übergangsgestaltung (Zeller/Köngeter 2013: 577) verstanden werden kann.

Im Erleben der Eltern, des Kindes und der Mitglieder der Pflegefamilie – also auch in dem der anderen Kinder – sind Übergänge Kontinuitätsbrüche und kritische Lebensereignisse: Bisherige Routinen passen nicht mehr, neue Deutungen müssen entwickelt werden, und die Erwartungen von Menschen im sozialen Umfeld können sich plötzlich gravierend verändern.

Kritische Lebensereignisse haben für Sigrun-Heide Filipp (1995: 24) zwei Merkmale:

> „1. Sie stellen die raumzeitliche, punktuelle Verdichtung eines Geschehensablaufs innerhalb und außerhalb der Person dar und sind somit im Strom der Erfahrungen einer Person raumzeitlich zu lokalisieren. Wenngleich viele Lebensereignisse eine ihnen eigene Geschichte haben und eher Prozesse

denn abrupte Zäsuren im Leben einer Person darstellen..., ist die raumzeitliche Datier- und Lokalisierbarkeit dem Ereignisbegriff logisch inhärent.

2. Kritische Lebensereignisse stellen Stadien des relativen Ungleichgewichts in dem bis dato aufgebauten Passungsgefüge zwischen Person und Umwelt dar.“

Die raumzeitliche Verdichtung und Lokalisierbarkeit betont den Charakter als Ereignis: Die Menschen können meistens klar benennen, wann es passiert ist und den Ablauf einschließlich der örtlichen Verankerungen oft detailliert – z.B. in narrativen Interviews – schildern. Das besondere Ereignis hat oft eine Vorgeschichte, kann sich angedeutet haben oder vorbereitet worden sein. Manchmal erschließen sich auch erst im Nachhinein einige Zusammenhänge. Aber nun kommt es zur Zuspitzung, nun passiert etwas, das die Personen-Umwelt-Passung aus der Balance bringt. Das Ereignis muss nicht negativ erlebt werden – hier unterscheiden sich die Definitionen gelegentlich –, sondern kritisch meint eben den (vorübergehenden) Verlust der Passung, der nun Aufmerksamkeit erfordert: Neue Handlungs- und Deutungsmuster müssen entwickelt werden, die alten passen nicht mehr ausreichend, die Handlungsfähigkeit muss wiederhergestellt werden. Die Veränderungen können sowohl in der Person entstanden sein, z.B. eine plötzliche Erkrankung, als auch in der Umwelt – hier durch die Herausnahme des Kindes. Die einschneidenden Ereignisse können dann auch grundlegende Veränderungen der subjektiven Identitäts-Konstruktionen erforderlich machen. Das biografische Erleben strukturiert die subjektive Aneignung des Lebenslaufs in ein Vorher und Nachher, dazwischen liegt das Ereignis. Biografisches Lernen wird angeregt und notwendig (vgl. Truschkat 2013).

Es geht dann nicht nur um etwas Um- oder Eingewöhnung, sondern um eine tiefgehende Transformation des Selbstverständnisses, der Rollen, der Zukunftsaussichten und oft auch der Deutung der Vergangenheit. Einige Veränderungen sind in der Wahrnehmung und den Umgangsformen mit einem neuen Status, Degradierungen und Stigmatisierungen oder Aufwertungen verbunden. Die Suche nach Antworten auf die neuen Verhältnisse zeigt die Reichweite und Tiefe: Die einen werden jetzt zu Eltern – aber eben auch nur mit eingeschränkten Elternrechten – und müssen sich selbst und anderen diese ungewöhnliche Elternschaft erklären und einen oft unklaren Status als Pflegeeltern annehmen. Die Eltern müssen eine grundlegende Antwort auf ihre nun aktuelle Rolle ihrem Kind gegenüber entwickeln, für die sie kaum konstruktive gesellschaftliche Modelle vorfinden und mit Stigmatisierungsrisiken umgehen. Auch für das Kind, das zum Pflegekind wird, stellen sich viele Fragen neu, und es muss neue Normalitätsbalancen entwickeln (Reimer 2017).

Mit diesem Wissen zu Übergängen, kritischen Lebensereignissen und den zu leistenden Transformationen werden wir jetzt die Übergangsthemen aus der Perspektive der Eltern, der Pflegefamilie und des Kindes betrachten und anschließend die Handlungsoptionen Sozialer Dienste beleuchten. Dabei wird nicht nur der Moment des kritischen Lebensereignisses betrachtet, sondern die etwas längere

Übergangsphase, in der der Wechsel des Kindes vorbereitet wird bis zur erste Zeit nach dem Wechsel.

Auszug – der Übergang in der Perspektive der Herkunftsfamilie

In der Herkunftsfamilie bedeutet der Auszug des Kindes nicht nur eine organisatorische Veränderung – ein Familienmitglied zieht um und wohnt jetzt in einem anderen Haushalt –, sondern die Problemwahrnehmungen, Bewältigungsversuche und die notwendigen Transformationen greifen tief in das Leben der Menschen ein. Dies betrifft die Eltern oder insbesondere den Elternteil, bei dem das Kind bisher lebte, andere Kinder – die Geschwister – und weitere Familienangehörige, die in einer wichtigen Beziehung zum Kind stehen – wie z.B. Großeltern, Tanten oder Onkel. Die Probleme, die die Eltern bewältigen müssen, werden wir jetzt genauer betrachten, da deren Perspektive noch am besten erforscht ist (z.B. Faltermeier 2001; 2019).

Einige Eltern schildern dramatische Trennungssituationen, die sie als sehr stressreich und belastend kennzeichnen. So schildert die Mutter von Stefan ihre Erfahrungen weiter:

> „Ich habe gedacht, ich schnappe über. Ich habe zwar einen kühlen Kopf bewahrt und alles eingepackt, was für Stefan wichtig war – sein Spieluhr und sein Kuscheltier, aber ich werde diesen schrecklichen Moment nie vergessen. Für mich fing danach das Drama erst richtig an. Weil ich mit meinem Leben nichts mehr anzufangen wusste. So traurig das ist, aber ich hatte damals kein eigenes Leben mehr, als meine Kinder weg waren. So habe ich dann selber angefangen zu trinken. Ich dachte, ich drehe durch. Ich wollte das Gefühl nur noch betäuben. Was natürlich auch wieder total falsch war. In der Zeit gab es dann eine Begutachtung meiner Erziehungsfähigkeit, und die haben mir natürlich angemerkt, dass ich trinke. Und so kam dann das eine zum anderen. Man will eigentlich Hilfe, aber alles wird nur noch schlimmer. Und das fällt dann in eine Zeit, in der es um die Perspektivklärung geht. Man soll dann funktionieren und wird in der schlimmsten Zeit seines Lebens begutachtet. Wie soll man das hinkriegen?" (Schäfer/Petri/Pierlings 2015: 61)

Hier wird nicht nur „ein schrecklicher Moment" geschildert, sondern auch wie dadurch das ganze Leben der Mutter nachhaltig aus der Bahn geworfen wird. In einer sowieso schon schwierigen Lebenslage erfolgt durch die Trennung von dem letzten bei ihr noch wohnenden Kind eine weitere Belastung, die eine Spirale eines eskalierenden Kontrollverlustes in Gang setzt, die Fritz Schütze (2006) als Verlaufskurve des Erleidens theoretisch konzipiert hat. Sie ahnt, dass der Bewältigungsversuch, sich mit Alkohol zu betäuben, ihre Lage weiter verschlechtern wird, und sieht sich in einer Falle, weil auf dem eskalierten Tiefpunkt die Begutachtung und damit die weitere und länger wirksame Weichenstellung erfolgt. Der Eskalationsprozess kann auch als selbsterfüllende Prophezeiung („self-fulfilling prophecy") interpretiert werden. Hält man die Mutter für erziehungsunfähig und behandelt sie entsprechend, steigt die Wahrscheinlichkeit, dass die Diagnose sich in der Zukunft erfüllen wird: Sie wird alkoholabhängig und hat ihr Leben nicht im Griff, deswegen war es richtig und notwendig, ihr das Kind wegzunehmen. Dieser Teil der Ursache ist allerdings durch die Intervention mit ausgelöst worden. Bei der Perspektivklärung werde ich das Beispiel ein weiteres Mal aufgreifen.

Die Familienfiguration – d.h. die Zusammensetzung der Menschen, die in einem Haushalt als Familie zusammenleben – beeinflusste die Erlebensmuster. Ein alleinerziehender Elternteil, dessen einziges Kind auszieht, bleibt als Einpersonenhaushalt zurück. Ein Paar, das mit mehreren Kindern zusammenlebt, bleibt eine Familie mit Kindern und alltäglichem Familienleben, auch wenn ein Kind entfernt wurde. Dann entsteht vielleicht die Befürchtung, dass auch die anderen Kinder herausgenommen werden könnten, und sie vermissen das in der Pflegefamilie untergebrachte Kind. Aber die Herausforderungen einer Transformation von einem Lebensort mit einem Kind zu einem ohne Kind und der z.B. damit oft verbundenen Einsamkeit treten hier nicht so auf.

Beeinflusst werden das Erleben der akuten Herausnahmesituation und die längerfristige biografische Integration dieser Erfahrung auch durch die Form, in der die Herausnahme durchgeführt wird. Auch hierzu gibt es relativ viele ungünstige Verlaufsschilderungen.

> Katjas Vater schildert die Situation so: „Ja und da kam die Pflegefamilie und hat das Kind mir quasi aus den Armen gerissen ,Wir nehmen das Kind jetzt mit und fertig.' Und dann durfte ich mein Kind erst mal nicht mehr sehen. Da hatte ich einen Kampf, mein Kind wiederzusehen." (Schäfer/Petri/Pierlings 2015: 55)

Die Form, in der die Herausnahme durchgeführt wird, beeinflusst die weitere Entwicklung der Beziehungen zwischen Pflege- und Herkunftsfamilie und auch die zu den Fachkräften oft nachhaltig. Sie prägt oft die Überschrift, unter der die Eltern diese fast immer schwierige Situation auf Dauer emotional zusammenfassen: War es in ihrem Erleben eine bittere, aber notwendige Entscheidung? Eine Kindesentführung? Ein Gewaltakt einer mächtigen staatlicher Behörde? Oder eher ein schwieriger Auftakt für eine richtige und dann insgesamt auch gute Entwicklung?

Ein schwieriger Start beeinflusst die weitere Entwicklung, aber er determiniert sie nicht notwendigerweise. So beschreibt Timo Krüger die Entwicklung zunächst:

> „Ja wie gesagt, dann ist Melina-Sophie zur Welt gekommen und wir wussten vorher schon vom Herrn Meier vom Jugendamt, dass die Kleine in Betreuung kommt, also in ´ne Pflegefamilie kommt. [...] Da ist erstmal ´ne Welt für mich zusammengebrochen." (vgl. Wilde 2014: 112)

Dann machen er und seine Frau aber positive Erfahrungen mit der Pflegefamilie Bergmann, und er sieht und erkennt an, dass es ihrer beeinträchtigten Tochter dort gut geht:

„Ich glaub nicht, dass wir das bewerkstelligt hätten bekommen und bin froh, dass Melina-Sophie bei Bergmanns so gut untergekommen ist. [...] Letztendlich seh ich's ja auch ein." (vgl. Wilde 2014: 116)

Durch positive Erfahrungen können sich die Lesarten der Eltern ändern, sie können sich dann mit der Fremdunterbringung ihres Kindes und manchmal mit ihrem eigenen Schicksal leichter arrangieren und vielleicht mit der Entscheidung versöhnen, die sie zunächst für falsch hielten.

Eine Anbahnungszeit, in der der Kontakt zur Pflegefamilie allmählich entwickelt wird und die Eltern und ihr Kind sich auf die zukünftige Lebenssituation einstellen können, erleichtert oft den Übergang. Er ist in vielen Fällen möglich, in der keine Ad-Hoc-Unterbringung oder Krisenintervention erfolgt.

So beschreibt die Mutter die Kontaktaufnahme aus der Mutter-Kind-Einrichtung heraus:

„... sind die dann halt einmal in der Woche, sind die dann hier nach B-Stadt gekommen. Ham dann halt die Kleine besucht. Also das wurde dann so ´ne Anbahnungsphase. [...] Auch von Seiten des Hauses, halt gemacht, um zu gucken, wie ja die Pflegeeltern halt mit Jana umgehen, wie sie halt mit auf sie reagiert. Ob das halt irgendwie auch funktioniert oder so halt. Und ja und es hat sich dann halt schon dann nach und nach halt rausgestellt, dass das schon so ein Zusammenspiel halt ist zwischen den Pflegeeltern und meiner kleinen Tochter." (vgl. Wilde 214: 148)

So kann die Mutter sich an der Sorge um ihr Kind weiter beteiligen und sieht, dass sich da ein gutes Zusammenspiel entwickelt. Auch dann kann der Abschied schmerzlich sein, aber die längerfristige Integration in ein Selbstbild, dass es für das Kind richtig war, diesen Weg zu gehen, wird bei einem positiven Verlauf der Anbahnungsphase erleichtert.

Wenn die Herausnahme des Kindes eine größere Krise für die Eltern ausgelöst hat, müssen sie nicht nur die Belastungen bewältigen, die unmittelbar aus der Trennung resultieren, sondern auch ihre anderen Lebensbezüge wieder stabilisieren. Sonst geraten sie in eine Verlaufskurve, wie sie sich in dem Zitat von Stefans Mutter angedeutet hat. Timo Krüger berichtet, wie sein Chef sich um ihn in der Krise gekümmert hat:

„Tja das hat mich natürlich auch nen bisschen niedergemacht. Ich pfiff auf den Job (...) bin einfach nicht zur Arbeit gegangen und bis dann der Herr Winkler bei mir vor der Tür stand. ‚Timo was ist los?' Ja hab ich dem das erklärt, sagt der ‚komm das packen wir'. Haben wir ja jetzt auch, ich bin wieder mit beiden Füßen auf der Erde gelandet und geh meinem Job weiterhin nach." (vgl. Wilde 214: 134)

Dritte können – wie in dem Beispiel oben – eine positive Rolle bei der Bewältigung eines kritischen Lebensereignisses spielen und den Zugang zu Erfahrungsräumen erhalten, die einen (partiellen) Ausgleich der selbstwertbelastenden Erfahrungen als Eltern ermöglichen und einen Teil der Normalität des Lebens erhalten. Sie können aber auch bei einem ungünstigen Verlauf die Konflikte zusätzlich verschärfen und – oft unabsichtlich – zur weiteren Eskalation beitragen.

Die Eltern müssen eine Antwort auf die Frage finden, warum ihre Elternschaft so anders verläuft als bei vielen anderen Eltern und anders, als sie es selbst oft gewünscht und erwartet hatten. Die Erklärung für diese Abweichung von der Normalität entwickeln sie nicht isoliert von Deutungsmustern in der Gesellschaft und denen in ihrem unmittelbaren sozialen Umfeld. Hier lauern erhebliche Stigmatisierungsrisiken und ein gravierender Statusverlust. Seine Kinder möglicherweise misshandelt oder vernachlässigt zu haben, in ihrer Erziehung versagt und sich als Rabeneltern erwiesen zu haben, erscheint als Schande, die die Normalität der ganzen Person in Frage stellt. Je härter und umfassender diese negativen Bewertungen und die auf die Person bezogenen Schuldzuschreibungen ausfallen, desto weniger sinnvoll und angemessen erscheinen Hilfe und eine Unterstützung der Eltern. Insbesondere wenn die Probleme auf Ursachen attribuiert werden, die die Eltern bei gutem Willen einfach hätten vermeiden können, erhalten sie die persönliche Schuld zugeschrieben, und dies führt wahrscheinlich zur Verweigerung von Hilfe. Dieser Zusammenhang ist in der sozialpsychologischen Forschung gut belegt (Weiner 1994).

Andererseits haben aber einige Kinder eine erhebliche Schädigung durch ihre Eltern erfahren, und es fällt schwer und ist vielleicht auch moralisch nicht nachvollziehbar, die Schuldfrage völlig außen vor zu lassen.

Arbeitsaufgabe 18:

Bitte überlegen Sie, welche Verhaltensweisen von Eltern bei Ihnen auf besondere Empörung stoßen würden.

a) Welche könnten Sie ganz gut erklären und verstehen? Wo würden Sie Hilfen (welche?) und Unterstützung befürworten?

b) Welche erscheinen Ihnen hingegen so verwerflich und unverzeihlich, dass Sie eine harte Zurückweisung der Eltern für notwendig halten?

Diskutieren Sie Ihre Antworten gerne auch mit anderen.

Die Eltern müssen die Erklärung für den Verlauf ihrer Elternschaft einerseits für und vor sich selbst finden, sie andererseits aber auch anderen vermitteln können. Der erste Kreis sind die Eltern untereinander, dem nun zum Pflegekind werdenden Kind und ihren in der Familie verbleibenden Kindern gegenüber. Es entwickeln sich manchmal kollektive Deutungsmuster der Familie, alternative Lesarten werden tabuisiert oder sanktioniert. Hierin können auch nähere Verwandte, die nicht im gleichen Haushalt wohnen, einbezogen sein. Auch entferntere Verwandte, Freundinnen und Freunde, Menschen aus der Nachbarschaft oder Arbeitskolleg*innen, die von der Unterbringung ihres Kindes in einer Pflegefamilie erfahren haben, wollen oft eine Geschichte hören, was da passiert ist, und fragen nach den Gründen. Das Leben und Aufwachsen der eigenen Kinder in einer anderen Familie können ein gravierendes Stigma darstellen, das die Normalität der Eltern nicht nur in ihrer Rolle als Eltern, sondern die Integrität der Person total in Frage stellt.

Besonders hart trifft das die Mütter, der eine naturgegebene Fähigkeit und Pflicht zur Liebe für ihre Kinder zugeschrieben wird – die in kritischer Betrachtung als Mythos Mutterliebe dekonstruiert wird. Wenn sie diese nicht zu erbringen scheinen, strahlt dieses Stigma dominant auf die Wahrnehmung der ganzen Person aus und wertet sie ab. Die Eltern müssen mit diesem Stigma umgehen, sie betreiben Stigmamanagement. Dies kann darin bestehen, dass sie die Sichtbarkeit der Trennung einschränken, z.B. indem sie die Information generell zurückhalten oder z.B. erklären, das Kind benötige Therapie und sei vorübergehend in einer Therapieeinrichtung. Damit wird der Charakter der alternativen familialen Platzierung verdeckt. Wenn das stigmatisierende Merkmal sichtbar geworden ist – in der Terminologie der Stigmatheorie (Goffman 1975): sie sind von Diskreditierbaren zu Diskreditierten geworden –, können Ursachen so konstruiert werden, dass sie möglichst nicht als gravierender Makel erscheinen: Das feindselige Jugendamt habe eine völlig unangemessene Entscheidung aufgrund von falschen Gerüchten getroffen, und sie würden nun als gute Eltern um ihr Kind kämpfen und sich vor Gericht wehren, der Anwalt sei schon eingeschaltet.

Das Stigmamanagement ist ein Versuch, mit einer das Selbstwertgefühl bedrohenden und Anerkennung verweigernden Situation irgendwie umzugehen – meistens keine bewusste Strategie und nie einfach ein Trick. Je massiver die Schuldzuschreibungen sind, desto wahrscheinlicher werden problematische Bewältigungsstrategien, die ihrerseits wieder gravierende Nachteile – wie massive Konflikte mit Jugendämtern und verlorene Familiengerichtsverfahren – hervorbringen (vgl. Berghaus 2020). Wenn diese Zusammenhänge erkannt werden, steigt die Chance, die Not der Eltern anzuerkennen und aus destruktiven Prozessen gegenseitiger Schuldzuweisungen auszusteigen. So soll auch diese Darstellung der Probleme der Eltern dazu beitragen, dass die Pflegeeltern, die Sozialen Dienste und manchmal auch die älteren Kinder, die nach Erklärungen suchen, Umgangsformen mit den Eltern entwickeln können, die allen gemeinsam eine verfahrene Situation erspart, bei der alle verlieren.

Eine weitere Herausforderung für die Eltern im Übergang besteht in der Transformation ihrer Elternrolle. Wir hatten schon eine größere Rollenvielfalt kennengelernt. Beim Wechsel des Kindes in die Pflegefamilie setzen sich sehr viele Eltern mit der Frage auseinander, was dies für ihre Rolle als Eltern bedeutet. Die Antworten sind individuell unterschiedlich. Aber bei der Auseinandersetzung um die Bezeichnungen als Mutter und Vater, ihre Einbindung in Entscheidungen oder die Regelung ihres Zugangs zu ihrem Kind spielt diese Dimension immer mit: Was bleibt mir? Was wird mir genommen? Ohne diesen Hintergrund könnte man viele Auseinandersetzungen um organisatorische Fragen in ihrem Gewicht gar nicht verstehen.

> Frau Gerlach berichtet über die Pflegeeltern ihrer jungen Tochter Jana: „Weil die Pflegeeltern waren halt erst Kandidaten für ′ne Adoption von ′nem Kind aber sie könnten sich halt auch vorstellen, halt ein Kind in Dauerpflege zu nehmen. Dann hab ich halt gesagt hier, okay wenn halt wirklich, dann nur Pflegekind, eh Pflege, aber keine Adoption." (vgl. Wilde 2014: 147)

Im § 37c Abs. 2 SGB VIII ist geregelt: „... während einer langfristig zu leistenden Hilfe außerhalb der eigenen Familie ist zu prüfen, ob die Annahme als Kind in Betracht kommt". Das passiert in der Praxis sehr selten, aber für die Eltern ist es sehr oft ein Anliegen, dass die Differenz zwischen Adoption und Pflege nicht verwischt wird. Denn dabei wird ihre Elternrolle in einer zentralen rechtlichen Funktion mitverhandelt.

Der Pflegefamilie von Jana war die Transformation vom Adoptions- zum Pflegemodus mit Unterstützung einer guten Fachkraft („Frau Beyer") anscheinend gut gelungen, denn Tanja Gerlach berichtet:

> „Dann hat mir die Frau Beyer dann halt, ja sag ich mal, jetzt so ein Bild, also das erste, die ersten gemalten Striche von meiner Kleinen hat sie mir halt dann zugeschickt, wo sie hinten noch drauf geschrieben haben ‚für Mama Tanja von Jana' halt (lacht kurz) ja (lacht kurz) auch wenn's nur Striche sind, aber sie sind halt von ihr gemalt." (vgl. Wilde 2014: 160)

Tanja Gerlach wird hier weiterhin als Mama anerkannt. Das ist für sie eine wichtige Erfahrung, die für sie – jenseits der künstlerischen Qualität des Bildes ihrer Tochter – in Erinnerung geblieben ist.

Andere Eltern berichten immer wieder über eine verbreitete Praxis, die sie als gravierende Belastung kennzeichnen. Unmittelbar nach der Unterbringung ihres Kindes in der Pflegefamilie wird für Eltern und Kind eine Kontaktsperre verhängt. Diese soll die Eingewöhnung am neuen Lebensort erleichtern.

> Die Mutter beschreibt ihre Erfahrungen so:
> „... das war eigentlich dann im Großen und Ganzen eigentlich das Schwierigste, von wegen erstmal wochenlang dann gar keinen Kontakt zu ihr zu haben obwohl sie mir alle gesagt haben, ja die Bindung, die jetzt eh schon besteht, die wird auch weiterhin bestehen bleiben. Und ja aber ich hatt' halt schon meine Bedenken." (vgl. Wilde 2014: 149)

Die hier geschilderte Erfahrung zeigt auch, wie das Bindungskonzept für die Begründung aller möglichen – und manchmal unmöglichen – Praxen herhalten muss und kann. Hier lautet die Begründung etwas zugespitzt: Sie haben eine Bindung zu ihrem Kind, da ist eine wochenlange Unterbrechung nicht so schlimm, und so kann (und muss) ihr Kind eine neue Bindung zu den Pflegeeltern entwickeln. Hier erscheint die bestehende Bindung nicht schützenswert, sondern wird als Begründung für die Kontaktsperre benutzt. Wir werden das als „Ideologie des harten Cuts" später diskutieren. Hier wird die Belastungsseite für die Eltern betont: Es erfolgt ein gravierender Eingriff in ihr Recht, den Kontakt zu ihrem Kind auch in der Fremdunterbringungssituation aufrechtzuerhalten.

Die Darstellung der Probleme und Aufgaben, die Eltern in der Übergangssituation bewältigen müssen, kann nicht vollständig sein. Eine spezielle Untersuchung gerade zur Variationsbreite der Belastungen und zu den bei der Bewältigung nützlichen Ressourcen in dieser Übergangsphase liegt nicht vor, aber das Thema taucht bei den Untersuchungen zum Erleben der Eltern fremduntergebrachter Kinder prominent auf und dies zeigt seine Relevanz. Die Geschwister, Großeltern und weiteren Verwandten, die eine wichtige Beziehung zum Kind entwickelt haben, sind ebenfalls von den Themen Trennung, Stigmatisierung, Klärung der Rolle und Beziehung in der neuen Situation und unsichere Zukunftsfragen betroffen. Die Figuration Kernfamilie und die größere Figuration Verwandtennetzwerke stehen insgesamt vor grundlegenden Veränderungen und die Menschen vor Transformationsaufgaben. Wahrscheinlich gibt es in der Verwandtenpflege etwas andere Muster als in der Fremdpflege, bei einer kurzfristigen Unterbringung andere als in der als Dauerpflege konzipierten.

Einzug – der Übergang in der Perspektive der Pflegefamilie

Auch in der Pflegefamilie gibt es durch die Aufnahme des Pflegekindes gravierende Veränderungen. Eine Vorstellung, die Familie bliebe gleich, es käme halt nur ein Mitglied hinzu, wäre unterkomplex. Drei unterschiedliche Figurationen zeigen die verschiedenen Aufgaben. Im ersten Fall lebt bisher kein Kind im Haushalt, es erfolgt durch die Aufnahme eine Transformation von einem Erwachsenenhaushalt – mit ein oder zwei Erwachsenen – in einen Familienhaushalt mit Kind(ern). Das ist das Szenario einer Familiengründung. Im zweiten Fall lebt bereits mindestens ein Kind im Haushalt, ein weiteres oder – z.B. bei Geschwistern – mehrere kommen hinzu. Das ist das Szenario einer Erweiterung – hier im Kinder-Subsystem. In einer dritten Figuration haben die Kinder der Pflegeeltern den Haushalt bereits als Erwachsene verlassen, und durch die Aufnahme des Pflegekindes wird ein Familienhaushalt mit Kind(ern) wiederhergestellt. Die andernorts wohnenden erwachsenen Kinder der Pflegeeltern bleiben aber Familienmitglieder und sind dadurch Teil des erweiterten Familiensystems und von der Aufnahme betroffen. Diese Konstellation finden wir häufig bei der Betreuung von geflüchteten Jugendlichen.

Die Pflegefamilie ist vorher hinsichtlich ihrer Eignung geprüft worden und konnte sich – mehr oder weniger gut – auf ihre Aufgabe vorbereiten. Das bedeutet aber nicht, dass sie keine Überraschungen erlebt. So können die Anfragen sehr plötzlich kommen und sie zu einer Aufnahme ohne gründliche Anbahnung gedrängt werden. Dies ist ein Strukturmerkmal der Bereitschaftspflege, wird aber auch – z.B. in den Onlineforen – von Pflegeeltern in längerfristig angelegten Pflegeverhältnissen berichtet.

Arbeitsaufgabe 19:

Analysieren Sie bitte in einem niederschwellig zugänglichen Pflegeelternforum (z.B. https://www.pflegeeltern.de), über welche Herausforderungen Pflegeeltern vor oder bei der Aufnahme ihres Pflegekindes berichten.

a) Welche Probleme hatten sie zu bewältigen und welche Aufgaben mussten sie lösen?

b) Wie haben sie das geschafft? Was hat ihnen dabei geholfen?

> c) Wenn Sie das Thema vertiefen wollen, könnten Sie eine Mindmap entwickeln, in der Sie die Belastungen und die Ressourcen für die Pflegeeltern ordnen (wie die in Jespersen 2011).
>
> Dies könnten Sie auch für die beiden später folgenden Stationen (Kapitel 8 und 9) machen.

Im vorausgehenden Kapitel (Station 1) wurden die grundsätzliche Bereitschaft und Eignung diskutiert und geprüft. Dies endete häufig nicht mit der Feststellung „für jedes Kind uneingeschränkt geeignet". Sondern sowohl die Eignung als auch die Wünsche der potenziellen Pflegeeltern beziehen sich oft auf Kinder mit bestimmten Merkmalen und enthalten vielleicht auch explizite Ausschlusskriterien. Das Kind, das zur Aufnahme angefragt wird, erfüllt nicht immer diese Kriterien. So berichten Pflegeeltern manchmal, dass sie gerne ein möglichst junges Kind aufnehmen wollten, aber eine Anfrage für ein älteres bekamen. Solche unerwarteten Abweichungen werfen dann neue Fragen für sie auf, und sie müssen darauf ihre Antwort finden – oft unter Zeitdruck und in Aufregung über das Neue.

In Familien, in denen auch eigene Kinder der Pflegeeltern – hier dem in der Literatur und unter Fachkräften verbreiteten Sprachgebrauch folgend als „leibliche Kinder" bezeichnet – oder andere Pflegekinder leben, ändern sich auch für sie die Lebensverhältnisse durch die Aufnahme des Pflegekindes. Die Untersuchungen, die ihr Erleben erfassen, zeigen ein breites Spektrum von der Vorfreude auf ein (Geschwister-)Kind oder eine neue wichtige Aufgabe für sie selbst bis hin zum Erleben einer gravierenden Bedrohung. Da dieses Thema oft unterschätzt wird und die Bewältigung der Transformationen durch die leiblichen Kinder für die Stabilität des Pflegeverhältnisses zugleich relevant ist, betrachten wir das etwas genauer.

Für die **leiblichen Kinder** ist es wichtig, ob und wie sie in die Entscheidungsprozesse vor der Aufnahme eingebunden sind. Ihre Partizipation – nicht nur am Anfang – ist eine Voraussetzung dafür, dass sie die Betreuung des Pflegekindes von Anfang an als ein gemeinsames Projekt erfahren. Dies ist auch deswegen notwendig, weil die leiblichen Kinder häufig wichtige Aufgaben in der Betreuung der Kinder zugewiesen bekommen. Alfred Marmann (2005) hat ihre Rolle in seiner Dissertation als „kleine Pädagogen" bezeichnet oder – an anderer Stelle kritisch zugespitzt – als Kinderarbeit im Auftrag des Jugendamtes und daraus die plausible Forderung abgeleitet, dass die Jugendhilfe sich dann auch um ihre jungen Mitarbeiter*innen kümmern sollte. Wie so häufig bei der Partizipationsfrage in der Kinder- und Jugendhilfe reicht nicht nur ein allgemeines Lob der Partizipation, sondern es geht um die ganz konkrete, für die Kinder geeignete Form (vgl. Reimer/Wolf 2021). Ein etwas zwiespältiges Beispiel finden wir hier.

> Claudia beschreibt eine Situation, die sie mit 13 Jahren erlebt hat. Eine Freundin ihrer Mutter, die in einem Pflegekinderdienst arbeitete, bahnte den Kontakt zu einem potenziellen Pflegekind an. Nach einem Besuch des Pflegekindes, von dem sie vorher nicht wussten, dass ein potenzielles Pflegekind zu Besuch kommt, wurden sie und ihr Bruder gefragt, „wie das denn ist, ob wir uns vorstellen könnten, dass Iris in unsere Familie

kommt". „Und wir haben uns bei diesem ersten Treffen ganz gut verstanden und haben, ich glaube innerhalb von 5 bis 10 Minuten, uns entschlossen: Ja das würden wir machen. Es hat keiner eine Ahnung gehabt, was auf uns zukommt. Niemand. Konnte uns niemand erzählen. Hat uns auch niemand erzählt, zumindest uns Kindern nicht." (Marmann 2005: 67)

Immerhin werden sie gefragt und die Sache wird mit ihnen kurz besprochen. Aber im Kontext dieses Zitates ist sehr deutlich, dass die Mutter das Kind unbedingt aufnehmen wollte. Die beiden Kinder konnten die Entscheidung in ihrer ganzen Tragweite gar nicht übersehen („was auf uns zukommt"). Solche Beobachtungen werden manchmal so interpretiert, dass die Kinder die Folgen sowieso nicht abschätzen könnten und es deswegen statt ihrer Beteiligung viel stärker darauf ankomme, dass die Erwachsenen die richtigen Entscheidungen träfen und sie schützen müssten. Das ist die paternalistische Antwort, die sozialpädagogische versucht ein kindgerechtes Beteiligungssetting herzustellen.

<table><tr><td>

Arbeitsaufgabe 20:

Sammeln Sie bitte ein paar Ideen, wie in dem oben skizzierten Beispiel bessere Partizipationsmöglichkeiten für Claudia eröffnet werden können.

a) Wie könnten Sie das in der Rolle als Fachkraft anregen und umsetzen?
b) Welche organisatorischen Voraussetzungen benötigen Sie dazu?

</td></tr></table>

Nach der Entscheidung stehen im Familienalltag viele organisatorische Entscheidungen an: Wo wird das neue Kind schlafen, wo ist sein Platz beim Essen, welche Freiheiten hat es?

> Die Geschichte mit Iris geht so weiter: „Obwohl, ich müsste eigentlich nochmal vom ersten Tag erzählen, weil das für mich der nächste Klopper war. Wir waren in der Schule und mein Vater holte Iris ab und wir kamen nach Hause und Iris war da und meine Mutter hatte also die Platzeinteilung an unserem Tisch geändert, eigenmächtig geändert. Das hat mir nicht gefallen und ich denke sie hat auch gemerkt, dass sie einen Fehler gemacht hatte. Das hätte sie wirklich nicht tun dürfen. Und dann wurde das Ganze wieder geändert und ich hatte wieder meinen alten Platz." (Marmann 2005: 68)

Es ist nicht schwer sich vorzustellen, dass Claudias Mutter Iris mit guten Absichten die Integration erleichtern wollte, aber hier entwickelt sich eine unglückliche Situation für alle, die vielleicht bei einer stärkeren Beteiligung von Claudia (und Iris) vermeidbar gewesen wäre.

Die Antworten auf die organisatorischen Fragen lösen nicht nur ein Organisationsproblem, sondern haben oft auch eine hohe symbolische Bedeutung für eine veränderte Stellung der leiblichen Kinder in der Familie.

> Mark erlebt die Aufnahme des 6 Jahre jüngeren Pflegekindes so: „Und das hat dann schon ne ganze Menge verändert () innerhalb der Familie. Das hat

> da eben schon auch so angefangen, war halt ne vier Zimmerwohnung und ich hatte eigentlich ein kleines Zimmer und musste das dann plötzlich mit ihm teilen". (Lehmann 2017: 320)

Die Kopplung der Organisation des Haushalts und auch der Zeitstrukturen mit symbolischen Fragen nach der Bedeutung der Beziehungen zwischen den Familienmitgliedern, den Rollenprofilen – z.B. nicht mehr nur Kind, sondern auch kleiner Pädagoge/kleine Pädagogin zu sein – zeigt auch hier die Tiefe und Reichweite der Aufnahme eines neuen Mitbewohners oder Familienmitglieds.

Einige Untersuchungen zeigen auch sehr krisenhafte Verläufe für die leiblichen Kinder. Im folgenden Zitat aus der Bereitschaftspflege deutet sich ein Grund vorsichtig an:

> „Die Mutter klärte die Geschwister über den Grund der Aufnahme der Pflegekinder kindgerecht auf. Julia betonte dabei aber auch zu sagen, dass sich die Mutter ‚jedes Kind andrehen ließ, selbst wenn es gerade nicht in die Familie passte, weil sie nicht nein sagen konnte‘." (Lehmann 2017: 362)

Manchmal berichten leibliche Kinder, dass ihre Eltern die Gefahren für die Familie, die von dem neuen Kind ausgingen, gar nicht richtig sehen wollten und dadurch die Verantwortung bei ihnen lag, für Stabilität und den Erhalt der Familie zu sorgen und den Ausschluss des Pflegekindes zu erreichen. Das sind nicht typische, sondern ungewöhnlich zugespitzte Verläufe, die aber noch einmal daran erinnern, wie wichtig es ist, sich grundsätzlich auch um die anderen Kinder zu kümmern – gerade in der Aufnahmesituation. Von ihnen darf nicht nur erwartet werden, dass sie funktionieren, sondern ihre Fragen und ggf. Not muss konstruktiv beantwortet werden. Dann können einige leibliche Kinder auch auf eine schöne Kindheit als leibliches Kind in einer Pflegefamilie zurückblicken.

> Gele resümiert ihre Erfahrungen als Kind einer Bereitschaftspflegemutter: „Weil ich schon im ganzen diese Situation mit Pflegekindern eher als total schön und positiv, als ähm irgendwie als belastend oder anstrengend empfunden habe" (Lehmann 2017: 333)

Nachdem wir die spezielle Situation der leiblichen Kinder genauer betrachtet haben, weiten wir den Blick jetzt noch einmal auf **die gesamte Pflegefamilie**. Hier sind nicht nur die Veränderungen innerhalb der Kernfamilie relevant, sondern auch die Reaktionen im sozialen Umfeld wirken sich aus. Die Menschen in der größeren Figuration um die Kernfamilie herum verhalten sich zu dem Prozess, wenn die Familie zur Pflegefamilie wird. Dies kann der neuen Pflegefamilie ihre Transformation erleichtern und auch auf längere Sicht ihre Tätigkeit unterstützen oder erschweren. In Pflegeelternforen wird darüber intensiv diskutiert, und es werden sowohl positive als auch negative Erfahrungen geschildert.

> Eine Pflegemutter schreibt empört:
> „Als wir unseren damals drei Monate alten Pflegesohn bekamen, wollten wir kurz darauf meine Eltern (480 Kilometer entfernt) besuchen. O-Ton

meiner Mutter: ‚Ihr könnt gerne kommen. Aber DIESES FREMDE KIND braucht ihr mir nicht mitbringen. Mit dem hab ich nix zu tun!‘" (Jespersen 2011: 136)

Eine andere berichtet über sehr positive Erfahrungen:
„Viel besser ist der Kontakt zu meiner Familie geworden, die uns vorbehaltlos unterstützt, und wir haben ganz tolle Nachbarn hier (mit denen kann man feiern und auch die Sorgen teilen). Die kannte ich vorher nicht einmal ...“ (Jespersen 2011: 86)

Beide und weitere Zitate (mehr Beispiele bei Jespersen 2011: 85–87 zur Unterstützung und 133–138 zu Belastungen) zeigen, dass deutliche Veränderungen in den sozialen Netzwerken der Pflegefamilie auftreten können: Beziehungen verlieren an Bedeutung oder neue kommen hinzu, Zugänge werden verschlossen oder neu geöffnet. Wir ahnen, dass diese sozialen Einbettungen oder die Isolation auch die zukünftige Problembewältigung beeinflusst – nicht nur bezogen auf Themen mit dem Pflegekind, sondern darüber hinaus.

Auch andere Kontakte erhalten eine neue Bedeutung. Die zu Sozialen Diensten werden unvermeidbar intensiver. Die Familie wird zur gläsernen oder öffentlichen Familie – so ein oft geäußertes Gefühl von Pflegeeltern. Sie werden nicht nur vorher geprüft und müssen sehr persönliche Daten für die Eignungsprognose liefern, sondern sie erhalten auch ständig Hausbesuche.

So stellt eine Pflegemutter fest: „Allerdings sind wir auch öffentlicher geworden. Jugendamts Mitarbeiter laden sich ein, schauen sich hier um! Mitglieder der Herkunftsfamilie, Familienpfleger, Gutachter, Verfahrenspfleger, alle schneien mal hier vorbei. Immer ein Anlass zum Hausputz.“ (Jespersen 2011: 108)

Das ist nicht nur eine Einzelerfahrung, sondern ein häufiges Thema, das durch eine hohe Personalfluktuation noch verschärft wird. Denn dann kommt jeweils völlig fremder Besuch und will einen tiefen Blick in das Privatleben werfen.

Die Vorsitzende eines Pflegeelternvereins fasst die Erfahrungen so zusammen: „Es gibt ein reges Personal-Karussell. Die jungen Mitarbeiterinnen gründen eigene Familien und verändern ihre Arbeitszeiten. Kaum hat man sich an eine Mitarbeiterin gewöhnt, ist sie wieder weg. Diese ständigen Wechsel sind für unsere Pflegekinder und ihre Pflegefamilien keine guten Voraussetzungen, denn schließlich sind Pflegefamilien für das Jugendamt ‚gläserne‘ Familien. Wir öffnen doch unsere Familien – und nun müssen wir immer wieder der neuen Mitarbeiterin alles neu erzählen, z.B. die Bedarfe des Pflegekindes, die Struktur der Familie. Immer mehr Pflegeeltern haben ein Problem damit, immer wieder neu durchleuchtet zu werden.“ (Kube 2020)

In der Transformation von einer Familie zu einer Pflegefamilie erkennen wir besonders deutlich einige Strukturmerkmale von Pflegefamilien, die die Mitglieder der Pflegefamilie – und uns in den nächsten Stationen – weiter beschäftigen werden. Zunächst sollen aber noch einige Wissensbestände zum Erleben der Pflegekinder in der Übergangssituation vorgestellt werden.

Umzug – der Übergang in der Perspektive des Kindes

Das Kind wechselt die Familie, es zieht um, verlässt sein bisheriges Lebensfeld mit den Menschen dort und kommt an einen neuen Lebensort – selten als Besucher für kurze Zeit, sondern in der Erwartung, dass sich hier sein neuer Lebensmittelpunkt entwickeln wird und dass die Menschen hier zu einer wichtigen, vertrauten Bezugsperson, in manchen – aber keineswegs in allen, wie manchmal unterstellt wird – Fällen zu einer zentralen Bindungsperson wird. Dass sein Leben und seine Lebens- und Entwicklungsbedingungen sich ändern werden, ist offensichtlich und intendiert – in allen Fällen von den Sozialen Diensten, sehr oft auch im Bewusstsein der Pflegeeltern und oft auch in den Erwartungen der Eltern mit allerdings individuell sehr unterschiedlichen Gefühlen verbunden. Wie die Kinder selbst diesen Wechsel wahrnehmen und als kritisches Lebensereignis erleben und bewältigen, werden wir nun genauer betrachten.

Eine wichtige theoretische Kategorie sind dabei die Selbstwirksamkeitserfahrungen, die die Kinder in diesem Prozess machen. Erleben sie die Veränderung als Folge ihrer eigenen Aktivitäten? Haben sie das angestrebt und gewollt, oder sehen sie sich primär als Objekte der Entscheidungen anderer – ihrer Eltern, mächtiger Organisationen, die sich in ihr Leben einmischen oder weiterer Akteure aus ihrem persönlichen Umfeld oder von anonymen Entscheidungsträgern wie z.B. von Familiengerichten? Das ist die subjektive Erlebensseite des bereits mehrfach angesprochenen Partizipationsthemas. Wie viel Einfluss und Kontrolle haben sie in diesem Prozess? Die Bezeichnung Kontrolle – wie sie in der Kontrollpsychologie entwickelt wird – und auch Begriffe wie Kontrollüberzeugung oder Kontrollillusion unterscheiden sich vom alltäglichen Sprachgebrauch. Es ist weniger die Kontrolle oder Beherrschung anderer Menschen gemeint, sondern der Fachbegriff bezieht sich auf das Ausmaß, in dem auf die Kinder einschließlich ihrer nicht sprachlichen Signale gehört wird, sie Entwicklungen überschauen können und ihre Wünsche und Befürchtungen sichtbar berücksichtigt werden.

In der Verwandten- und Netzwerkpflege wechseln die Kinder in einen Lebensort, den sie bereits kennen. In den anderen Formen kommen sie in unbekanntes, fremdes Gelände. Das konnten wir in dem Zitat von Jonas schon nachvollziehen.

Hier wollen wir der Frage genauer nachgehen: Worin besteht das Fremde? Ältere Kinder und Jugendliche können dies In-die-Fremde-Kommen besser in Worte fassen als sehr junge Kinder, das gilt auch für die narrative Erinnerung. Deswegen beziehen sich die folgenden Zitate überwiegend auf Erfahrungen älterer Kinder oder Jugendlicher. Wir können aber unterstellen, dass auch sehr junge Kinder merken und zunächst irritiert sind, wenn sie plötzlich ganz anders behandelt, versorgt und beeltert werden.

Eine Facette des zunächst Fremden sind andere Strukturen im alltäglichen Leben: im Tagesablauf, den Umgangsformen, der Ausstattung der Wohnung und einiges mehr, was wir als Merkmale der Familienkultur kennengelernt haben.

Iris, die mit 14 Jahren in ihre erste Pflegefamilie kam und dort bis zum Erwachsenenalter aufwuchs, beschreibt das erste Frühstück bei ihrer alleinerziehenden Pflegemutter so:

> „… und dann war der Tisch da gedeckt und ich war im ersten Moment so irgendwie so sehr überrascht, weil ich dachte, hä frühstücken wir jetzt hier morgens alles zusammen und so und war irgendwie so völlig und dann saß meine Pflegemutter auch da, also man muss dazu sagen, die war nicht berufstätig die is dann wegen mir aufgestanden und mir war das am Anfang sehr unangenehm, weil ich dachte, warum steht die jetzt extra wegen mir auf, kuckt die jetzt, ob du da, ob du dich wäschst und ob du deine Sachen packst und auch wirklich in die Schule gehst und so also, aber das war nicht der der Grund, sondern die wollte mit mir da morgens frühstücken und das war für mich so fremd, ich hab mich dann auch da hingesetzt und konnte auch erst gar nix essen." (Reimer 2008: 124)

Die Jugendliche hatte in ihrem bisherigen Leben noch nicht erlebt, dass morgens ein erwachsener Mensch mit ihr zusammen frühstückt. Das lief bisher anders ab. Nun ist sie in der Pflegefamilie. Sie ist vor Kurzem eingezogen, steht auf, will zur Schule gehen und erlebt dann Merkwürdiges: Die Pflegemutter ist auch aufgestanden, sitzt da plötzlich, und Iris fragt sich, was das jetzt soll und kann vor Schreck erst mal nichts essen. Wir ahnen – und können es im Buch von Daniela Reimer (2008) nachlesen – das war nicht die einzige Überraschung, sondern viele weitere folgten.

Das sind nicht einfach Äußerlichkeiten, an die man sich gewöhnen kann und muss, sondern die Alltagsroutinen funktionieren zunächst nicht mehr, die neuartigen Verhältnisse erfordern Aufmerksamkeit, die Kinder suchen und finden Erklärungen und verändern oft ihre Normalitätsvorstellungen. Das ist nicht schlimm, sie können das – jedenfalls in einem wohlwollenden Familienklima – gut bewältigen, und es eröffnet ihnen neue Handlungs- und Erlebensdimensionen. Der Wechsel in die Pflegefamilie sollte schließlich die Verhältnisse für sie ändern. Um sie dabei gut zu begleiten, ist es aber notwendig, zu verstehen, wie fremd für die Kinder das ist, was für die Pflegeeltern und viele andere als normales Familienleben erscheint. Primär die Erwachsenen müssen helfen, diese Gräben zu überbrücken.

Auch der andere Umgang mit Körperlichkeit kann Irritationen auslösen und die Menschen vor Herausforderungen stellen, für die sie gute Lösungen finden müssen. Matteo kommt als Jugendlicher nach vielen Stationen in anderen Pflegefamilien und in einem Heim endlich in die Pflegefamilie, die er schon länger kennt und in der auch seine ältere Schwester lebt. Er beschreibt die Entwicklung seines Kontaktes zu seinen Pflegeeltern so:

> „… dass man Pflegekinder am Anfang nich sofort ähm ja irgendwie so, so überbemuttert oder ähm erwartet, äh man hat dann so n total inniges Verhältnis was ja gar nich sein kann, das muss sich erst mal entwickeln und das war auch der Fall, dass meine Eltern ähm ja ähm mich entwickeln lassen haben ja in ihrem Verhältnis äh zu ihnen, das ging auch zum Beispiel mit Körperkontakt und so konnt ich am Anfang nich so gut haben ähm mit meiner Schwester gar kein Problem, aber..... [bei meinen Eltern] meine Eltern die ham das dann auch akzeptiert wenn zum Beispiel meine Mutter mich dann irgendwie äh, wenn wir uns dann verabschiedet ham zur Nacht mich umarmen wollte, dann hab ich das zwar irgendwie auf mich dulden lassen, aber irgendwie ja hab ich sie auch so halbwegs irgendwie noch so weggestoßen irgendwie naja also, aber die ham das auch akzeptiert und ähm hat das schon, ja so schon fast seine drei Jahre gebraucht bis ich das zulassen konnte richtig." (vgl. Reimer zit. in Wolf 2015b: 473).

Dies Beispiel zeigt, wie die körperliche Nähe – ohne jegliche sexualisierte Aufladung – erst allmählich möglich wird, weil es keine gemeinsamen Kindheitserfahrungen gibt, auf denen sie aufbauen können. Die Ressource, die dem Jugendlichen diese Entwicklung trotz der biografischen Lücke ermöglicht hat, war, dass er die Geschwindigkeit bestimmen konnte und seine (Pflege-)Mutter sich nicht gekränkt zurückgezogen hat. Sie haben ihn sich entwickeln lassen – eine sehr passende Bezeichnung für ein pädagogisches Verständnis, das die Entwicklung als Eigenleistung erkennt.

Wenn Kinder vorher sexualisierte Gewalt erleiden mussten, stehen sie vor noch viel größeren Aufgaben, nun neu zu lernen, was hier in der Pflegefamilie der Umgang und die Körperlichkeit bedeuten. Sie müssen die Strukturen ihrer gesamten Gefühlswelt und ihre Deutungsmuster grundsätzlich und allmählich umbauen. Dafür sind sie auf Menschen angewiesen, die diesen komplexen Prozess begleiten und mit erheblichen Irritationen unterwegs konstruktiv umgehen können. Auch Erfahrungen von Gewalt und von Vernachlässigung beeinflussen die Integrationsprozesse am Beginn der Pflegeverhältnisse.

> Richard Müller-Schlotmann (1998) hat beschrieben, wie stark vernachlässigte Kinder ihre Erfahrungen mit einer Rollenumkehr und Parentifizierung – die Kinder sorgen sich eher um die Erwachsenen als umgekehrt – am Anfang auch in der Pflegefamilie praktizieren. Misshandelte Kinder hingegen, so beschreibt er, verhalten sich am Anfang häufig sehr angepasst, erst später reagieren sie auch fordernd oder aggressiv.

Auch wenn ich etwas skeptisch bin, ob diese Beobachtungen generalisiert werden können, verweisen sie uns auf einen wichtigen Zusammenhang: Wenn die Kinder ihre Relevanzsysteme in merkwürdigen Verhältnissen entwickelt haben, erleben sie den Beginn in der Pflegefamilie vor dem Hintergrund dieser Erfahrungen. Das kann dann als Störungen klassifiziert werden oder aber als die für sie erprobten Strategien, die sie nun auch zunächst in den anderen Verhältnissen anwenden, wo sie nicht mehr passen. Dann benötigen sie eine pädagogische Begleitung, die ihnen ein Um- und Weiterlernen ermöglicht und nicht primär Störungsbehandlung.

Die Transformationen werden leichter, wenn Übergänge weich gestaltet werden. Dann werden sie angebahnt, die Kinder können das Tempo mitbestimmen und die zunächst fremden Menschen allmählich kennenlernen. Sie erhalten gute Erklärungen und werden angemessen beteiligt. Auch hier sind die in der Forschung dokumentierten Erfahrungen sehr unterschiedlich, aber die unter Zeitdruck erfolgten und mit harten Brüchen verbundenen Aufnahmen sind jedenfalls nicht selten. Eine besonders belastende Erinnerung schildert diese junge Frau:

> „… ich weiß halt nur dass wir dann, irgendwo hingegangen sind ich wusste auch damals nicht, dass das wirklich ´n Gericht war oder irgendwas, da sind wir halt in so nem Saal da war dann halt der Richter und die… Eltern von uns, und wir mussten halt draußen warten und da warn halt irgendwelche Betreuer mit dabei, und da meinte auf einmal ein Mann, unsre Eltern war'n ja weg, da drinne, die ganze Zeit, und auf einmal ist ein Mann gekommen und hat halt zu mir gesagt so oder zu uns dreien gesagt ,komm wir gehen mal raus an die frische Luft n bisschen spielen' und da hab ich wohl noch zu dem Mann gesagt, irgendwie ich hab das wohl verstanden hab dann irgendwie gesagt ja das könnte nicht stimmen oder so was wo wir hin gehen würden hat er gesagt, ja raus spielen' und ich bin am Fenster gewesen und ich hab gesagt hier kann man nicht spielen… hier sind ja nur Autos und ne Straße, wo wollen Sie denn mit uns spielen gehen? Also ich fand das irgendwie extrem komisch anscheinend und dann sind mir halt raus weiß ich nur, alle drei noch zusammen mit mehreren fremdem Leuten, und dann weiß ich halt da standen halt drei Autos die Kleine ins Erste ich ins Zweite die andere ins Dritte und da saßen halt immer zwei Leute drinne die machen halt immer diese Fahrten fürs Jugendamt, hatte diese Frau dann damals meinen Pflegeeltern erzählt, die würden so was regelmäßig machen, die kannten uns nicht oder irgendwas, und joa einfach reingepackt und weg also wir konnten uns auch nicht verabschieden oder irgendwas vielleicht wollten unsre Eltern auch nicht dass die uns verabschieden oder so ich weiß es ja nicht ob sie es vielleicht schon n bisschen vorher wussten oder so dass wir wegkommen auf jeden Fall es hat uns keiner tschüss gesagt oder so. Das war dann halt so und vor allem wie gesagt das Schlimmste war halt mit meinen Schwestern dann ich konnte nicht tschüss sagen oder irgendwas ich wurd´ als kleines Kind ins Auto gesteckt und weg, und joa he (lacht gezwungen) ich hab anscheinend dann ziemlich nach meinen Geschwistern geschrien (lacht gezwungen) und das fand ich eigentlich viel schlimmer als wie gesagt nicht mehr bei meinen Eltern zu sein, nach denen hab ich jetzt nicht großartig geheult oder irgendwas.“ (Petri 2015: 91)

Wir wissen nicht, welche Dramatik die Fachkräfte nach der Entscheidung des Familiengerichtes erwarteten, als sie das so arrangiert haben, und wir kennen ihre

Darstellung und Gründe nicht. Aber dass dieser Ablauf viele Fragen aufwirft, ist wohl unbestritten.

Arbeitsaufgabe 21:

Bitte analysieren Sie den geschilderten Ablauf hinsichtlich der besonderen Belastungen für die Kinder.

a) Welche Belastungen erscheinen Ihnen besonders gravierend, und welche davon wären vermutlich vermeidbar gewesen?

b) Sammeln Sie ein paar Ideen wie bei einer erwartet dramatischen Reaktion der Eltern auf eine Entscheidung des Familiengerichtes eine solche Inobhutnahme besser vorbereitet und durchgeführt werden kann.

Iris schildert die Vorbereitung ihrer Aufnahme bei der Pflegemutter so:

> „... und dann ging aber die Tür auf, oder die wurde so aufgestupst, und um die Ecke kam ein Hund, dat weiß ich noch ganz genau, ich sah diesen Hund und hab gedacht, die Frau hat Tiere (klatscht in die Hände), also wird's dir hier auch gut gehen und ja man hat sich dann so ins Wohnzimmer gesetzt und hat sich so unterhalten, so letztendlich wie wir das jetzt auch tun, aber... das ist alles so irgendwie an mir vorbeigerauscht damals (klatscht in die Hände), ich hab nur diesen Hund gesehen und dann kamen auch noch Katzen, also die hatte auch vier Katzen und zwei Schildkröten (lacht) (klatscht in die Hände) und ich hab nur gedacht, so, die Frau hat Tiere, also, im Notfall hängst du dich so bisschen an die Tiere." (Reimer 2008: 123)

Auch hier zeigt sich die Unsicherheit mit der fremden Person: Was ist das für eine Frau? Wie werde ich mit ihr klarkommen? Die Tiere erleichtern ihr den Umgang mit der Unsicherheit, das Gespräch hingegen war in diesem Fall wohl nicht so wichtig. Daniela Reimer (2008) hat gezeigt, dass eine Orientierung an der zu entwickelnden Beziehung zum Pflegekind gerade am Anfang sehr viel konstruktivere Effekte hervorbringt als eine starke Regelorientierung. Ein Kind, das spürt, dass es am neuen Lebensort vieles falsch macht, ist besonders darauf angewiesen, dass die Basis einer guten Beziehung entsteht und ihm Sicherheit geben kann.

Die Begleitung durch eine vertraute Person, die sich auskennt und kompetent handelt, ist im Übergang eine ganz wichtige Ressource. Sie kann die Abschiedssituation am bisherigen Lebensort und die Aufnahmesituation in der Pflegefamilie vorbereiten und moderieren, den Erwachsenen und dem Kind etwas Sicherheit vermitteln, die Zukunftsfragen, die oft mit überlegt und gefühlt werden, bedenken und vielleicht auch Rituale anbieten. Die Kinder beschreiben allerdings oft eine Situation, in dem die bisher vertraute Person sich gerade dann verabschiedete, wenn sie sie am nötigsten gebraucht hätten. In einer arbeitsteilig organisierten Sozialen Arbeit findet ein Zuständigkeitswechsel oft auf dem Höhepunkt eines kritischen Lebensereignisses statt. Das schafft zusätzliche Belastungen. Damit sind wir bei den Aufgaben der Sozialen Dienste.

Aufgaben und Handlungsoptionen Sozialer Dienste

Im Wissen um die Aufgaben und Probleme der Erwachsenen und Kinder im Übergang sollen jetzt die Möglichkeiten Sozialer Dienste betrachtet werden, die Menschen bei der Bewältigung ihrer Probleme zu unterstützen. Hier spielen der ASD im Jugendamt und der Pflegekinderdienst – ebenfalls als Abteilung des Jugendamtes oder in freier Trägerschaft – eine wichtige Rolle. Wie die Zuständigkeiten zwischen diesen Diensten aufgeteilt sind, ist regional sehr unterschiedlich – und in der Schweiz und Österreich noch einmal etwas anders organisiert.

Die Vorbereitung und Organisation der Übergänge enthält immer sowohl Elemente von behördlichen Entscheidungen, Verwaltungshandeln („Verwaltungsakte") und Anwendung rechtlicher Regelungen einerseits und Elemente der Beratung, der Moderation und Betreuung als sozialpädagogische Tätigkeiten andererseits. Dabei sind unterschiedliche Wissensgebiete und Fähigkeiten notwendig, die in der Person der Fachkräfte der Sozialen Arbeit zusammenlaufen und nicht auch noch arbeitsteilig aufgesplittet werden sollten. Die Fachkräfte müssen dann im Einzelfall zusätzlich mit Fachleuten anderer Professionen – z.B. aus der Medizin und Therapie, Justiz, Sozialhilfebehörden – zusammenarbeiten. Damit wird es dann inter- oder multidisziplinär, das Kerngeschäft bleibt aber das der Sozialen Arbeit.

Die Adressat*innen ihrer Aktivitäten haben wir kennengelernt: die Eltern und anderen Mitglieder der Herkunftsfamilie, die Mitglieder der Pflegefamilie und das Kind, dessen Wohl eigentlich – die Erfahrungen der Kinder bestätigen das oft nicht – im Mittelpunkt stehen soll. Diese Menschen haben unterschiedliche Wahrnehmungen aus verschiedenen Perspektiven, und ihre Gefühle und Gedanken zu den Übergangsprozessen divergieren (Wolf 2016). Die Fachkräfte stehen vor der Herausforderung, in diesem manchmal spannungsreichen Feld konstruktive Wege zu finden.

Jenseits der informellen Verwandtenpflege treffen die Fachkräfte die wesentlichen Entscheidungen über die Notwendigkeit einer Vollzeitpflege oder Inobhutnahme. Oft geht die Initiative zur Fremdunterbringung unmittelbar oder indirekt von ihnen aus. Sie organisieren die Hilfeplanung, für die der Gesetzgeber in Deutschland eine Reihe von Anforderungen definiert hat (vgl. § 36 SGB VIII):

- Die Eltern (als Personensorgeberechtigte) und die Kinder/Jugendlichen sind zu beraten und auf die Folgen für die Entwicklung der Kinder/Jugendlichen hinzuweisen.
- Die Fachkräfte sollen prüfen, ob eine Adoption in Frage kommt.
- Eltern und Kinder/Jugendliche sollen bei der Auswahl der Pflegestelle beteiligt werden und ihre Wünsche ein großes Gewicht haben.
- Die Entscheidungen sollen bei einer längeren Unterbringung im Zusammenwirken mehrerer Fachkräfte getroffen werden und
- zusammen mit Eltern und Kindern/Jugendlichen gemeinsam ein Hilfeplan erstellt und weiterhin regelmäßig geprüft werden.

Die Hilfeplanung ist nicht nur ein Produkt („der Hilfeplan ist fertig"), sondern ein Prozess, hier ein Prozess der Gestaltung von Übergängen. In diesem Prozess kommt dann auch die Pflegefamilie (juristisch distanzierend als „Pflegestelle" bezeichnet) ins Spiel. Damit sie ausgesucht werden kann, muss ein Kontakt hergestellt werden, und sie muss entscheiden, ob sie dieses Kind betreuen will und mit seinen Eltern kooperieren kann. Dies ist die Schnittstelle, an der spätestens der Pflegekinderdienst (PKD) zu beteiligen ist. Einige Jugendämter haben organisiert, dass der PKD immer schon vorher beteiligt werden muss, wenn es um die Fremdunterbringung junger Kinder geht. Bevor eine Weichenstellung Richtung Heimerziehung erfolgt, soll so unter Beteiligung der Spezialisten aus dem PKD geprüft werden, ob auch eine geeignete Pflegefamilie zur Verfügung steht, und so sollen eventuell etablierte Unterbringungsroutinen in Richtung Heimerziehung korrigiert werden.

Eine Anbahnung, die den Eltern und dem Kind die Beteiligung an der Gestaltung des Übergangs erleichtern kann und die der Pflegefamilie eine Vorbereitung auf die Aufnahme genau dieses Kindes ermöglicht, ist ebenfalls eine wichtige Aufgabe, von der allerdings manchmal unklar ist, ob der ASD oder PKD dafür zuständig ist und ob die Aufgabe vom formal zuständigen Dienst auch erfüllt wird. Gelingt dies nicht, erscheinen alle Platzierungen als Ad-hoc-Unterbringungen, und dann steigt das Risiko vermeidbarer Abbrüche (Gabriel/Stohler 2020) an.

Sehr wünschenswert ist auch eine Aktivierung der Netzwerke um die Herkunftsfamilie und die Pflegefamilie und auch um das Kind, das nicht nur als Familienmitglied betrachtet werden sollte, sondern z.B. auch in seinen Kita-, Schulund Freundschaftsbeziehungen. Wir wissen allgemein aus der Resilienzforschung (grundlegend: Frindt 2020: 81–160), welche positive Bedeutung als Ressource solche weiteren Beziehungen haben können und wie sie gerade in Stresssituationen und bei kritischen Lebensereignissen eine Bewältigung erleichtern können. Bewältigung ist insbesondere auf die Wiederherstellung der subjektiven Handlungsfähigkeit im Zusammenspiel von bedrohtem Selbstwert, sozialer Anerkennung und Selbstwirksamkeit ausgerichtet (vgl. Böhnisch 2019). Wir hatten zuvor gesehen, welch positiven Einfluss Netzwerkbeziehungen als Ressourcen für die Eltern, Pflegeeltern und Kinder haben können und welche Risiken und zusätzlichen Belastungen entstehen, wenn von dort negative Impulse ausgehen. Sich nicht nur auf Zweierbeziehungen und exklusive Bindungen zu fokussieren, sondern zusätzlich auch solche Beziehungen zu beachten und zu bearbeiten, erscheint daher sehr sinnvoll. In der Verwandtenpflege waren wir beim Familienrat auch schon auf diesen Zusammenhang gestoßen.

Für Kinder sind die Bewältigung einer gravierenden Veränderung ihrer Lebensbedingungen und die Orientierung in einer neuartigen Situation eng verbunden mit der engen Begleitung durch eine vertraute Person, deren Wohlwollen sie sich sicher sind und die sie für kompetent halten, in der für sie selbst fremden Situation handlungsfähig zu sein. Melanie beschreibt dies auf ihre Kindheit zurückblickend so:

„Und dass man wie so einen Begleiter hat. Dass man nicht das Gefühl hat, das irgendwie ist eine Institution, ein Amt oder irgendwie so. Sondern für mich war das immer so das Gefühl, dass da ist halt jemand und ja, der guckt so mit da drauf wie so ein, ja was weiß ich, wie so ein Lehrer oder irgendwie so was. Jemand, der mit dir geht und auf dich aufpasst quasi." (Pierlings 2011: 79)

Gerade der letzte Satz erfasst die Übergangssituation sehr genau. Zu einer Ressource wird die Begleitung nur dann, wenn die Begleitung durch die gleiche vertraute Person über das kritische Lebensereignis hinweg bestehen bleibt. Wenn der Begleiter im Übergang wieder verschwindet, der nächste kommt und das Kind ihn kennenlernen und seine Vertrauenswürdigkeit und Kompetenz allmählich erfahren muss, nutzt er für die Bewältigung der Probleme im Übergang nicht viel. Ein guter Begleiter geht mit dir und passt auf, damit dir nichts Schlimmes passiert.

Ich hatte schon skizziert, dass die Logik der Organisationen anders funktioniert: Es gibt eine Zuständigkeit, die hat Grenzen und endet also. Dann wird ein anderer Funktionär zuständig und übernimmt die Fallbearbeitung und Verantwortung. Der bisher Zuständige soll sich da nicht mehr einmischen, er hat jetzt andere Fälle zu bearbeiten und soll dafür seine Arbeitszeit einsetzen. Einzelne Fachkräfte können durchaus versuchen, sich der Logik ihrer Organisation zu entziehen oder sie subversiv zu unterlaufen. Sie riskieren mit ihrem Ausstieg aus der – sehr oft rechtlich fixierten – Logik ihrer Organisation allerdings eine Sanktionierung.

In der Logik des Kindes sieht das anders aus: Vielleicht hatte ich das Glück, einen Menschen kennenzulernen, dem ich vertraut habe und durch den ich Sicherheit gewonnen habe – eben nicht nur einen Funktionär einer Institution oder eines Amtes. Wenn der sich aber gerade beim Wechsel – als Kind komme ich in eine völlig neue Situation, kenne die Menschen noch nicht richtig, merke, dass es dort ganz anders zugeht, weiß aber noch nicht, was das alles bedeutet – davonmacht und mir einen anderen schickt, den ich überhaupt nicht kenne, dann nutzt mir das nichts. Ein Strukturmerkmal des Vertrauens von Kindern ist, dass sie ggf. Menschen vertrauen, aber nicht Organisationen. Das hängt auch damit zusammen, dass sie Empiriker sind: Gerade die Kinder, die viel Diskontinuität erleben und Erwachsene auch als Gefahrenquelle erlebt haben, verlassen sich auf ihre Beobachtungen und nicht auf Erklärungen („du kannst mir ruhig vertrauen").

Es gibt also sehr gute Gründe, dass Soziale Dienste dafür sorgen, dass die Rolle einer solchen Vertrauensperson als Begleitung besetzt wird. Wie können sie das machen?

Bei Kindern, für die eine Vormundschaft eingerichtet ist, könnte man hoffen, dass der/die Vormünd*in diese Rolle übernehmen kann. Sie kann das Kind auch über Ortswechsel in verschiedenen Übergängen über viele Jahre begleiten. Dies setzt voraus, dass sie ihre Rolle auch so versteht und realisieren kann. Dann ist immer noch nicht garantiert, dass sich auch größeres Vertrauen entwickelt, aber die Chancen stehen nicht schlecht. Vertrauen unterliegt nicht der Willensentscheidung des Kindes – es kann nicht vertrauen, weil es will und schon gar nicht auf Befehl –, sondern weil sich Vertrauen zwischen ihm und dem anderen entwickelt hat.

In der Schweiz haben Pflegekinder einen bemerkenswerten Anspruch auf eine Vertrauensperson. Damit ist die Notwendigkeit grundsätzlich anerkannt, dass seine Beteiligung auch mit Hilfe dieser Vertrauensperson realisiert werden soll. Allerdings enthält die Verordnung die Formulierung, dass es eine Vertrauensperson zugewiesen bekommt (vgl. Art 1a PAVO). Eine Zuweisung deutet ein bürokratisches Verfahren an, das die Koproduktion des Pflegekindes bei der Entwicklung eines Vertrauensverhältnisses nicht vorsieht und die Frage aufwirft, wie es Vertrauen zur zugewiesenen Person entwickeln kann. Deswegen sprechen einige Fachleute lieber von der vertrauten Person. Wer das ist oder werden kann, kann nur mit dem Kind herausgefunden werden.

Manchmal ist auch in Systemen, die möglichst wenig arbeitsteilig organisiert sind, ein Personalwechsel unvermeidbar. Dann ist eine bewusste Gestaltung der Übergänge in der Zuständigkeit hilfreich. So kann die bisher zuständige Fachkraft die neue vorstellen, zunächst begleiten und sich erst dann zurückziehen, wenn ein Minimum an Vertrautheit entstehen konnte. Solche überlappenden Zuständigkeiten liegen zwar quer zur Organisationslogik (Doppelbetreuung? Unklare Zuständigkeiten?), werden aber der Logik der Kinder – für Eltern und Pflegeeltern gilt das ähnlich – eher gerecht. Von Professionellen können wir (hoffentlich) erwarten, dass sie ihre Organisations- und Umgangsformen so einrichten, dass sie wirksame und nachhaltige Hilfen für ihre Adressat*innen ermöglichen.

Bei der Hilfeplanung in der Übergangsphase fallen außerdem einige spezielle Aufgaben an, die jetzt genauer betrachtet werden sollen: die Perspektivklärung, das Matching und abschließend die grundsätzliche Haltung zur Gestaltung von Übergängen.

Perspektivklärung als Prognose und Planungsgrundlage

Ein wichtiger und folgenreicher Teil der Hilfeplanung ist die Klärung der Perspektive der Unterbringung des Kindes in der Pflegefamilie. Bei der SGB VIII-Reform wurde sie explizit eingefügt (§ 37c) und ihre Dokumentation im Hilfeplan vorgeschrieben. Sie bezieht sich vordergründig auf die Dauer der Unterbringung, damit aber auch zugleich auf zentrale Aspekte der Rolle der Eltern und Pflegeeltern, und sie bestimmt den Typus der Unterbringung auch für das Kind – zeitlich befristeter, vorübergehender Aufenthalt oder dauerhafte Beheimatung.

Bei der Perspektivklärung sollen Fragen beantwortet werden, die die verschiedenen Beteiligten sehr interessieren und für die sie sich oft unterschiedliche Antworten wünschen. Eine gemeinsame Planungsgrundlage muss damit fast immer erst erarbeitet werden, die Interessen divergieren oft stark (Wolf 2016). Deswegen handelt es sich um eine anspruchsvolle Aufgabe der Sozialen Dienste – vorrangig des ASD –, die die weitere Entwicklung der Zusammenarbeit mit Eltern und Pflegefamilie, die Stabilität des Pflegeverhältnisses, die Aufladung mit Konflikten unterwegs stark beeinflussen. Deswegen überrascht es vielleicht, dass dazu in

Deutschland, in Österreich und der Schweiz selten methodische Instrumente eingesetzt werden.

Eine Untersuchung von Mériem Diouani-Streek (2011) zeigt, dass eine Einschätzung über die Perspektive des Pflegeverhältnisses nur bei ca. 60 % der Fälle erstellt wurde, spezifische Methoden zur Einschätzung der Rückkehrperspektive nur bei einem Drittel der Fälle und standardisierte Prognoseverfahren extrem selten eingesetzt wurden. Auch wenn in der Onlinebefragung leider nur ein geringer Anteil von Fachkräften aus dem ASD erreicht wurde, macht sie doch plausibel, dass wichtige Fragen bei der Unterbringung (zunächst) offenbleiben. Auch die Qualität der Prognosen scheint unbefriedigend. Auch bei einer zeitlichen Befristung des Pflegeverhältnisses kam es nach Ablauf der Befristung nur in weniger als einem Viertel der Fälle zu einer Rückführung (Diouani-Streek 2011: 130). Dies kann so interpretiert werden, dass der Befristungsprognose keine entsprechende Rückführungsförderung folgte – zumindest keine erfolgreiche.

Die Perspektivklärung hat einen prognostischen Teil und einen, der als ein Programm für die weitere Gestaltung verstanden werden kann. Die Prognose bezieht sich auf eine Einschätzung, in welchem Umfang und in welchem zeitlichen Horizont eine so positive Veränderung der Entwicklungschancen der Kinder in der Herkunftsfamilie erreichbar ist, dass eine Rückkehr des Kindes geplant werden kann. Hier verfügen Fachkräfte aus den ambulanten Hilfen zur Erziehung, insbesondere aus der Sozialpädagogischen Familienhilfe über Erfahrungen und Wissensbestände, die für eine Prognose des Veränderungspotenzials, des dabei erfolgversprechenden methodischen Vorgehens und des erforderlichen Zeitrahmens notwendig sind. Es geht dabei nicht um eine allgemeine, sondern um eine differenzierte Einschätzung für den konkreten Fall. Dafür ist es auch sinnvoll, die bisherige Interventionsgeschichte auszuwerten, die Unterstützungspotenziale in den familialen Netzwerken zu berücksichtigen und die Motivation der einzelnen Familienmitglieder einzuschätzen. Hierfür liegen in den Methoden des Fallverstehens (Ader/Schrapper 2020) und den Sozialpädagogischen Familiendiagnosen (Cinkl/ Uhlendorff 2021) erprobte Instrumente vor, die auch in der Pflegekinderhilfe genutzt werden können.

Prognosen können sich irren, wenn Entwicklungen auftreten, die nicht vorhergesehen wurden, z.B. eine Trennung der Eltern, gravierende Erkrankungen oder andere Krisen, die die Stabilität der Menschen und der Familie als System beeinflussen. Sie können aber auch systematisch falsch liegen, wenn sie immer und grundsätzlich von einer sehr skeptischen Haltung gegenüber den Herkunftsfamilien ausgehen oder – umgekehrt – von naiven Annahmen, dass Eltern ihre Kinder immer wieder ausreichend erziehen können, wenn sie nur richtig unterstützt werden. Solche Prognosen, die nicht in konkret begründeten und der Fachdiskussion zugänglichen, auf Fakten und Analysen des Einzelfalls gründenden Einschätzungen beruhen, stellen eher ideologische Glaubensüberzeugungen als eine gute Handlungsgrundlage dar.

Die prognostischen Einschätzungen müssen aber auch die weiteren Aktivitäten der Sozialen Dienste, die Gespräche mit den Eltern und die Auswahl der Pflegefamilie beeinflussen. Sie ermöglichen Gespräche und Vereinbarungen über realistische Ziele und die zu ihrer Erreichung notwendigen Methoden und Arbeitsschwerpunkte. Eine Kopplung zwischen den überzeugend erarbeiteten Prognosen und den daraus aufbauenden weiteren Aktivitäten stellt – neben der Qualität der Prognosen – ein zweites Qualitätskriterium dar: Wie stringent sind die weitere Planung und ihre anschließende Realisierung auf die Prognose bezogen? Etwas zugespitzter könnten wir auch formulieren: Nehmen die Fachkräfte ihre eigene Prognose ernst und handeln entsprechend?

Gelegentlich werden Zweifel geäußert, ob eine sozialpädagogische Diagnose dafür geeignet sei und psychiatrische Diagnosen mit einem klinischen Kategoriensystem präzisere Einschätzungen ermöglichten. Das wundert nicht, weil der Begriff „sozialpädagogische Diagnosen" inzwischen auch für alle möglichen handgestrickten Instrumente verwendet wird. Allerdings können die von Cinkl/Uhlendorff und von Ader/Schrapper auch theoretisch gut begründeten Verfahren die Entscheidungen in der Sozialen Arbeit gut vorbereiten. Im Einzelfall – z.B. bei psychischen Erkrankungen der Eltern – kann es notwendig sein, zusätzlich klinische Diagnosen heranzuziehen und zu berücksichtigen.

Ein Teil der Perspektivklärung ist die Prognose, ob und inwieweit die Eltern oder ein Elternteil die Erziehung wieder übernehmen können. Dazu werden sie begutachtet. Wie schwierig das in einer Lebenskrise ist, hatten wir in dem Zitat dieser Mutter bereits kennengelernt.

> „Und das fällt dann in eine Zeit, in der es um die Perspektivklärung geht. Man soll dann funktionieren und wird in der schlimmsten Zeit seines Lebens begutachtet. Wie soll man das hinkriegen?" (Schäfer/Petri/Pierlings 2015: 61)

Auf ihre berechtigte Frage sollte sie eine Antwort bekommen, die ihr möglichst das Gefühl erspart, unfair behandelt zu werden, z.B. indem sie während der längeren Klärungsphase konstruktiv begleitet wird. Dies wird manchmal abgelehnt, weil sie durch die Unterbringung ihres Kindes in einer Pflegefamilie bereits eine Hilfe zur Erziehung erhalte und „Doppelhilfen" nicht finanziert würden. Diese Praxis war schon bisher rechtlich umstritten und ist nach der Reform ausgeschlossen (§ 27 Abs. 2 SGB VIII) und auch aus sozialpädagogischer Sicht falsch.

Die Perspektivklärung bezieht sich vorrangig auf eine Weichenstellung mit zwei Optionen: kurzfristige Unterbringung mit Rückkehrperspektive oder auf Dauer angelegte Lebensperspektive in der Pflegefamilie. Das ist auch rechtlich im neuen § 37c Abs. 2 SGB VIII – ähnlich wie im alten Recht – so vorgesehen. Dort heißt es:

> „Maßgeblich bei der Perspektivklärung nach Absatz 1 ist, ob durch Leistungen nach diesem Abschnitt die Entwicklungs-, Teilhabe- oder Erziehungsbedingungen in der Herkunftsfamilie innerhalb eines im Hinblick auf die Entwicklung des Kindes oder Jugendlichen vertretbaren Zeitraums so weit verbessert werden, dass die Herkunftsfamilie das Kind oder den Jugendlichen wieder selbst erziehen, betreuen und fördern kann. Ist eine nachhaltige Verbesserung der Entwicklungs-, Teilhabe- oder Erziehungsbe-

dingungen in der Herkunftsfamilie innerhalb eines im Hinblick auf die Entwicklung des Kindes oder Jugendlichen vertretbaren Zeitraums nicht erreichbar, so soll mit den beteiligten Personen eine andere, dem Wohl des Kindes oder Jugendlichen förderliche und auf Dauer angelegte Lebensperspektive erarbeitet werden."

Das Gesetz enthält somit komplexe – und aus sozialpädagogischer Sicht: sinnvolle – Vorgaben für die Perspektivklärung. Zunächst soll eine Einschätzung erfolgen, ob und wie durch die Beratung und Unterstützung der Eltern und der Herkunftsfamilie die Erziehungsbedingungen so weit verbessert werden können, dass sie das Kind wieder selber erziehen kann. Dies bezieht sich nicht (nur) auf die Erziehungsfähigkeit der Eltern, sondern umfassender auf die Erziehungsbedingungen, die verschiedene Leistungen der Kinder- und Jugendhilfe umfasst (vgl. Schmid-Obkirchner 2011: 581 f.) und auch die materielle Absicherung der Familie und die Unterstützung in sozialisatorischen Netzwerken einbezieht. Der Entscheidungsprozess soll von der (Wieder-)Herstellung ausreichender Erziehungsbedingungen aus starten und durchdacht werden. Das heißt nicht, dass dies in jedem Fall ausprobiert werden müsste. Es kann gravierende Gründe, z.B. bei schweren psychischen Erkrankungen oder massiver Gewalt, geben, die eine solche Perspektive von Anfang an ausschließen, da das Kind keinen sicheren Ort mehr in seiner Familie finden kann. Der Verzicht auf Aktivitäten zur Verbesserung und auf eine Rückkehroption muss aber im Einzelfall sehr gut begründet sein.

Für die Verbesserung und die Rückkehr haben die Sozialen Dienste und die Familie nicht beliebig viel Zeit, sondern sie soll „innerhalb eines im Hinblick auf die Entwicklung des Kindes oder Jugendlichen vertretbaren Zeitraumes" erfolgen. Über die Frage, wie lange ein solcher Zeitraum andauern kann, gibt es unterschiedliche Vorstellungen. Oft wird die Bindungstheorie bemüht, allerdings mit unterschiedlichen Folgerungen. Einige vertreten die Auffassung, wenn eine sichere Bindung am neuen Lebensort entstanden ist, sei es für eine Rückkehr zu spät. Andere betonen eher die Möglichkeit, dass das Kind unter günstigen Bedingungen auch an seine positiven Bindungserfahrungen z.B. aus der Bereitschaftspflege anknüpfen und am nächsten Lebensort leichter Bindungen eingehen kann. Zur allgemeinen Orientierung ganz gut geeignet erscheinen mir die Ergebnisse der Untersuchung von Goldstein, Freud und Solnit (1982), die als Maximalzeiten bei Kindern bis 3 Jahren 12 Monate und bei Kindern ab 3 Jahren 24 Monate definieren. Darauf nehmen auch einige juristische Kommentare Bezug (z.B. Schmid-Obkirchner 2011). Für den Einzelfall, um den es bei der Hilfeplanung und Perspektivklärung immer geht, liefern allgemeine Maßstäbe wichtige Hinweise, die dann aber durch spezielle Prüfungen der besonderen Merkmale des Einzelfalls flexibel angewendet werden müssen. Dabei können Annahmen – z.B. die, dass sich immer eine sichere Bindung zu den Pflegeeltern entwickle – widerlegt werden. Für solche differenzierten Beurteilungen und ihre Dokumentation sind kompetente Fachkräfte mit Spezialwissen wichtig. Allgemeingültige Raster, die geradezu automatisch Ergebnisse vorgeben, können dies nicht ersetzen. Wir sollten aber festhalten, dass das Gesetz aus guten Gründen einen Zeitdruck herstellt: Die Kinder sollen nicht beliebig lange in einen Schwebezustand gebracht werden oder in den Worten von Goldstein, Freud, Solnit (1982: 43):

> „Unsere Kenntnisse belegen, dass kein Kind für unbestimmte Zeit – bis abwesende Eltern in der Lage und willens sind, es zurückzuholen – auf ‚Eis' gelegt werden kann, ohne dass seine Gesundheit und sein Wohlsein gefährdet werden."

Die Praxis, die in einigen Staaten der USA – nicht zuletzt vor dem Hintergrund der oben zitierten Studie – etabliert wurde, lässt sich idealtypisch so beschreiben (vgl. Fernandez 2013):

Am Beginn der Unterbringung werden Auflagen an die Herkunftsfamilie festgelegt, die diese erfüllen muss, damit innerhalb eines klar definierten Zeitraumes die Wiedervereinigung („Reunification") von Kind und Familie erfolgen kann. Diese Hindernisse oder die Barrieren, die einer Rückkehr im Wege stehen (z. B. State of Michigan 2007; Kindler/Küfner/Thrum/Gabler 2011: 642 f.) müssen beseitigt werden. Dazu erhält die Familie die Unterstützung durch einen Reunification Service. Eine Sozialarbeiterin unterstützt die Eltern bei der Erfüllung der Auflagen, die i. d. R. das Gericht festgelegt hat („Ongoing Social Worker"). Solche Auflagen können sich zum Beispiel auf einen erfolgreichen Drogenentzug, die grundsätzliche Verbesserung der Wohnsituation und die Teilnahme an einem Elterntraining beziehen. Da die Sozialarbeiterin auf einer vollen Stelle nur drei Familien im Reunificationprogramm betreut, ist eine intensive und zielgerichtete Unterstützung möglich (z. B. im „Natural Parent Support Program" New Jersey; http://aspe.hhs.gov/hsp/fostercare-reunif01/index.htm).

Die Logik, die dieser Praxis zugrunde liegt, kann so beschrieben werden: Wenn von Rückführung gesprochen wird, muss auch etwas geschehen, das die Rückführungsoptionen vorbereitet und unterstützt. Einfach abzuwarten und dann nach 12 Monaten zu schaun, was sich getan hat, ist zu wenig. Ebenfalls nicht akzeptabel ist eine Praxis, die zunächst abwartet und Zeit verliert und dann später immer wieder die Rückführungsfrage aufwirft. Zwar können Lösungen nicht einfach von einem Jugendhilfesystem auf ein anderes übertragen werden, aber wichtige Fragen an die Praxis in Deutschland, Österreich und der Schweiz kann man aus den Erfahrungen in den USA und anderer Länder schon ableiten. Pointiert formuliert lauten sie:

■ Redet ihr nur von Rückführung oder tut ihr etwas dafür?

■ Wartet ihr nur auf Spontanheilung in der Herkunftsfamilie, oder habt ihr Programme entwickelt und stellt ihr Ressourcen zur Verfügung, die die notwendige Unterstützung auch tatsächlich ermöglicht?

■ Bleibt ihr in der Planung am Ball, ob und damit die Familie die Auflagen erfüllen kann, die für eine Rückkehr des Kindes erfüllt sein müssen?

Vor diesem Hintergrund wird die zweite Option, von der im § 37c SGB VIII geschrieben wird, möglich: die andere Lebensperspektive. Wenn eine ausreichende

Verbesserung der Erziehungsbedingungen trotz der Bemühungen nicht möglich ist, kommt die Alternative zum Zuge: eine andere, dem Wohl des Kindes förderliche und auf Dauer angelegte Lebensperspektive zu erarbeiten. Diese Regelung erkennt an, dass eine anhaltende Unsicherheit über den Lebensmittelpunkt und seinen Verbleib in der Pflegefamilie für das Kind außerordentlich belastend sein kann und seine Entwicklung gefährdet. Auch für die Eltern und Pflegeeltern und ihre Zusammenarbeit ist diese ständige Unsicherheit oft ungünstig. Auch wenn die Weichenstellung in Richtung dauerhaftem Verbleib in der Pflegefamilie erfolgt, haben die Eltern Rechte, ihr Kind regelmäßig zu treffen. Das werden wir im nächsten Kapitel weiterverfolgen.

Bereits bei der Darstellung des Erlebens der drei Gruppen – Herkunftsfamilien, Pflegefamilien und Kindern – wurde deutlich, dass die Wünsche und Hoffnungen sich zwischen ihnen oft stark unterscheiden. Deswegen sind Enttäuschungen und Konflikte zu erwarten, die die Fachkräfte in den Gesprächen mit ihnen jeweils einzeln oder zusammen bearbeiten müssen. Hierfür benötigen sie eine Gesprächsführung, wie sie mit belastenden Informationen, Enttäuschungen und Ärger umgehen können.

Arbeitsaufgabe 22:

Stellen Sie bitte Empfehlungen für eine Gesprächsführung unter Konfliktbedingungen zusammen. Dabei sollten Sie berücksichtigen, dass Sie Ihren Gesprächspartner*innen manchmal Einschätzungen vermitteln müssen, die bei ihnen vielfältige negative Gefühle auslösen:

a) Wie können Sie sich auf ein solches Gespräch vorbereiten?
b) Welches Setting ist dafür geeignet?
c) Was wollen sie unbedingt verhindern?

Besonders ungünstig, aber in der Praxis wohl nicht sehr selten, sind doppelbödige Botschaften in verschiedenen Gesprächen mit unterschiedlichen Adressat*innen. Dann werden gegenüber den Eltern eher Aspekte betont, die auf eine kurz- oder mittelfristige Dauer verweisen: „Dann können Sie erst einmal zur Ruhe kommen und Ihre Familiensituation wieder stabilisieren. So nach ein bis zwei Jahren können wir dann die Rückkehr Ihres Kindes vorbereiten. Ihr Kind soll nicht auf Dauer in der Pflegefamilie bleiben." Den Pflegeeltern gegenüber werden andere Aspekte dargestellt „Es fällt der Mutter jetzt noch sehr schwer loszulassen. Deswegen sollten wir zunächst noch nicht von dauerhafter Unterbringung sprechen. Aber wir glauben nicht, dass die Situation in ein bis zwei Jahren völlig anders sein wird. Das Kind wird wohl bei Ihnen bleiben." Solche Konflikte und schwierige Gesprächssituationen scheuende, nicht kongruente Aussagen können das Vertrauen nachhaltig beschädigen und damit auch zukünftige Problemlösungen erschweren, wie wir bereits im Zitat eines verbitterten Vaters (Schäfer/Petri/Pierlings 2015: 55) gesehen hatten.

Wenn die Pflegefamilie nicht nur über die Planung informiert ist, sondern auch eine kurzfristige Perspektive mittragen kann, sind die Bedingungen für einen konfliktärmeren Verlauf günstiger. Die spezifische Eignung der Pflegefamilie bezieht sich daher auch auf ihre Passung für einen bestimmten Typus des Pflegeverhältnisses. Eine in ihren Wünschen auf lange Dauer ausgerichtete Pflegefamilie kann eine kurzfristige Betreuung des Pflegekindes damit nicht gut vereinbaren und ist daher für eine solche Aufgabe nicht gut geeignet.

In manchen Fällen ist die Prognose aber noch sehr unsicher und eine intensive Clearingphase notwendig. Zum Konzept und den internen Rollenmodellen in der Bereitschaftspflege passt das noch ganz gut. Aber es gibt unklare Perspektiven auch in anderen Pflegeverhältnissen. Manchmal wird sogar die Position vertreten, eine Perspektivklärung sei überhaupt nicht möglich, man könne den Ausgang so komplexer und von vielen Faktoren abhängiger Prozesse gar nicht prognostizieren. Deswegen müssten alle Beteiligten jederzeit mit der Rückkehr des Kindes rechnen. Diese Position verkennt allerdings das Schadenspotenzial, wenn Kinder mit einer andauernden Unsicherheit über ihren Lebensmittelpunkt und den Erhalt der für sie wichtigsten Beziehungen aufwachsen müssen. Auch die Folgen sich wiederholender Konflikte zwischen Eltern und Pflegeeltern in ungeklärten Pflegeverhältnissen werden unterschätzt. Außerdem berücksichtigt sie die doch inzwischen differenzierten Wissensbestände zu den Möglichkeiten, aber auch Grenzen der Veränderbarkeit von Familien zu wenig (vgl. Wolf 2015a; für die Schweiz: Messmer/Wetzel/Fellmann u.a. 2021). In den Situationen, in denen ein genaueres Clearing notwendig ist und die Perspektive zunächst sehr unklar erscheint, ist eine schnelle Weichenstellung noch nicht möglich, sondern muss erst erarbeitet werden. Grob können wir damit drei Szenarien unterscheiden:

1. Konstellationen für eine befristete Unterbringung mit hohem Rückkehrpotenzial, das dann auch sofort die Planung bestimmen kann,
2. Konstellationen, in denen eine Rückkehr sehr unwahrscheinlich ist und eine Weichenstellung Richtung dauerhafter Beheimatung in der Pflegefamilie naheliegt und
3. Konstellationen großer Unklarheit über die (Wieder-)Herstellung ausreichender Entwicklungsbedingungen in der Herkunftsfamilie, die ein intensives Clearing erfordern.

Positionen, die eine dieser Konstellationen grundsätzlich negieren, erschweren eine dem Einzelfall adäquate Perspektivplanung. Sie sind auch nicht vereinbar mit den Anforderungen an ein anspruchsvolles Matching, das auch ein wichtiger Part der Hilfeplanung im Übergang ist und uns nun beschäftigen soll.

Passungsherstellung: der Start des Matchings

Wenn die Entscheidungen gefallen sind, dass die Unterbringung in einer Pflegefamilie für ein Kind die richtige Hilfe zur Erziehung ist, muss entschieden werden, welche Pflegfamilie gut zu dem Kind passt. Die allgemeine Eignung dieser Familie ist dann bereits geprüft, aber es bleibt die Frage: Passt sie zu diesem Kind?

Bei der Suche nach einer guten Antwort sind die Ergebnisse der Perspektivklärung ein wichtiger Anknüpfungspunkt. Wenn hier die Erwartungen und Wünsche zwischen Herkunfts- und Pflegefamilie sehr weit auseinanderliegen, sind andauernde

Konflikte wahrscheinlich, die fehlende Passung wird dann oft zum Beginn eines Prozesses mit vielen Irritationen und Kämpfen.

Die richtige Familie auszuwählen setzt zunächst voraus, dass die Pflegekinderhilfe überhaupt einen Pool verschiedener Pflegefamilien zur Verfügung hat. Wenn ein allgemeiner Mangel an Pflegefamilien besteht (vgl. v. Santen/Pluto/Peucker 2019: 119 ff.) oder das Spektrum der unterschiedlichen Familienformen, religiöser und kultureller Lebensstile oder unterschiedlicher zeitlicher Perspektiven sehr eng ist, erscheint die Passungsfrage überflüssig. Dann muss man die nehmen, die man hat. Von der Passung hängt aber das Ausmaß der Konflikte zwischen Herkunfts- und Pflegefamilie ab, und die Risiken von Instabilität und einem Abbruch des Pflegeverhältnisses liegen bei einer schlechten Passung höher. Kurz: Die Entwicklungschancen des Kindes werden dadurch beeinflusst. Deswegen beginnt das Passungsthema schon bei der Öffentlichkeitsarbeit: Gelingt es durch eine hohe Dienstleistungsqualität in der Begleitung und durch nachhaltige Werbung verschiedene Pflegeltern und Pflegefamilie zu gewinnen, aus denen dann die richtige Auswahl getroffen werden kann? Wenn die Pflegekinderhilfe schon hierbei nicht erfolgreich ist, leiden auch die Passung und damit die Zukunft der Pflegeverhältnisse darunter.

Eine Auswahl vorausgesetzt stellt sich die Frage welche Kriterien für die Passung besonders wichtig sind. Ganz abstrakt betrachtet kommen dafür alle Varianten der Vielfalt der Kinder, der Erwartungen der Eltern und anderer Mitglieder der Herkunftsfamilie, der Familienformen, Lebensstile und Erwartungen der Pflegeeltern und der anderen Mitglieder der Pflegefamilie in Frage. Bei einer solchen Fülle an Kategorien ist eine vollständige Übereinstimmung der Bedarfe und Erwartungen unwahrscheinlich. Aus den Abweichungen ergeben sich die spezifischen Aufgaben, die Eltern, Pflegeeltern und die Kinder bewältigen müssen.

Während die Passung von Kind und Pflegefamilie unmittelbar einleuchtet, ist die Passung von Pflegefamilie und den Erwartungen der Eltern vielleicht weniger offensichtlich und wird in der Praxis oft auch weniger beachtet. Schon das Wunsch- und Wahlrecht der Leistungsberechtigten (vgl. § 5 SGB VIII) und eine Rechtsprechung, die auch bei eingeschränkter Personensorge eine Beteiligung bei der Auswahlentscheidung ermöglicht (vgl. Wiesner 2011: 46), spricht dafür, die Eltern auch bei der Auswahl zu beteiligen. Wenn die Familienform – etwa bei gleichgeschlechtlichen Pflegeeltern –, die religiöse Erziehung in der Pflegefamilie oder deren Lebensstil bei den Eltern auf totale Ablehnung stoßen, ist eine gute Zusammenarbeit sehr unwahrscheinlich. Die Kinder geraten dann leicht in das Konfliktfeld einer Hochspannungs-Konkurrenz-Figuration (Wolf 2015c: 202 f.) und ihre Entwicklung wird dadurch gefährdet. Auch bei zunächst divergierenden Erwartungen gelingt es manchmal, Vorbehalte so abzubauen, dass eine gemeinsame Basis entstehen kann. Das setzt aber voraus, dass die Eltern beteiligt und nicht übergangen werden.

> So beschreibt ein Paar aus zwei Pflegevätern: „Und sie hat uns nachher gesagt, die Mutter, dass sie eigentlich erst dadurch, dass sie uns kennengelernt hat, uns erlebt hat, so gemerkt hat, uns... könnt sie die Kinder auch

geben.... und sie hat auch irgendwann einmal gesagt: ‚Is schon gut, dass es keine andere Mama gibt', sodass sie exklusiv die Mama bleibt, das häts ihr auch leichter gemacht." (Jespersen 2015a: 179 f.)

Es gelingt in der Sozialen Arbeit durch eine gute Beratung, in der die Sichtweise der Menschen ernst genommen und ihnen zugleich ihre Weiterentwicklung zugetraut wird, oft Prozesse in Gang zu setzen, die zu einem Abbau von Vorbehalten führen. Durch eine solche Beratung kann die Passung manchmal erleichtert werden. Das gilt für beide Ebenen der Passung – die zu den Erwartungen der Herkunftsfamilie und die zum Kind. Die Vernachlässigung einer ganzen Ebene wäre ungünstig.

Passungsüberlegungen zu Merkmalen oder spezifischen Erfahrungen des Kindes können sich z.B. auf das Alter des Kindes beziehen, auf eine spezifische Behinderung oder auf seine bisherigen Erfahrungen von Fremdunterbringungen, Gewalt oder Vernachlässigung. Hier müssen die Pflegeeltern ihre Erwartungen an das Kind und ihr Leben mit dem Kind überprüfen und ggf. anpassen. Das Prinzip „wir suchen Pflegeeltern für ein Kind und seine Bedürfnisse und nicht ein Kind für Pflegeeltern und ihre Bedürfnisse" wird dadurch etwas relativiert: Dieses Kind muss auch zu den Möglichkeiten der Pflegeeltern und der anderen Mitglieder der Pflegefamilie passen. Die Hoffnungen und Befürchtungen, die leibliche Kinder oder weitere Pflegekinder mit der Aufnahme des neuen Kindes verbinden, sind dabei auch zu berücksichtigen – wie wir bereits gesehen haben.

In einigen Diensten wird der **Stellung in der Geschwisterreihe** eine besondere Bedeutung zugewiesen und generell festgelegt, dass Pflegekind müsse immer das jüngste Kind sein. Zur Begründung wird angeführt, das folge einem natürlichen Ablauf der Familienentwicklung, neue Kinder seien immer die jüngsten, und Studien zeigten, dass die Stabilität von Pflegeverhältnissen größer sei, wenn das Pflegekind nicht mitten in eine bestehende Geschwisterreihe hinein aufgenommen würde. Es gibt einige Untersuchungen, die einen statistischen Zusammenhang zwischen der Stabilität von Pflegeverhältnissen und der Aufnahme älterer Kinder in einer Geschwisterreihe zeigen. Dieser statistische Zusammenhang ist allerdings schwach. Viel stärker ist der, dass die Abbruchrisiken bei der Aufnahme älterer Kinder – auch jenseits der Geschwisterreihe – höher liegen als bei sehr jungen Kindern mit weniger Erfahrungen und Prägungen an anderen (problematischen) Lebensorten (Wolf 2020). Als Prädikator für Instabilität ist daher die Stellung in der Geschwisterreihe kaum geeignet. Viel relevanter ist, ob die anderen Kinder in der Pflegefamilie ihre Position dort sowieso schon als gefährdet ansehen und durch die Aufnahme eines weiteren Kindes zusätzlich verunsichert werden. Wenn sie befürchten, dass die Konkurrenz um die Aufmerksamkeit, Sorge und vielleicht sogar Liebe der Erwachsenen größer und ihre Position in der Familie gefährdet wird, spricht dies deutlich gegen eine Aufnahme zum jetzigen Zeitpunkt.

In der Frage der **gemeinsamen Unterbringung von Geschwistern** gab und gibt es in der Praxis sehr unterschiedliche Positionen. Lange war die Meinung verbreitet, dass Geschwister grundsätzlich in verschiedenen Pflegefamilien untergebracht werden sollten. Bindungen unter Geschwistern seien im Vergleich zu der zentralen

Bindung zu einer erwachsenen Bindungsperson relativ unwichtig, und bei ihrer gemeinsamen Unterbringung sei die Gefahr sehr groß, dass sie das zuvor erlebte pathologische Familiensystem auch in der Pflegefamilie reinszenieren würden. Ihre Integration gelänge sehr viel leichter – so einige Beobachtungen aus einer psychotherapeutischen Praxis –, wenn sie von ihren Geschwistern getrennt untergebracht würden (vgl. Nienstedt/Westermann 2007). Gelegentlich wird auch auf Erfahrungen sexualisierter Gewalt unter Geschwistern und auf Schwierigkeiten verwiesen, Pflegefamilien zu finden, die bereit und in der Lage wären, mehrere Kinder gleichzeitig aufzunehmen.

Die Gegenposition wirbt dafür, vorrangig eine gemeinsame Unterbringung zu prüfen. So zeigen Forschungsergebnisse, dass viele Kinder die Trennung von ihren Geschwistern als gravierende und nachhaltige Belastung und die Trennung als einen Akt der Gewalt erleben und sich eine ungünstige Beziehungsstruktur – die älteren Geschwister sind in eine Elternrolle geraten – bei einer guten Begleitung transformieren kann und die älteren Geschwister diese Elternfunktionen an die erwachsene Bezugsperson abgeben können (Petri/Radix/Wolf 2012; Petri 2014). Sowohl in der intensiven internationalen Forschung (Überblick bei Walper/Thönnissen/Wendt/Bergau 2009) als auch in der zur Hilfeplanung (Schrapper/Hinterwälder 2019) wird die große sozialisatorische Bedeutung von Geschwisterbeziehungen deutlich, sodass sie ernst genommen werden sollten. Erfreulicherweise hat dies auch der Gesetzgeber erkannt. Im neuen § 36 Abs. 2 SGB VIII heißt es:

> „Hat das Kind oder der Jugendliche ein oder mehrere Geschwister, so soll der Geschwisterbeziehung bei der Aufstellung und Überprüfung des Hilfeplans sowie bei der Durchführung der Hilfe Rechnung getragen werden."

Die Sozialpädagogische Form des „Rechnungtragens" gilt es dann in der Praxis zu entwickeln.

Arbeitsaufgabe 23:

Die Erfahrungen mit den eigenen Geschwistern können auch das berufliche Handeln von Fachkräften beeinflussen. Deswegen ist die Selbstreflexion über die eigenen Kindheitserfahrungen – auch über das Geschwisterthema hinaus – wichtig, um eine unreflektierte Übertragung zu kontrollieren. Deswegen denken Sie bitte über Ihre Erfahrungen mit Ihren Geschwistern oder über das Aufwachsen als Einzelkind nach:

a) Wie hätten Sie in verschiedenen Phasen Ihres Lebens die Trennung von Ihren Geschwistern erlebt? Oder haben Sie sich in verschiedenen Phasen Geschwister gewünscht oder waren Sie eher froh, keine zu haben?

b) Gab es (kritische) Ereignisse, an denen Geschwister eine besonders wichtige Rolle gespielt haben (oder: hätten)?

c) Welche Konsequenzen ziehen Sie aus Ihren Erfahrungen für die Entscheidungen gemeinsamer oder getrennter Unterbringung? Wie ist Ihre Haltung zu den beiden oben skizzierten Positionen?

Starre Prinzipien („Bauernregeln") sind kaum geeignet, Entscheidungen zu treffen, die dem Einzelfall gerecht werden. Trotzdem können wir aus der oben kurz skizzierten Debatte aber einige Orientierungspunkte festhalten.

Die Trennung von Geschwistern ist grundsätzlich begründungsbedürftig. Die Position, Geschwisterbeziehungen seien immer unwichtig oder schädlich, sind nicht aufrechtzuerhalten. Das Nachdenken über die Unterbringung mehrere Geschwister sollte daher von der Prüfung aus starten, ob und wie eine gemeinsame Unterbringung realisiert werden kann. Dabei ist auch zu prüfen, ob für einzelne Kinder das Zusammenleben mit ihren Geschwistern zu einer großen Belastung wird, z.B. weil sie bei deren alltäglicher Anwesenheit aufgrund von Gewalterfahrungen keinen sicheren Ort im Zusammenleben finden. Das spricht in diesem Fall deutlich gegen eine gemeinsame Unterbringung. Wenn sich eine angestrebte gemeinsame Unterbringung nicht realisieren lässt, weil sich z.B. keine Pflegefamilie findet, die dazu in der Lage ist (was wiederum Fragen an die allgemeine Jugendhilfeplanung aufwirft), sollten Vorkehrungen getroffen werden, dass die Kinder Kontakt untereinander aufnehmen können und sich z.B. vergewissern können, dass es ihren Geschwistern in der anderen Familie auch gut geht. Die Fachkräfte sollten die Wünsche, Hoffnungen und Befürchtungen der einzelnen Kinder kennen und sie in ihre Entscheidungen und die Begründungen einbeziehen. Das kann die Entscheidungsfindung sehr komplex machen und spricht für die Anwendung von Methoden wie sie Christian Schrapper und Michaela Hinterwälder (2019) entwickelt und erprobt haben.

In den Hilfeplanentscheidungen und – darin eingelagert – dem Matching muss die Geschwisterfrage beachtet werden. Daran erinnert auch die UN-Kinderrechtskonvention, die im 8. Artikel festhält:

> „Die Vertragsstaaten verpflichten sich, das Recht des Kindes zu achten, seine Identität, einschließlich seiner Staatsangehörigkeit, seines Namens und seiner gesetzlich anerkannten Familienbeziehungen, ohne rechtswidrige Eingriffe zu behalten."

In einer pädagogischen Lesart können wir es so formulieren: Das Pflegekind als Subjekt soll seine Familienbeziehungen behalten können, wenn es das will, und Pflegeeltern und Fachkräfte sollten es darin unterstützen.

Betrachten wir die verschiedenen Facetten des Matchings in ihrem Zusammenspiel, wird deutlich, dass ein mechanisches Modell zur Erklärung nicht geeignet ist: Wie Schlüssel und Schloss, entweder es passt oder passt nicht, funktioniert es nicht (Bombach/Wolf 2020). Wir brauchen ein Prozessmodell mit mehreren Ebenen. Die Pflegefamilie kann mehr oder weniger gut zu den Merkmalen und Bedürfnissen des Kindes passen und mehr oder weniger zu den Erwartungen der Eltern. Die Aufnahme zum geplanten Zeitpunkt kann für die Pflegefamilie und aller ihrer Mitglieder mehr oder weniger gut passen. Es gibt einige Aspekte, die die Stabilität des Pflegeverhältnisses oder eine ausreichende Zusammenarbeit von Herkunfts- und Pflegefamilie stark gefährden (grundlegend, auch zum Gelingen: Sauer 2008) – z.B. gegensätzliche Vorstellungen zur Perspektive, Merkmale des

Pflegekindes, die den Erwartungen der Pflegefamilie völlig widersprechen oder eine Feindschaft zwischen den religiösen oder kulturellen Lebensstilen der beiden Familien. In vielen anderen Facetten sind aber Entwicklungen möglich, die zu einer Annäherung führen können, eine Korrektur von Vorbehalten eröffnet und eine – vielleicht: vorläufige – Basis eines Prozesses bildet, der gelingen kann. Solche Prozesse können Fachkräfte anstoßen, moderieren und begleiten. Die relative Passung ist dann auch ein Ergebnis ihrer Arbeit. Hierfür ist übrigens eine einseitige Parteilichkeit eher hinderlich, sie müssen eher die Perspektive aller Beteiligten kennen, ernstnehmen und berücksichtigen. Mit der vollzogenen Aufnahme sind dieser Prozess und die Arbeit daran nicht zu Ende. Das werden wir daher in der nächsten Station weiterverfolgen.

Dieses Kapitel abschließend soll der Blick auf die grundlegende Haltung zur Gestaltung von Übergängen gerichtet werden: Soll es möglichst weiche Übergänge oder einen harten Cut geben?

Weiche Übergänge oder harte Cuts?

In der Gestaltung von Übergängen können zwei grundsätzlich unterschiedliche Typen unterschieden werden. Der eine Typus wird als weicher Übergang bezeichnet. Er wird vorbereitet. Die Menschen gewinnen damit Zeit, sich auf die Veränderungen einzustellen und die Transformationen und die Bewältigungsstrategien zu antizipieren und zu planen. Formen der Kontinuitätssicherung im Übergang sind möglich. Der Verlust der Personen-Umfeld-Passung, der das kritische Lebensereignis kennzeichnet, erfolgt nicht in allen Dimensionen gleichzeitig, sondern es besteht die Möglichkeit, die Passung in einigen Bereichen aufrechtzuerhalten und sich auf die zu konzentrieren, die sich deutlich ändern. Auch das Tempo, in dem ihre Veränderungen erfolgen, können die Menschen beeinflussen.

Solche weichen Übergänge schaffen die Option, Abschiede vorzubereiten, vielleicht Rituale zu entwickeln und zu praktizieren, sich auch im Abschied der Fortsetzung eines Kontaktes zu versichern oder eine gemeinsame Bilanz der gemeinsam verbrachten Zeit zu finden. Das Kennenlernen erfolgt über einen etwas längeren Zeitraum. Eine erste Vertrautheit mit den Menschen und Verhältnissen am neuen Lebensort kann sich dabei bereits entwickeln. Erste Erfahrungen im Umgang mit Irritationen oder andersartigen Strukturen – Regeln, Zeitmustern, Symbolen – können noch dosiert werden und in einem Aneignungsprozess integriert werden. Partizipation bezieht sich nicht nur auf eine einzige, vielleicht auch noch unübersichtliche Entscheidung, sondern auf filigrane Feinsteuerungen und Rückkopplungen. Die Konfrontation mit dem Fremden wird dadurch abgemildert, verschiedene Varianten des Erprobens der Handlungsfähigkeit und von Deutungen des Umgangs mit der eigenen Person durch die anderen können erprobt werden. Dann sind auch Erfahrungen möglich, dass und wie bisherige Grundstrategien so modifiziert werden können, dass wieder die Grundstruktur einer berechenbaren Welt sichtbar wird.

Der zweite Typus wird als harter Cut bezeichnet. Er hat viele Merkmale, die genau das Gegenteil des weichen Übergangs kennzeichnen. Hier liegt das Handlungszentrum nicht bei der Person, die primär vom Übergang betroffen ist, sondern bei einer anderen. Diese entscheidet, organisiert den zeitlichen Ablauf und bestimmt das Tempo. Eine Vorbereitung ist häufig nicht vorgesehen, der Wechsel erfolgt im Erleben der betroffenen Person plötzlich und wird eher als Konfrontation mit den neuen Verhältnissen erlebt. Sie wird eher zum Objekt der Entscheidungen anderer und befindet sich in einer machtunterlegenen Position, d.h. größeren Abhängigkeit. Im Übergang ist ihre Handlungsfähigkeit stark eingeschränkt. Kontinuitätssichernde Aspekte im Übergang sind nicht systematisch verankert, sondern ergeben sich nur zufällig oder werden sogar verhindert. In der Abbildung 3 sind die Unterschiede zusammengefasst.

Die Belastungen sind bei einem harten Cut häufig deutlich höher als bei einem weichen Übergang. Ein harter Cut findet insbesondere bei sehr großen Machtunterschieden statt – der Machtüberlegene ist kaum auf die Kooperation des Machtunterlegenen angewiesen – und wird in der Pflegekinderhilfe durch paternalistische Kinderschutzkonzepte befördert. Diese gehen davon aus, dass die Erwachsenen, beruflich Tätigen oder Therapeut*innen viel besser als das Kind selbst beurteilen können, was das Kind benötige und was in seinem besten Interesse liege. Das Kind sei dazu aufgrund seiner geringen Lebenserfahrung, seiner Traumata und Störungen und seiner Betroffenheit nicht in der Lage. Im Zentrum steht dann die richtige Entscheidung – z.B. über die Herausnahme und Fremdunterbringung. Die Umsetzung erscheint zweitrangig und wird häufig als von Sachzwängen (z.B. „es muss schnell gehen“, „das können wir ihm später auch noch erklären“, „jetzt nicht auch noch schlafende Hunde wecken“) determiniert dargestellt. Auch im Umgang mit den Eltern wird die Notwendigkeit eines harten Cuts manchmal mit einer paternalistischen Grundhaltung begründet: Zum Beispiel, sie seien in so desolater Verfassung, dass sie das gar nicht vernünftig mitgestalten könnten, oder jetzt ginge es um das Kind und die Eltern hätten ihre moralischen Beteiligungsrechte durch ihr vorheriges Verhalten längst verwirkt.

Die Praxis, Übergänge generell als harten Cut zu organisieren, verdichtet sich manchmal zum zentralen Strukturmerkmal in der Organisation von Übergängen und etabliert eine Ideologie des harten Cuts. Ideologie meint hier ein starres und einseitiges Bewusstsein, dass es praktisch gar nicht anders umzusetzen und auch für alle Beteiligten immer das Beste sei. Die Belastungen und Kosten, die in einer solchen Praxis entstehen, werden mit möglichen Vorteilen nicht im Detail abgewogen, sondern negiert.

Harter Cut	Weicher Übergang
Erleben: plötzlich, unvorhersehbar in den Konsequenzen	Erleben: Zeit für das Einstellen auf die Veränderungen
Handlungszentrum: anderer Entscheidungsträger, machtunterlegene Position	Partizipation in der Feinsteuerung, dem Tempo und der Gestaltung des Übergangs
Neues Leben, andersartige Verhältnisse, Abkapselung des Vergangenen	Bilanz der gemeinsamen Zeit, Fortsetzung von Elementes des Kontaktes
Konfrontation mit den neuen Verhältnissen, Handlungsfähigkeit (zunächst) verloren	Kennenlernen am neuen Ort vorbereitet, Dosierung der Veränderungen, Kontinuität in der Veränderung, Handlungsfähigkeit erhalten
Paternalistische Vorstellungen vom Kind und seines Schutzes	Kind als Subjekt und eigenständiger Akteur

Abbildung 3: Harter Cut oder weicher Übergang. Quelle: Eigene Darstellung

In der Pflegekinderhilfe finden wir dann oft Begründungen wie zum Beispiel:

- Die Integration am neuen Lebensort gelinge viel schneller, wenn alle bisherigen Kontakte erst einmal unterbrochen würden.
- Neue Bindungen würden sich nur gut entwickeln, wenn die alten Kontakte entfielen.
- Das Kind – oder andere – käme nur durcheinander, wenn es immer noch die alten Kontakte gäbe.

Damit werden Kontaktabbrüche („Kontaktsperre") zu den Eltern bei einer Platzierung in der Pflegefamilie (Faltermeier 2019), zu den Bereitschaftspflegeeltern bei Rückkehr zu den Eltern oder Wechsel in die Dauerpflege (Petri/Pierlings 2016) oder zu Mitgliedern der Pflegefamilie nach Rückkehr zu den Eltern begründet (Gabriel/Stohler 2020; Schäfer/Petri/Pierlings 2016). In den zugrundliegenden Forschungsprojekten – und einigen Zitaten aus Interviews, die wir vorher gelesen haben – werden immer wieder außerordentlich hohe Belastungen durch eine Ideologie des harten Cuts deutlich: Die Bewältigung der neuen Situation wird sehr viel schwieriger, konfliktreicher und dauert länger, die Kinder entwickeln manchmal selbstwertbelastende Erklärungen („hat mich vergessen", „war überhaupt nicht wichtig für sie"). Diese Befunde zeigen, dass die Organisation eines harten Cuts grundsätzlich legitimationsbedürftig ist. Sie kann im Einzelfall notwendig werden, aber als allgemeine Praxis ist sie hochproblematisch.

> **Arbeitsaufgabe 24:**
>
> Bitte denken Sie darüber nach, was Ihnen die Bewältigung von Übergängen – insbesondere solchen, die Sie nicht selbst initiiert hatten – erleichtert hat:
>
> a) Was haben Sie bei kritischen Lebensereignissen und von anderen initiierten Übergängen als wichtige Ressource erlebt? Was hat die Belastungen noch gesteigert?
>
> b) Skizzieren Sie einige Voraussetzungen, die erfüllt sein müssen, wenn ein Sozialer Dienst sich vornimmt, möglichst weiche Übergänge zu gestalten.
>
> c) Bleiben auch dann Situationen, in denen ein harter Cut unvermeidbar ist?

Die Ideologie des harten Cuts enthält oft auch stark kontrastierende Vorstellungen von einem misslungenen, schlechten Leben und einem guten, lebenswerten. Das Schlechte soll vergessen, verdrängt, abgekapselt werden. Dann bekomme das Neue und Gute Platz. Kinder und Erwachsene erleben das Kontaktverbot aber oft eher als ein Verbot, das zunächst Not hervorbringt. Soll auf dieser Basis ein entwicklungsfördernder Ort entstehen? Könnte das nicht eher anders gelingen?

Damit haben wir zentrale Aspekte diskutiert, die in dem Übergang, in dem das Kind zum Pflegekind wird, eine Rolle spielen. Nun lebt das Kind in der Pflegefamilie, und wir betrachten im nächsten Kapitel die Erlebensperspektiven des Kindes, der Pflegefamilie und der Herkunftsfamilie und fragen nach den Handlungsoptionen Sozialer Dienste in dieser 3. Station.

8. Kapitel: Station 3 – In der Pflegefamilie

Zusammenfassung:

Nun sind wir bei der nächsten Station angekommen: Der Übergang ist vollzogen, das Kind lebt in der Pflegefamilie. Hier stellen sich neue Fragen, und die bisher behandelten tauchen in etwas veränderter Weise wieder auf und beschäftigen die Menschen.

Bisher haben wir die jeweiligen Erlebensperspektiven von Eltern, Kindern und Pflegeeltern aufgefächert und anschließend die Handlungsoptionen Sozialer Dienste betrachtet. Dabei wurde deutlich, wie unterschiedlich die gleiche Situation oft von den unterschiedlichen Beteiligten erlebt wird. Mit dieser Perspektivität werden wir es auch weiterhin zu tun haben: Wie die Menschen das, was geschieht, deuten und sich erklären, welche Gefühle sie damit verbinden und wie sie damit umgehen, hängt eng mit ihren Erfahrungen und ihrer Position im Handlungsgeschehen zusammen. Wir können dies besser verstehen, wenn wir sie als Interdependenzen betrachten – als Zusammenspiel und Wechselwirkungen dieser unterschiedlichen Menschen und ihrer Erfahrungen – und nicht das Denken, Fühlen und Handeln der Einzelnen isolieren. Schließlich haben wir auch gesehen, dass die Menschen und Situationen sich verändern. Nichts ist statisch, sondern wir haben es immer mit Prozessen und Entwicklungen zu tun. Diese Orientierung an Perspektivität, Interdependenzen und Prozessen werden wir fortsetzen, nun aber in einer etwas veränderten Darstellung. Einzelne Themenfelder werden jetzt nacheinander behandelt und jeweils die Handlungsoptionen Sozialer Dienste dargestellt. Zunächst aber soll eine Struktur dargestellt werden, die das Leben und die Entwicklung der Menschen beeinflusst: die Herkunftsfamilien-Pflegefamilien-Figuration. So groß die Vielfalt und Individualität auch ist, haben alle Pflegeverhältnisse dieses Strukturmerkmal, und hier entstehen die Aufgaben und Probleme der Menschen, hier machen sie ihre Bewältigungsversuche und hier entstehen Entwicklungschancen oder sie werden blockiert.

Die Herkunftsfamilien-Pflegefamilien-Figuration

Figurationen (Elias 1995) sind spezifische Beziehungsgeflechte von Menschen, die aufeinander angewiesen sind und ihr Denken, Fühlen und Handeln gegenseitig beeinflussen. Sie haben Außengrenzen (Wer gehört dazu, wer nicht?), die sehr eindeutig, aber auch diffus sein können. Kleine Figurationen sind ein Teil von größeren, umfassenderen.

Familien können als Figurationen betrachtet werden (hierzu und zum Folgenden ausführlich: Wolf 2015c). Dies hat einige Parallelen zum systemischen Blick auf Familien, der in der Sozialen Arbeit sehr verbreitet ist, aber durch seinen intensiven, oft eher alltagsprachlichen Gebrauch auch theoretische Präzision eingebüßt hat. Pflegefamilien bilden eine Figuration und Herkunftsfamilien ebenso. Betrachtet man das Zusammenspiel dieser beiden Figurationen, wird eine Struktur deutlich, die ich als Herkunftsfamilien-Pflegefamilien-Figuration (HPF) bezeichne. Sie besteht aus den beiden Teilfigurationen Pflegefamilie und Herkunftsfamilie. Mit der Metapher einer Kameraführung kann die Kamera zunächst auf die Pflegefamilie gerichtet sein und ihre Mitglieder einschließlich des Pflegekindes erfassen. Zoomt man etwas weiter zurück weitet sich der Blick auch auf die Herkunftsfamilie und die Aktivitäten in, aber auch zwischen den beiden Familien. Das ist die Einstellung der HPF. Die folgende Abbildung zeigt zusätzlich einige Typen von HPF.

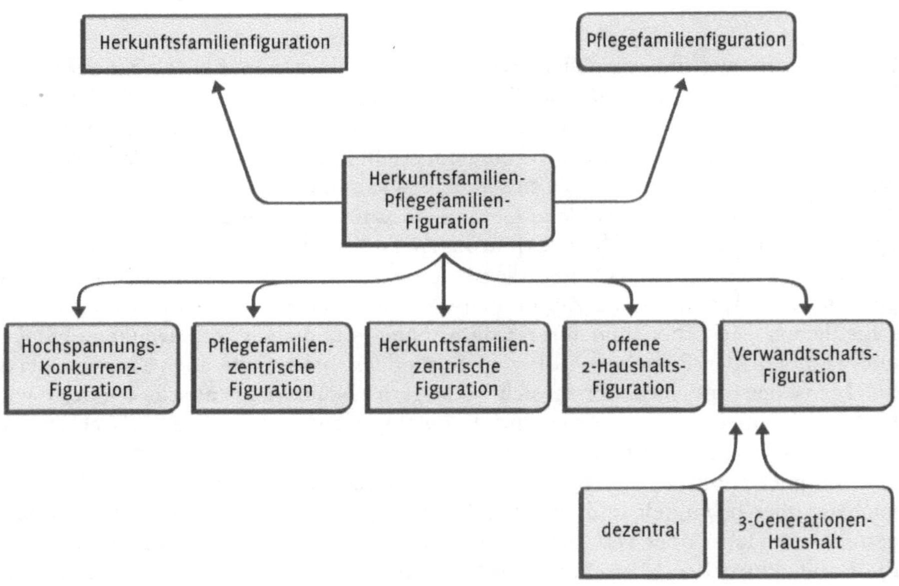

Abbildung 4: Herkunftsfamilien-Pflegefamilien-Figuration (HPF). Quelle: Wolf 2015c: 206

Wenn wir noch weiter zurückzoomen, werden die Menschen in weiteren Beziehungsgeflechten deutlich: z.B. das Kind in seiner Schulklasse oder in seinem Freundeskreis und die Eltern oder Pflegeeltern mit ihren Arbeitsbeziehungen, in der Nachbarschaft, im Sportverein oder in weiteren Verwandtenbeziehungen.

Uns interessiert das Leben in der Pflegefamilie. Könnte man dann die anderen Beziehungen nicht ausblenden? Das könnte man tun. Manchmal erfolgt sogar ein noch engerer Bildausschnitt, z.B. nur bezogen auf die Pflegemutter-Kind-Bindung. Diese Bindung wird zum alleinigen Zentrum erklärt, alles andere erscheint als relativ unwichtiger sonstiger Kontext. Bei einem Säugling ist das vielleicht noch plausibel, aber wenn wir die Prozesse im Aufwachsen eines Pflegekindes verstehen wollen, geraten so zu viele sozialisationsrelevante Aspekte aus dem Blick. Wir brauchen daher eine andere Einstellung der Kamera („Totale") und weitere Erkenntniswerkzeuge, um die Mahnung zu berücksichtigen, dass, wer als Werkzeug nur einen Hammer (hier: Bindungstheorie) hat, in jedem Problem einen Nagel (hier: Bindungsstörung) sieht. Der Hammer gehört auch in den Werkzeugkasten (z.B. Grossmann/Grossmann 2005; Schleiffer 2015; Bovenschen 2016), aber für viele andere Aufgaben sind weitere Werkzeuge nützlich.

Die HPF hat eine mittlere Reichweite: Herkunftsfamilie und Pflegefamilie einschließlich der Beziehungen und Bindungen der Menschen in den beiden Teilfigurationen und die Interaktionen zwischen den beiden Teilen. Wo steht denn dann das Pflegekind? Diese Frage lässt sich vernünftigerweise nicht normativ und generell entscheiden: gehört immer zur Herkunftsfamilie, gehört nur zur Pflegefamilie oder zu beiden in gleicher Weise. Viel besser kann und muss im Einzelfall sein Platz analysiert werden, so wie er sich heute darstellt. In einigen Jahren kann das schon anders aussehen. Hat das Kind z.B. aus der Sicht der Eltern noch einen Platz in der Herkunftsfamilie – auch ganz konkret: ein eigenes Bett, einen festen Platz am Esstisch, ist es Teil der Urlaubsplanung und der Geburtstagsfeiern? Oder leben die Eltern nicht mehr in einem Haushalt zusammen und bilden dann eine bizentrale Herkunftsfamilienfiguration (zwei Haushalte), und welche Position hat es bei der Mutter und welche beim Vater? Wie sieht das Pflegekind heute seine Position in der Herkunftsfamilie und wie die in der Pflegefamilie? Fühlt es sich zwischen den Stühlen, hat es eine sichere Verortung in der Pflegefamilie (pflegefamilienzentrische) oder in der Herkunftsfamilie (herkunftsfamilienzentrische Figuration)? Kann es diese sichere Verortung in einer der beiden so leben, dass dies seine Beziehungen in der anderen nicht gefährdet, oder muss es in einer Hochspannungs-Konkurrenz-Figuration zurechtkommen? Und wie ist die Pflegefamilie zusammengesetzt und welche Qualitäten haben die Beziehungen dort – die zu anderen Kindern, die der Erwachsenen untereinander, oder geht es um eine Ein-Pflegeelternteil-Familie? Trennen sich die Pflegeeltern gerade oder ist die Pflegemutter doch noch schwanger geworden? Und in der Herkunftsfamilienfiguration: Hat die Mutter einen neuen Partner kennengelernt, und welche Einstellung hat der zum Kind? Sehr viele weitere Varianten sind vorstellbar, und schon ein kurzer Blick ins Pflegefamilienleben zeigt (anschaulich: Gaida 2018): Es gibt eine große Vielfalt.

Die konkrete HPF in ihrer aktuellen Ausprägung bildet die Struktur, in der Pflegekinder aufwachsen und leben, sie verändert und entwickelt sich, und darin entstehen die Themen und Aufgaben, und hier machen die Menschen ihre Bewältigungsversuche (vgl. die beiden Einzelfallstudien von Sauer 2008). Deswegen nehmen wir sie als Hintergrund, vor dem die folgenden Themen betrachtet werden.

Zwischen Normalität und Besonderung: die Pflegekinder

Der Ausgangspunkt ist, dass das Kind schon einige Zeit in der Pflegefamilie lebt. Es hat hier mit allen Themen und Aufgaben zu tun, die auch andere Kinder und Jugendliche beschäftigen: z.B. in Freundschaftsbeziehungen, in Leistungssituationen, bei der Suche nach einem positiven Selbstbild oder der Anerkennung seiner Fähigkeiten. Seine Sicht, Erfahrung und Auseinandersetzung damit ist individuell sehr unterschiedlich und hat zunächst nichts mit dem Status als Pflegekind zu tun. Es ist wichtig die Überlegungen von dieser Feststellung aus zu starten, um nicht von Anfang an ein zu enges Bild zu konstruieren, das nur das Abweichende und

Schwierige sucht und weil es nichts anderes sucht, auch nur findet. Das bedeutet, dass alle Wissensbereiche, die zum Leben, Aufwachsen und der Entwicklung von Kindern und Jugendlichen vorliegen, auch für Pflegekinder relevant sind. Sie müssten hier also eigentlich ausgebreitet werden. Das würde aber den Rahmen des Buches sprengen. Die Antwort ist der Hinweis, dass die folgende Darstellung sich zwar auf das Besondere von Pflegekindern fokussiert, die Leser*innen aber aufgefordert werden, ihre allgemeinen Wissensbestände selbst mit dem Pflegekinderthema zu verknüpfen.

Arbeitsaufgabe 25:

Bitte entscheiden Sie sich für eine bestimmte Altersgruppe (z.B. Kinder im Vorschulalter) und überlegen Sie, mit welchen Themen sich Kinder in diesem Alter beschäftigen. Sie können sich dabei auf Ihr Wissen beziehen, das Sie im persönlichen Kontakt mit Kindern dieser Altersgruppe gewonnen haben, oder auf solches, das Sie in der Fachliteratur – z.B. der Kindheits- und Jugendforschung oder der Entwicklungspsychologie – finden. Auch indirekt bei Erziehungsratgebern oder in der belletristischen Literatur können Sie Anregungen finden.

a) Welche Themen beschäftigen Kinder dieser Altersgruppe?

b) Welche Sorgen äußern sie, und was macht ihnen Freude?

c) Was erleichtert ihnen das Leben?

Die Antworten gelten selbstverständlich nicht für jedes Kind weltweit, aber sie können ein interessantes Spektrum exemplarisch zeigen. Einige Facetten werden unter dem Stichwort „allgemeine Entwicklungsaufgaben" diskutiert. Dabei wird allerdings oft die kultur- und gesellschaftsübergreifende Gültigkeit gewaltig überschätzt – insbesondere, wenn dabei in Benchmarking-Manier Angaben erfolgen, was ein Kind in welchem Alter können soll.

Eine Untersuchung zur gesundheitsbezogenen Lebensqualität von Pflegekindern zeigt, dass die subjektiv empfundene Lebensqualität nicht nur durch die Erfahrungen der Kinder in der Pflegefamilie beeinflusst werden, sondern auch durch die in anderen Lebensfeldern – im Freizeitbereich und insbesondere in der Schule (Wiesch 2017). Die Ursachen für Belastungen und Einschränkungen des Wohlbefindens lagen eher außerhalb der Pflegefamilie, insbesondere bei männlichen Pflegekindern. Dies ermahnt uns, diese weiteren Lebensfelder ebenfalls in den Blick zu nehmen, da hier Belastungen, aber auch neue Zugänge zu Ressourcen entstehen können und sich eine Besonderung auch als Stigmatisierung und eingeschränkte Teilhabe auswirken kann.

Pflegekinder haben es – neben den allgemeinen Entwicklungsaufgaben – mit weiteren, eben **pflegekinderspezifischen Entwicklungsaufgaben** zu tun (Gassmann 2010).

> „Pflegekindspezifisch sind das beanspruchte Vertrauen in enge soziale Beziehungen oder gar das Misstrauen und die oft damit zusammenhängenden ‚Überlebensaufgaben', Irritationen, die den eigenen Selbstwert und die eigene Selbstwirksamkeit empfindlich beeinflussen, eine besondere Beanspru-

chung der Ressource Treue gegenüber wegweisenden Ratgebenden. Hinzu kommen Anforderungen: Es gilt, die Inpflegegabe zu verarbeiten, eine als wohlwollend und unterstützend eingeschätzte Beziehung zu den Pflegeeltern aufzubauen, sich mit der Herkunft zu befassen, mit Loyalitätskonflikten umzugehen, das Inpflegesein und den Pflegekindstatus anzunehmen sowie die Balance zur Normalität herzustellen. Den hier genannten Themen übergeordnet sind Fragen der Beziehungsgestaltung und damit verbunden der zu erarbeitenden Identität (als Pflegekind)." (Gasmann 2015: 49)

Hier werden die besonderen Aufgaben – vielleicht könnten wir auch sagen: ein besonderes Profil von Aufgaben – und einige Ressourcen –, z.B. Treue, als wohlwollend eingeschätzte Beziehung usw., deutlich. Mit Irritationen zum Selbstwert und zur Selbstwirksamkeit haben es beispielsweise auch viele andere Kinder zu tun. Zum pflegekinderspezifischen Thema wird es durch den spezifischen Übergang, die damit verbundenen besonderen Aufgaben und Risiken und das anschließende Leben in der Struktur der HPF, die spezifische Fragen z.B. zur Loyalität und der Art einer Beziehung zu den Pflegeeltern, die durch gesellschaftliche Deutungsmuster nicht so gut gestützt werden („Sind das gar nicht deine richtigen Eltern?) wie andere Elternbeziehungen hervorbringt. Die Erfahrung eines wohlwollenden, vielleicht sogar liebevollen Umgangs in der Pflegefamilie erleichtert die Bewältigung der Aufgabe sehr, aber sie schließt nicht aus, dass die Fragen nach der Art der Beziehung und Zugehörigkeit einschließlich der damit verbundenen Identitätsfragen im weiteren Pflegekinderleben immer wieder neu gestellt werden und beantwortet werden müssen. Dies wird nicht notwendig, weil die Beteiligten etwas falsch machen, sondern weil sie den Besonderheiten in der HPF nicht ausweichen können.

Ein eindrucksvolles Beispiel eines irritierenden, aber zugleich wundervollen Starts zeigt die Schilderung einer jungen Frau, die als kleines Mädchen vor dem Hintergrund ihrer bisherigen Erfahrungen ganz andere Lebensbedingungen in der Pflegefamilie so erlebt hat:

„Ja es war erst mal also ich konnt mich überall frei bewegen besonders mit den Jungen (...) die beiden Brüder und die ham mich so anders behandelt also da hab ich das war für mich wie ein Wunder das konnt ich gar nicht glauben ich konnt mich überall frei bewegen auch meine Entscheidungen meine Wünsche wurden hier irgendwie akzeptiert und toleriert warn auch irgendwie wollten die wissen wie es mir geht und die wollten was was mit mir machen und das Erste wo ich fast geheult hätte, war als ich hier hin also mein Bruder hat hier fern geguckt und dann kam ich hier hin und dann hat er mich gefragt ich hab mich hier zu gesetzt hat er mich gefragt was ich denn gucken möchte und dieses kleine ‚was möchtest du gucken?‘ das war für mich wirklich wie ein Wunder dass jemand in diesem Alter ein männliches Wesen sozusagen ehm ja sich für mich interessiert was oder ja mich sozusagen mit einbezieht und dass ich weiß auch nicht also das war für mich wirklich wie ein Wunder, das hätt ich nie gedacht." (vgl. Reimer 2011: 47).

Das sind günstige Bedingungen für die Lösung der allgemeinen und auch der pflegekinderspezifischen Entwicklungsaufgaben in einer auf Teilhabe ausgerichteten Familienkultur.

Ein komplexes, empirisch gut abgesicherte Konzept ist das der **Pflegekindzufriedenheit**, das Yvonne Gassmann (2010; 2015) entwickelt hat. Sie betrachtet es als Metathema, also als eine Entwicklungsaufgabe, die viele Teilaufgaben einschließt. Pflegekindern, die ihre Diskontinuitätserfahrungen ins eigene Selbst integrieren konnten, sich mit der Pflegefamilie identifizieren können und sich in der Pflegefamilie wohlfühlen, sind mit ihrer Situation, Pflegekind zu sein, zufrieden, und ihnen gelingt eine sichere Identitätsbildung. Dies fördert ihre Selbstsicherheit, soziale Kompetenz und auch Freundschaften und Handlungsfähigkeit. Die Entwicklung der Pflegekindzufriedenheit in der Struktur einer HPF wird zu einer nachhaltigen Herausforderung, da sie immer wieder aktualisiert werden muss. Dafür ist das Pflegekind auf ein Entwicklungsfeld angewiesen, das ihm dies ermöglicht. Sie ist Eigenleistung des Kindes, das dafür aber zugleich auf förderliche Bedingungen angewiesen ist. Wir können davon ausgehen, dass z.B. eine große Rivalität von Pflegeeltern und Eltern in einer Hochspannungs-Konkurrenz-Figuration dafür sehr ungünstig ist. Auch Unsicherheiten über den Verbleib in der Pflegefamilie können die Pflegekindzufriedenheit erheblich beeinträchtigen. Nora beschreibt ihre Gefühle so:

> „Ich hatte halt immer Angst, dass ich abgegeben werde. Das war das Schlimmste an diesem ganzen Pflegegedöns. Sag ich jetzt mal. Also das war wirklich das Allerschlimmste. Immer diese Angst zu haben, die können mich jederzeit abgeben. Und ich denk mal, dass ich deswegen zum Teil auch wirklich ja, also unterdrückt gelebt hört sich jetzt ganz furchtbar an. Aber, dass ich oft auch Sachen getan habe, ja, um einfach nett dazustehen. Also wenn mich meine Eltern um irgendwas gebeten haben, hat mich natürlich genervt. Was weiß ich, was auch immer. Müll runterzubringen, Spülmaschine auszuräumen, hab ich dann gemacht, wo meine Brüder dann wahrscheinlich ein Theater bis weiß ich nicht bis wohin gemacht hätten. Und da wahrscheinlich meine Eltern in manchen Situationen dann natürlich auch in ihrer Pubertät mit denen große Auseinandersetzungen hatten. Hatte ich nicht. Also ich hab mich dann verzogen und hab das so für mich dann ausgemacht irgendwie. Also das war schon so dieses Gefühl, wieder abgegeben zu werden. Das war ganz, ganz furchtbar. Und ich glaub, das hat mich einfach auch ein paar schöne Momente gekostet. So. Also ich hätte es einfacher leben können, mein Leben." (Pierlings 2011:20)

Es gibt keine Hinweise in dem Interview, dass ihre Pflegeeltern über einen Ausschluss nachgedacht hätten, aber Nora spürt ein Strukturmerkmal des Pflegeverhältnisses: Die rechtliche Absicherung, die Organisation als befristete Sozialleistung und der geringere Schutz durch gesellschaftliche Deutungsmuster sind Teil des „Pflegegedöns" und ihres Lebens auf unsicherem Boden.

Ein weiteres theoretisch anspruchsvolles und empirisch gewonnenes Konzept, das Entwicklungsprozesse von Pflegekindern beschreibt und erklärt, ist das der **Normalitätsbalancen** von Daniela Reimer (2017: 136):

> „Die Normalitätsbalance bezieht sich auf das Verhältnis zwischen einem Menschen und seinen Individualitätsbestrebungen, seiner Biografie und den eigenen Vorstellungen von dem, was und wie er oder sie sein möchte einerseits und andererseits den Normalitätserwartungen, die in einer konkreten Interaktion und der ständigen Auseinandersetzungen mit der Gesellschaft an die Person herangetragen werden."

Alle Menschen stehen immer mal wieder in ihrem Leben vor der Aufgabe, die eigenen Individualisierungsbestrebungen und die Erwartungen anderer neu auszubalancieren. Für Kinder, die – wie in der HPF – in einem Feld leben, in dem Erwartungen hinsichtlich der Normalität des Feldes und ihrer Person kritisch werden, ist das eine besondere Herausforderung. Sie müssen darauf ihre Antwort finden, und sie finden sie. Daniela Reimer (2017: 161–347) hat in den biografischen Interviews mit (ehemaligen) Pflegekindern sechs grundlegend verschiedene Antworten gefunden und zu einer dichten Typologie entwickelt. Die Überschriften zeigen anschaulich die Richtungen an:

1. Ich bin ganz normal, glaub's mir: Normalität unter Rechtfertigungszwang.
2. Ich bin normal, seitdem ich Pflegekind geworden bin.
3. Ich bin normal, aber... Normalität mit Einschränkungen.
4. In eine Pflegefamilie zu kommen ist unnormal und hat mich teilweise unnormal gemacht.
5. Normal bin ich nicht, aber das ist in Ordnung.
6. Ich bin nicht normal, ich bin ein Pflegekind und benötige deshalb eine entsprechend verständnisvolle Behandlung.

Die Überschriften deuten die Richtungen und die jeweiligen Logiken an. Hier – wie an vielen anderen Stellen – ist es für eine entwicklungsfördernde, also pädagogische Begleitung nicht sehr sinnvoll zu fragen „Was ist die richtige Antwort?", sondern den Sinn der jeweiligen Antwort zu verstehen und daran bei der Unterstützung der Auseinandersetzung des Kindes anzuknüpfen.

Arbeitsaufgabe 26:

Bitte entwickeln Sie zu den sechs Normalitätskonstruktionen (oder zu einer davon) Ideen.

a) Welche Vorteile kann diese Normalitätskonstruktion für das Pflegekind haben?

b) Welche Nachteile oder Risiken könnten damit verbunden sein?

> Jenseits dieser Normalitätskonstruktionen von Pflegekindern:
>
> a) In welchen Lebenssituationen haben Sie aktiv eine (neue) Normalitätsbalance gesucht?
>
> b) Was hat Ihnen dies erleichtert?

Ein weiteres interessantes Konzept hat Eva-Maria Rösner (2015) als **Verortungsarbeit** bezeichnet. Sie untersucht, wie Menschen, die im Säuglingsalter adoptiert wurden, immer wieder in ihrem Leben Verortungsarbeit aufnehmen.

> „Der Adoptierte hat das Ziel, mit Hilfe seiner Verortungsarbeit die Sicherung seines Standortes zu erreichen, ein gesichertes Zugehörigkeitsgefühl als familiale Heimat zu entwickeln. Dies geschieht schrittweise durch die Integration und das Verinnerlichen von Ergebnissen seiner Verortungsarbeit." (Rösner 2015: 102)

Auf den ersten Blick könnte man meinen, dass für sehr jung Adoptierte ihre familiale Verortung völlig unkompliziert und klar sei. Sie haben die Welt erst in ihrer Adoptivfamilie und mit ihren Adoptiveltern kennengelernt, eine eigenständige Sozialisation durch ihre leiblichen Eltern hat nicht stattgefunden. Sie scheinen also nicht in einer HPF aufzuwachsen. Die Interviews mit älteren Adoptierten zeigen etwas anderes. Sowohl diejenigen, die über ihren Status als Adoptierte von Anfang an informiert waren, als auch diejenigen, für die dies (zunächst) verborgen gehalten wurde, konnten durch verschiedene Anlässe in ihrer zunächst sicheren familialen Verortung verunsichert werden. Wenn diese Verunsicherung eine bestimmte Schwelle überschritt, nahmen sie Verortungsarbeit auf: Sie setzten sich aktiv mit den neuen Fragen auseinander und entwickelten Bewältigungsstrategien. Das Ergebnis konnte eine neue stimmige Verortung sein oder weiterhin unstimmig bleiben und eine weitere Beschäftigung mit dem Thema erfordern. Das bedeutet nicht, dass ihre Integration in die Adoptivfamilie misslungen wäre oder sich keine tragenden Bindungen zu den Adoptiveltern entwickelt hätten. Sondern es zeigt, dass selbst bei sehr jung Adoptierten eine Auseinandersetzung mit dem Herkunftsthema und der genetischen Verbindung zu den leiblichen Eltern erfolgt. Das muss nicht zu einer großen Belastung werden und beschäftigt die Menschen auch nicht ständig, aber es erfordert zeitweise Aufmerksamkeit und Anstrengung. So passt der Begriff „Verortungsarbeit" gut für diese Art der Tätigkeit und der einer stimmigen Verortung für das mögliche Ergebnis der Arbeit.

Zwischen Normalität und Besonderung: die Pflegeeltern

Das besondere Profil der Position von Pflegeeltern im Spannungsfeld zwischen Elternaufgaben und Elternrechten, die Themen im Koparenting und die unterschiedlichen Rollenidentitäten (Parents – Carer) haben wir bereits kennengelernt. Jetzt geht es um die Belastungen und Aufgaben, die Pflegeeltern unterwegs bewältigen müssen und um die Ressourcen, die ihnen dabei nützlich sind. Die changieren zwischen Aufgaben, mit denen es viele Eltern zu tun haben, und solchen, die durch ihren Status als Pflegeeltern erst hervorgerufen oder dadurch beeinflusst werden.

Eine solche Darstellung kann nicht vollständig und abschließend sein. In der Vielfalt der Lebenssituationen und der Individualität der Menschen gibt es weitere und andere. Aber die Untersuchung von Andy Jespersen (2011) zeigt doch typische Themenfelder. Er hat 2009 ein Jahr lang ein sehr aktives Onlineforum für Pflegeeltern beobachtet und die dort berichteten Belastungen und Ressourcen analysiert und geordnet.

Insgesamt 15 verschiedene Gruppen von **Belastungen** werden in der Untersuchung herausgearbeitet und anhand von Zitaten illustriert. Vier beziehen sich unmittelbar auf das Pflegekind. Das sind zum einen Schwierigkeiten, die das Pflegekind hat oder macht. Eine zweite stellt Irritationen dar, weil sich das Pflegekind merkwürdig verhält und die Pflegeeltern rätseln, wie sie sich das erklären und wie sie damit umgehen können (ebenso: Thiele 2009: 204 ff.). Das kann auch mit einer Unsicherheit verbunden sein, was zu tun ist. Das vierte sind Verletzungen der Gefühle durch das Pflegekind, ein Thema, das Yvonne Gassmann (2018) sehr grundlegend analysiert hat. Sind diese drei Belastungsfelder spezifisch für Pflegeeltern oder gibt es sie auch bei anderen Eltern? Einerseits sind sie nicht sehr spezifisch. Ersetzte man die Bezeichnung Pflegekind durch Kind und fragte Eltern, ob sie das kennen, wäre eine Antwort „Überhaupt nicht, so was gibt es vielleicht bei Pflegekindern, aber bei meinem niemals!" unwahrscheinlich. Betrachtet man die Zitate aus dem Forum aber im Detail, wird deutlich, dass sehr viele Irritationen, Rätsel und Verletzungen von den Pflegeeltern mit Traumatisierungen der Kinder in Verbindung gebracht werden, die sie vor der Aufnahme erlitten haben müssen. Wie ist das zu erklären?

<table><tr><td>

Arbeitsaufgabe 27:

Entwickeln Sie bitte verschiedene Erklärungen und Deutungen (gerne nach einem Blick auf die Zitate in dem Buch).

a) In welcher Weise könnten Traumata zu den oben skizzierten Belastungen beitragen?

b) Was könnte dazu führen, dass die Deutung als Traumafolgen für Pflegeeltern besonders verführerisch ist und dann vielleicht etwas inflationär erfolgt?

</td></tr></table>

Die beiden Fragen deuten die beiden Richtungen an, die bei der Interpretation nach meiner Überzeugung zugleich und nicht alternativ beachtet werden sollten. Traumatisierende Erfahrungen können das Zusammenleben mit den Kindern zeitweise sehr anstrengend machen. Zugleich kann z.B. die Alltagsdiagnose „alles Traumafolgen" auch von den aktuellen Schwierigkeiten in der Familie und der Beteiligung der Pflegeeltern daran ablenken.

Zwei weitere Belastungsfelder beziehen sich stärker auf die Selbstreflexion: Selbstzweifel der Pflegeeltern und enttäuschte Erwartungen. Das sind selbstkritische Fragen: Sind wir die richtigen? Haben wir uns das so vorgestellt oder haben wir einen Fehler gemacht? Weitere Belastungen entstehen auch im Umfeld der Pflegefamilie. Pflegeeltern beklagen den Verlust sozialer Kontakte, negative Reaktionen auf das Pflegeeltern-Sein, dass andere das Pflegekind ungerecht behandeln und dass sich andere in ihr Leben einmischen. Der schwierige Verlauf von Besuchskontakten, vorenthaltende Informationen und ungünstige Rahmenbedingungen z.B. in der Begleitung werden beschrieben und uns später ausführlicher beschäftigen. Diese Belastungen sind deutlich spezifischer und hängen mehr oder weniger unmittelbar mit dem Status als Pflegeeltern und dem Leben in einer HPF zusammen. Die einzelnen Belastungen können kumulieren und sich zu Hochbelastungssituationen auftürmen. Schließlich werden auch Belastungen geschildert, die nichts mit der Aufgabe als Pflegeeltern zu tun haben.

Pflegeeltern berichten im Onlineforum auch über positive Erfahrungen. Dies wird hier – vor dem Hintergrund eines theoretischen Modells (Wolf 2007) – als Ressource bezeichnet. Ressourcen können Merkmale und Fähigkeiten eines Menschen sein, aber auch eine Hilfe, Unterstützung oder ein positives Merkmal im Lebensfeld. Pflegeeltern berichten auch über solche Ressourcen (Jespersen 2011: 70-103). Dies sind oft den Belastungen entgegengesetzte Erfahrungen. Unmittelbar bezogen auf das Pflegekind sind die liebevollen Reaktionen des Pflegekindes wichtig und seine positive Entwicklung, die sie als Erfolg ihrer Betreuung verbuchen und auch auf ihre Fähigkeiten zurückführen. Einige beschreiben auch, dass sie sich selbst durch ihre – oft nicht nur einfachen – Erfahrungen als Pflegeeltern weiterentwickelt haben. Wiederum eher auf das Umfeld bezogen sind ein guter familiärer Zusammenhalt, Verständnis und Unterstützung durch andere, Anerkennung für ihr soziales Engagement. Der Kontakt und Austausch mit anderen Pflegeeltern wird oft noch höher bewertet als die mit den Fachkräften oder medizinische Hilfen. Dabei wird auch die finanzielle Unterstützung genannt, insgesamt aber kontrovers diskutiert. Auch ein gutes Verhältnis zur Herkunftsfamilie erweist sich als Ressource.

Pflegeeltern können – wie andere Menschen auch – erstaunlich schwierige Lebensprobleme lösen und Belastungen aushalten, wenn sie der Überzeugung sind, dass dies sinnvoll ist. Wenn sie hingegen das Gefühl haben, dass ihre Mühe vergeblich ist, sie Erfolge nicht mit ihrer eigenen Person und ihren Anstrengungen in Verbindung sehen und sie keine Anerkennung für ihren Einsatz erhalten, werden sie verletzbarer, resignieren leichter und schränken ihre Aktivitäten ein. Diese Zusammenhänge werden als **Sinnkonstruktionen** – in unserem Fall der Pflegeeltern (vgl. Schäfer 2011) – diskutiert. Sie brauchen die Gewissheit und ein Gefühl, dass es sinnvoll ist, die Belastungen im Pflegeverhältnis auszuhalten. Dafür sind z.B. die liebevollen Reaktionen des Pflegekindes, deren positive Entwicklung in der Pflegefamilie, das Gefühl, dass sie selbst sich weiterentwickelt haben und die Anerkennung für ihre Tätigkeit durch für sie bedeutsame Menschen besonders wichtig. Wenn die Sinnkonstruktion erodiert oder sogar zusammenbricht, sind viele Belastungen nicht mehr auszuhalten. Das Risiko eines Abbruchs des Pflegeverhältnisses steigt – wie wir im nächsten Kapitel sehen werden.

Neben Menschen aus dem privaten Umfeld können auch Fachkräfte sie dabei unterstützen, ihre Sinnkonstruktionen herzustellen, zu restabilisieren oder auch umzubauen. Damit sind wir an einer ersten Nahtstelle zwischen den Problemen der Pflegeeltern und Kinder einerseits mit den Aufgaben der Sozialen Dienste andererseits. Ob die Fachkräfte sich für diese Aufgabe zuständig fühlen, hängt mit ihrem Grundverständnis zusammen. Dabei lassen sich idealtypisch zwei Konzepte unterscheiden.

Soziale Dienste im Kolonialisierungs- oder Dienstleistungsmodus

Das eine – das Kolonialisierungs-Modell – hat folgende Merkmale:

1. Die Pflegefamilie wird als Auftragnehmer des Jugendamtes definiert. Sie sind Subunternehmer, die bezahlt werden und deswegen die Aufträge des Amtes erfüllen müssen. Wenn sie das nicht können oder wollen, sind sie ungeeignet und kommen als Geschäftspartner nicht (mehr) in Frage.
2. Im Hilfeplangespräch werden Ziele für das Pflegekind festgelegt. Wortführer in diesem Gespräch sind die Professionellen. Herkunftsfamilie und Pflegefamilie sind die Laien, die beteiligt werden und Aufgaben zugewiesen bekommen.
3. Die Ziele werden operationalisiert, die Umsetzung der so entwickelten Planung wird in bürokratischen Verfahren kontrolliert: Die Zielerreichung wird bewertet und die Hilfeplanung systematisch fortentwickelt.
4. Die Pflegefamilie hat die Planung umzusetzen und die Erwartung der Sozialen Dienste zu erfüllen. Leistet sie das nicht, kann ihr der Auftrag (und damit das Kind) entzogen werden.

Ich nenne es mit Bezug auf Habermas (1995: 488) Kolonialisierung, weil hier das „Eindringen von Formen ökonomischer und administrativer Rationalität in Handlungsbereiche, die sich der Umstellung auf die Medien Geld und Macht widersetzen" beobachtet werden kann. Dieses Modell hat eine andere Logik als die des privaten Lebens. Ihr Zentrum ist die Funktionszuschreibung „die Pflegefamilie ist Auftragsnehmer des Amtes". Das sozialrechtliche Dreiecksverhältnis ist seine Basis: Die Eltern haben einen Rechtsanspruch auf Hilfen zur Erziehung an das Jugendamt, das Jugendamt beauftragt einen Träger, diese Leistung in seinem Auftrag zu erbringen, zwischen dem Träger und den Eltern entsteht das Leistungserbringungsverhältnis. Das ist eine rechtlich abgesicherte Praxis. Allerdings ist hier der Träger keine Organisation, sondern eine Familie. Teilt diese die Funktionszuschreibung des Amtes und lässt sie sich wie eine Organisation behandeln, funktioniert das Modell, die Familie ist zur Organisation geworden, die Kolonialisierung ist abgeschlossen.

Anders ist dies beim Dienstleistungsmodell. Hier betrachtet sich der Pflegekinderdienst als Dienstleister für die Pflegefamilie, die Familie darf „schlicht in Ruhe Familie" bleiben (Winkler 2012: 76). Das Modell kann mit folgenden Merkmalen beschrieben werden:

■ Die Adressaten der Dienstleistungen und damit die potenziellen Nutzer sind die Pflegefamilie und alle ihre Mitglieder: die Pflegeeltern, die leiblichen Kinder der Pflegeeltern und die Pflegekinder. Je nach Aufgabenzuschnitt werden auch die Mitglieder der Herkunftsfamilie zu Adressaten.

■ Diese Menschen haben es oft – neben den Themen, die auch andere Eltern beschäftigen – mit schwierigen, ungewöhnlichen Fragen, Problemen und Themen zu tun. Sie suchen Antworten in Gesprächen in der Familie, mit Freunden und Verwandten und mit anderen Pflegeltern. Manchmal finden sie dort Antworten, manchmal bleiben Fragen offen und gravierende Belastungen bestehen. Hier kommen die Sozialen Dienste ins Spiel. Sie stellen sich der Aufgabe, den Menschen, die Ressourcen zugänglich zu machen, die ihnen bei der Bewältigung ihrer besonderen Probleme nützlich sind und die sie in anderen Kontakten nicht finden. Dafür entwickeln sie Arbeitsbündnisse mit den Familienmitgliedern.

■ Wenn sie diese Ressourcen durch Fachkräfte bekommen, dann haben wir ein Dienstleistungsverhältnis. Die Mitarbeiter übernehmen nicht die Regie in der Familie, sondern sie können z.B. ihr professionelles Wissen und Können bei der Erziehungsberatung, der Suche und Finanzierung von therapeutischen Hilfen, des Dechiffrierens merkwürdiger Verhaltensweisen des Kindes sowie bei der Ermutigung und der Restabilisierung von Sinnkonstruktionen von Pflegeeltern zur Verfügung stellen.

Die Gegenüberstellung ist idealtypisch, d.h., sie konstruiert zwei Typen von grundlegenden Konzepten und Selbstverständnissen mit maximalem Kontrast. In der Praxis gibt es sie auch mit Ab- und Aufweichungen. Manchmal vertreten der ASD eher ein Kolonialisierungsmodell und der PKD eher ein Dienstleistungsmodell. Daraus ergeben sich dann nicht nur Kommunikationsprobleme mit den Pflegefamilien, sondern auch zwischen den Diensten. Nur das Dienstleistungsmodell ist geeignet, Pflegekinder und Pflegeeltern bei der Balance von Normalität und Besonderung zu unterstützen. Ähnliches gilt auch für den Umgang mit der Herkunftsfamilie, der hier nicht weiter ausgeführt wird (grundlegend: Wolf 2015a).

Qualifizierung – Fortbildung – Schulung von Pflegeeltern

Die beiden gerade skizzierten Modelle prägen auch die Antworten auf die Frage, ob und wie Pflegeeltern qualifiziert, fortgebildet oder – mit einem problematischen Begriff bezeichnet – geschult werden sollen. Wir hatten bereits die Vorbereitung von potenziellen Pflegeeltern kennengelernt und gesehen, dass dabei sowohl ihre Information – z.B. über die rechtlichen Rahmungen ihrer Tätigkeit – als auch Anregungen für eine Selbstreflexion z.B. der Erwartungen gehören. Information und Selbstreflexion enden nicht mit der Vorbereitung, sondern ziehen sich als Prozess durch das gesamte Pflegeverhältnis. Pflegeeltern sollen dafür Angebote erhalten, manchenorts auch mit Verpflichtungen zur Teilnahme verbunden. Sie machen auch selbst Suchbewegungen, wo und wie sie Antworten auf die sie aktuell beschäftigenden Fragen finden können. Daher verwundert es nicht, dass sich ein buntes Spektrum an sehr unterschiedlichen – auch unterschiedlich seriösen – Angeboten entwickelt hat.

Diese lassen sich nach ihren jeweiligen Themenschwerpunkten ordnen oder auch nach dem didaktischen Konzept, das ihnen zugrunde liegt. Hinsichtlich der Themen ist das Spektrum riesig: Es reicht von vielen Themen, die auch in diesem Buch dargestellt werden, bis zu exotischen Konzepten – in denen z.B. allen Pflegekindern eine mangelnde Anstrengungsbereitschaft attestiert wird.

Hinsichtlich der Didaktik hat Bruno Hildenbrand (2012) in einer aufwendigen empirischen Untersuchung verschiedener Programme zwei grundlegende Konzepte gefunden: das Instruktions- und das Problemlösungsparadigma. Im Mittelpunkt des Instruktionsparadigmas steht ein Curriculum, das „bestimmt, wofür sich Pflegeeltern zu interessieren haben" (Hildenbrand 2012: 127). Wie in einer Schulklasse ist die Vermittlung von Inhalten und die Kontrolle des Lernerfolges gedacht. Der Lehrende bzw. das Curriculum wissen, was die Pflegeeltern brauchen. Wenn diese konzentriert mitarbeiten, können sie das Notwendige lernen. Der Unterricht, ggf. Nachhilfeunterricht, macht sie zu qualifizierten Pflegeeltern. Dieses Programm passt gut zum Kolonialisierungsmodell: Die Fachkräfte des Amtes (und ihre Auftragnehmer bei freien Trägern) definieren die Inhalte. Manchmal wird dies als Professionalisierung der Pflegeeltern bezeichnet. Das ist sehr missverständlich, da kein einziges Merkmal der klassischen Professionsdefinitionen eingelöst wird (vgl. Wolf 2014).

Das Problemlösungsparadigma folgt einer anderen Logik. Es geht von einem konkreten Problem der Pflegeeltern aus („Krise") und schafft einen Rahmen, in dem in einer Primärgruppe auf der Basis von Vertrauen – durchaus auch in die eigene Kompetenz und in die der anderen Teilnehmer*innen – kreative und innovative Antworten gesucht werden. Die Fachkraft hat nicht die Antworten, sondern sie moderiert den Erwachsenenbildungsprozess in einem günstigen Lernklima. Die Pflegeeltern werden dabei als Expert*innen ihres Lebens – und damit auch ihres Pflegekindes – ernstgenommen. Im Vordergrund steht ihre Unterstützung und weniger ihre Kontrolle. Dies passt viel eher zum Dienstleistungsmodell.

Die Vermittlung von Informationen zum rechtlichen Rahmen kann durch Instruktion effektiv erfolgen, für die Lösung von Erziehungsproblemen, die Restabilisierung von Sinnkonstruktionen der Pflegeeltern oder die Veränderung von unbefriedigenden Beziehungen erscheint das Problemlösungsparadigma sehr viel naheliegender, und es liegt – wie Hildenbrand pointiert ausführt – im sozialpädagogischen Kerngeschäft.

Stabilität: Matching als Dauerprozess

Wir hatten das Matching bereits bei der Auswahl der passenden Pflegefamilie für das Kind und seine Familie kennengelernt und dabei festgestellt, dass ein statisches Modell (Schlüssel und Schloss) zur Erklärung nicht geeignet, sondern ein Prozessmodell erforderlich ist. Folgen wir dem, wird deutlich, dass auch im weiteren Verlauf des Pflegeverhältnisses Prozesse der Herstellung oder Wiederherstellung von Passung notwendig sind. Sie kann und muss immer wieder neu ausbalanciert werden. Die Stabilität von Pflegeverhältnissen, für die die Passung eine Schlüsselkategorie ist, ist damit kein fester Zustand, sondern ein offener Prozess auf einem Kontinuum zwischen sehr hoher Stabilität und völliger Instabilität.

Nehmen wir einen günstigen Fall, in dem am Anfang eine hohe Passung zwischen Kind und Pflegefamilie und eine große Übereinstimmung der Ziele und Bewertungen in der HPF besteht, dann können wir fragen: Bleibt das nun so oder kann sich das ändern? Die Frage ist leicht zu beantworten: Die Wahrscheinlichkeit, dass es sich im Laufe des Aufwachsens ändert, ist sehr hoch. Das ist schon darin angelegt, dass die Menschen sich weiterentwickeln. Das ist eine anthropologische Notwendigkeit: Sie machen neue Erfahrungen, sie lernen hinzu, ihre Wünsche und Erwartungen verändern sich, es passieren neue Ereignisse, die ihr Leben beeinflussen. Diese Entwicklungen gibt es nicht nur beim Pflegekind, sondern auch bei den Erwachsenen, weil Entwicklung – nicht unbedingt zum Höheren, sondern in alle möglichen Richtungen – lebenslang stattfindet. Das Pflegekind entwickelt sich und ggf. auch die anderen Kinder in der Pflegefamilie und seine Geschwister am anderen Ort. Auch im Leben ihrer Mutter und ihres Vaters ändert sich etwas, manchmal sehr wenig, in anderen Fällen sehr intensiv. Dies alles hat Folgen für die Passung (Bombach/Wolf 2020). Bei den Untersuchungen zu Abbruchprozessen (Gabriel/Stohler 2020) zeigte sich, dass unvorhersehbare und ungeplante Ereignisse, die die Verhältnisse grundlegend ändern können, nicht selten waren. Die Mutter lernt einen neuen Partner kennen und die Idee einer Familienzusammenführung erwächst daraus, Pflegeeltern erkranken, werden arbeitslos, trennen sich oder bekommen doch noch ein Kind und vieles andere. Viele Ursachen liegen nicht primär beim Pflegekind, aber sie haben einen Einfluss auf das Pflegeverhältnis: Neue Themen tauchen auf, die Menschen reagieren darauf, Gefühle ändern sich, und andere Bewältigungsstrategien werden notwendig. Passung und Stabilität können allmählich wegdriften oder plötzlich verloren gehen, wiederhergestellt und restabilisiert werden.

Auch diese Prozesse werden von den Menschen oft sehr unterschiedlich interpretiert. Eine verführerische Lesart ist die, viele Schwierigkeiten und Stabilitätsverluste allein auf das Pflegekind zurückzuführen. Bei Entwicklungen, die später zu einem Abbruch des Pflegeverhältnisses geführt haben, findet sich oft folgendes Muster. Auch wenn das Kind schon sehr jung in die Pflegefamilie gekommen ist und dort schon seit vielen Jahren lebt, werden unerwartete Schwierigkeiten in der späteren Kindheit und Jugend in einem Zusammenhang mit früheren Traumatisierungen gebracht. Diese **Pathologisierungsattribution** sucht mögliche Ursachen für die aktuellen Schwierigkeiten nicht in der aktuellen Situation in der Pflegefamilie, sondern in Erfahrungen davor. Dies ist besonders auffällig, wenn zuvor über viele Jahre mögliche Traumatisierungen und ihre Folgen überhaupt kein Thema waren und nun plötzlich Aufmerksamkeit bekommen. Die Erklärungsmuster haben oft auch eine Rechtfertigungsseite: Die Ursache und damit Schuld liegt nicht bei uns und der von uns beeinflussbaren aktuellen Situation in unserer Pflegefamilie, sondern außerhalb unserer Zuständigkeit. Wenn die Pflegeeltern auch noch von außen unter Rechtfertigungsdruck gesetzt werden – wie bei dem praktizierten Kolonialisierungsmodell –, erscheint ihnen eine solche Erklärung als Ausweg. Der Preis dafür ist allerdings ein Verlust an Handlungsoptionen zur Verbesserung: Wenn ausgeschlossen wird, dass neue Schwierigkeiten auch mit neuen Entwicklungen in der Pflegefamilie im Zusammenhang stehen könnten, macht es keinen Sinn, hier über Veränderungen nachzudenken.

Auch bei einer ungünstigeren Startposition – schon am Anfang des Pflegeverhältnisses passen die Erwartungen nicht gut zusammen – gelingt es manchmal, im Laufe des Zusammenlebens die Bedingungen für Passung und Stabilität zu verbessern. Dies wird sehr erleichtert, wenn die Anpassungsleistungen nicht einseitig vom Pflegekind erwartet werden, sondern sich alle Familienmitglieder daran beteiligen und an einer Veränderung ihrer eigenen Einstellungen und Umgangsformen arbeiten. Dann wird die HPF zu einem flexibleren System, und es entsteht manchmal eine konstruktive Koproduktion.

> Bei einer Untersuchung in der Zentralschweiz hat mich beeindruckt, wie oft es den Fachkräften gelang, auch solche Eltern mit der Unterbringung ihres Kindes in der Pflegefamilie zu versöhnen, die am Anfang sehr skeptisch waren (Wolf 2018). Durch einen freundlichen und wohlwollenden Umgang der Pflegeeltern und der Fachkräfte mit ihnen fiel es ihnen leichter, anzuerkennen, dass es ihrem Kind dort richtig gut geht und dass sie als verantwortungsvolle Eltern dies ermöglichen.

So kann sich manchmal eine Passung im Verlaufe des Pflegeverhältnisses entwickeln und verbessern. Das bedeutet nicht, dass sie am Beginn des Pflegeverhältnisses unwichtig wäre, sondern dass auch Entwicklungen in positive Richtungen eröffnet werden können – nicht zuletzt durch die Arbeit der Fachkräfte.

Das Matching als aktiver Prozess, der während der gesamten Dauer des Pflegeverhältnisses immer wiederhergestellt und ausbalanciert werden kann und muss, begründet die Notwendigkeit einer kontinuierlichen Begleitung durch eine gute Fachkraft (Bombach/ Wolf 2020).

Sensibilität für deutliche Veränderungen in den Sinnkonstruktionen der Pflegeeltern, für Veränderungen in den Lebensplänen der Eltern, für Signale der anderen Kinder in der Pflegefamilie, dass die Belastungen für sie ansteigen und Aufmerksamkeit für neue Themen des Pflegekindes – z.B. dass seine Herkunft, Abstammung und seine Beziehungen zu Verwandten für sie relevanter werden – ermöglichen der Fachkraft, die Menschen bei der Bewältigung der neuen Aufgaben, die dabei auftreten, zu unterstützen. Das könnte im Zentrum ihres Beratungskonzeptes stehen. Dann wird es möglich, neben den alltäglichen Aufgaben und Themen auch die langen Linien im Blick zu behalten, die die Stabilität des Pflegeverhältnisses und das Wohlbefinden der Menschen beeinflussen. Eine Voraussetzung dafür ist, dass die Fachkraft die Pflegefamilie kontinuierlich begleiten kann und dies nicht durch eine hohe Personalfluktuation oder durch eine schlechte Personalausstattung, die höchstens Kriseninterventionen oder gar nur eine Verwaltung des Schadens zulässt, beeinträchtigt wird. Denn die Instrumente, die in einer akuten Krise gebraucht werden, müssen vorher entwickelt werden, und viele Handlungsoptionen bestehen in einer sich entwickelnden und nicht erst in einer sehr zugespitzten Krise.

Oft haben Pflegefamilien und manchmal auch Pflegekinder den Wunsch, von Sozialen Diensten einfach in Ruhe gelassen zu werden und so eine Normalität als eine Familie wie andere auch zu leben. Das ist sehr verständlich. Aber wenn die Sozialen Dienste diesen Wunsch erfüllen, indem sie sich weitgehend heraushalten, steigern sie nichtintendiert die Risiken für Eskalationen, die bis zum Zusammenbruch des Pflegeverhältnisses führen können. Dies liegt auch nicht im Interesse der

Pflegefamilie. Deswegen ist ein taktvoller Umgang mit den Normalitätswünschen und der unvermeidbaren Einmischung auf der Basis einer Vertrauensbeziehung ein guter Ausweg.

Umgang in der Herkunftsfamilien-Pflegefamilien-Figuration

Die Menschen in der HPF können vielfältigen Kontakt zueinander pflegen: innerhalb der beiden Teilfigurationen und zwischen den Teilfigurationen. Die zwischen Pflegefamilie und Herkunftsfamilie gelten oft als kompliziert und sind auch deswegen rechtlich ausgeformt. Dann wird geregelt, wie häufig und an welchen Orten sich Pflegekind und Eltern, Geschwister oder Großeltern treffen, ob sie dabei begleitet werden und wie die Übergaben erfolgen. Der rechtliche Code dafür ist Umgang: Eltern haben grundsätzlich Anspruch auf einen Umgang mit ihrem Kind und auch das Kind auf einen mit seinen Eltern. Die Beteiligten verwenden oft andere Begriffe wie Besuchskontakte oder Treffen.

Vielfältige Regelungen und auch relativ häufige Entscheidungen von Familiengerichten, die im Konfliktfall angerufen werden, zeigen hier geradezu exemplarisch ein Spannungsfeld zwischen Eltern und Pflegeeltern, in deren Mittelpunkt das Kind und die Ausformung seiner Beziehungen stehen. Das ist für das Kind sehr selten eine glückliche Position, sondern eher eine, die mit Sehnsucht, Angst, Ablehnung, unerfüllten Hoffnungen und anderen großen Gefühle verbunden ist. Auch für die Erwachsenen sind diese Kontakte oft kein Routinevorgang, sondern eine Herausforderung.

In der Praxis der Sozialen Arbeit und in den Äußerungen von Pflegeeltern und – seltener untersucht – von Eltern spielt der Umgang als Quelle von Belastungen eine wichtige Rolle. Manchmal erscheint es so, als ob (fast) alle Probleme für die Pflegeeltern und das Kind beseitigt seien, wenn nur die Besuchskontakte ausgesetzt würden. Als allgemeine Einschätzung überschätzt dies aber die Risiken und unterschätzt die Funktionen, die diese Kontakte erfüllen und die bei einem Verzicht an anderer Stelle auftreten würden.

Gravierende Belastungen treten keineswegs in allen HPF auf und auch nicht ständig. In einer Untersuchung bei der u.a. die Reaktionen der Kinder vor den Kontakten, bei den Übergaben, während und nach den Kontakten sehr differenziert dokumentiert wurden, zeigt sich, dass viele Eltern-Kind-Kontakte undramatisch verliefen (Wolf 2018). Auch viele Eltern, deren Kinder primäre Bindungen zu den Pflegeeltern entwickelt hatten, äußerten, dass sie einen guten und regelmäßigen Kontakt zum Kind haben, dass die Pflegeeltern nett seien und freundlich mit ihnen umgingen, dass ihre Wünsche und Vorstellungen berücksichtigt würden und dass es für sie (inzwischen) okay sei, dass ihr Kind in dieser Pflegefamilie aufwächst (vgl. Wolf 2018).

In einer anderen Untersuchung beschreibt ein junger Mann seine Erfahrungen als Pflegekind so:

> „Es war normal, dass meine Mama hier immer wieder mal vorbeikam. Ich weiß, dass es eigentlich nicht normal ist, mehrere Mütter zu haben, aber für mich war es normal." (Pierlings 2011: 36)

Die Kinder können durch die Kontakte für ihre pflegekinderspezifischen Entwicklungsaufgaben in und mit zwei Familien manchmal Lösung finden, ein realistisches Bild von ihren Eltern und von deren Lebenssituation entwickeln und Antworten auf wichtige biografische Fragen finden. Das ist nicht immer schmerzlos, und gelegentlich äußern sich Jugendliche auch genervt über den Wunsch ihrer Eltern nach Treffen, aber es ermöglicht ihnen zugleich auch manchmal eine Auseinandersetzung mit ihrer Herkunft und eine Klärung der Beziehungen – erfüllt also wichtige Funktionen. Diese Themen wären nicht verschwunden, wenn es keine Kontakte gäbe.

Die Untersuchungen zu Umgangskontakten zeigen allerdings auch Situationen mit **Hardcore-Belastungen**. Treffen, in denen z.B. ein Kleinkind in Panik gerät, wenn es nur die Stimme seines Vaters oder seiner Mutter von Weitem hört und kaum beruhigt werden kann, haben ein hohes Retraumatisierungsrisiko und müssten deswegen unbedingt vermieden werden. In solchen Fällen sollten andere Formen eines Elternkontaktes entwickelt werden, die einen unmittelbaren Kontakt von Kind und Eltern(teilen) ausschließen. Gespräche der Fachkraft mit den Eltern über die Entwicklung ihres Kindes und Fotos können ihnen eine begrenzte Teilhabe ermöglichen.

Auch ältere Kinder und Jugendliche erleben die Kontakte manchmal als große Belastung und versuchen sich gegen eine Verpflichtung zu wehren. So beschreibt Adam ein Treffen mit seiner Mutter so:

> „Also, hätte man mich da besser nachvollziehen können und hätte sagen können: ,Okay, das ist wirklich krass da. Er braucht auf jeden Fall auch nicht mehr da irgendwie Kontakt zu haben.' Und da waren auch sämtliche irgendwie Versuche, um mich mit ihr da irgendwie zusammen zu führen. Das war auch einmal irgendwie, das war auch bei einer Psychologin oder so was Ähnlichem, keine Ahnung. Da wurde dann auch so ein Treffen arrangiert oder so was. Ich bin da nur reingegangen, ich hab dann die Augen zugemacht und meinte: ,Ich will dich nie wieder sehen' und bin dann raus gerannt so. Dass halt diese jämmerlichen Versuche halt unterlassen werden sollten so." (Pierlings 2011: 36)

Diese Szene zeigt auch, dass – z.B. vom Familiengericht erzwungene Kontakte – nicht nur ihr Ziel verfehlen können, sondern das Gegenteil bewirken: eine weitere gravierende Belastung für die Mutter-Kind-Beziehung statt einer Förderung. Es gehört auch nicht viel Fantasie dazu, sich vorzustellen, wie Adams Mutter dieses Treffen erlebt hat.

Auch etwas längere Besuche der Kinder bei den Eltern können für die Pflegeeltern – für das Kind allemal – zur Herausforderung werden. Carmen Thiele zitiert in ihrer Untersuchung zur Qualitätsentwicklung in der Vollzeitpflege eine Pflegemutter, die nach trockenen Phasen bei einem Rückfall der alkoholabhängigen Mutter folgende Aufgaben zu bewältigen hatte:

> „Teilweise sind wir selber mit dazu gerufen worden, von der Nachbarin, dass wir das kleine Mädchen mitten am Wochenende, ach, an Ostern, ganz egal wann, aus der Wohnung holen mussten, die Mutti betrunken ins Krankenhaus schaffen mussten. ... Also es war ein ständiges Auf und Ab. Hat ihr Kind, hat ihr'n Kind die Schuld gegeben für ihr'n Zustand. Hab das Leiden des Kindes mit ansehen müssen, wie's von der Mutti am Telefon runter gemacht wurde, oder wie die Kleine enttäuscht wurde, weil sie auf einen Anruf der Mutti gewartet hat, und der kam nicht. Also das war'n so wahnsinnig viele Konflikte. Also dieser Fall war wirklich schlimm." (Thiele 2009: 191)

Arbeitsaufgabe 28:

Bitte beschreiben Sie die Themen und Probleme für die Entwicklung des Mädchens, die in dem Zitat deutlich werden.

a) Mit welchen Problemen muss sich das Kind möglicherweise auseinandersetzen?

b) Was könnte dem Kind bei der Bewältigung der Probleme nutzen? Entwickeln Sie ein paar Vorschläge, die Sie mit der Pflegemutter oder der Mutter besprechen könnten.

Carmen Hofer-Temmel und Christina Rothdeutsch-Granzer (2019) haben die Sichtweisen von Kindern und ihren Familien auf ihre Erfahrungen in Besuchskontakten analysiert und ein **Kreiselmodell** entwickelt. Es erfasst das dynamische Zusammenspiel von verschiedenen Faktoren und wird von den Autorinnen (2019: 210) so zusammengefasst.

Das Kreiselmodell geht von folgenden Elementen aus:

- „Gesellschaftliche Werte und gesetzliche Grundlagen bilden die Achse, und persönliche Kontaktbedürfnisse geben den Drehimpuls.
- Besuchskontakte entwickeln sich prozesshaft, individuell und experimentell.
- Die Kreiselstruktur bildet sich aus neutralen, sicherheits- und unsicherheitsstiftenden Elementen und bestimmen den Energiehaushalt.
- Es können Interaktionsblockaden auftauchen.
- Besuchskontakte sind gerahmt durch gestaltende und begrenzende Rahmenbedingungen.
- Fachkräfte wirken auf die Besuchskonstellation."

Besonders interessant erscheint mir das Zusammenspiel von Sicherheit vermittelnden und Unsicherheit auslösenden Prozessmerkmalen jeweils für die verschiedenen

Beteiligten. Damit lassen sich auch Prozesse des Stabilitätsverlustes und der Restabilisierung über die Besuchskontakte hinaus erklären.

Aus juristischer Sicht bedeutet eine Begleitung beim Umgang eine Einschränkung: Eltern dürfen ihr Kind nicht allein sehen, sondern nur, wenn eine Fachkraft oder z.B. die Pflegeeltern sie dabei begleiten. Für diese Einschränkung der Elternrechte muss es Gründe geben, und sie wird durch ein Familiengericht festgestellt. Auch manche Eltern fühlen sich dann eher beobachtet und kontrolliert und wollen diese Auflage möglichst schnell aufheben lassen. Besonders unangenehm wird es für die Eltern, wenn die Beobachtungen im Kontakt zu diagnostischen Zwecken benutzt werden. Dann stehen sie tatsächlich unter Beobachtung in einer Leistungssituation: Ist ihr Verhalten kindgerecht? Haben sie eine Bindung zum Kind?

Es gibt allerdings auch sehr positive Erfahrungen mit einer Begleitung. Dann fühlen sich nicht nur die Kinder sicherer, weil sie Orientierung und Schutz durch eine vertraute Person erwarten, sondern auch die Eltern. Hier liegen wichtige Handlungsoptionen von Fachkräften, die präventiv Probleme verhindern und Lösungen erleichtern können. Ein Beispiel soll das illustrieren.

> Eine freundliche Fachkraft begrüßt an einem neutralen Ort mit guten Spielmöglichkeiten aktiv die Eltern, das Kind und die Pflegeeltern. Vielleicht hat sie die Eingangsphase ritualisiert: Jeder hat einen festen Platz, z.B. singen alle gemeinsam ein Lied, das das junge Kind sich aussuchen darf, sie moderiert die Kontaktaufnahmen zwischen den Erwachsenen und zwischen den Eltern und dem Kind, leitet den Abschied der Pflegeeltern ein und klärt die Absprachen zur Abholung und macht Vorschläge, wie Eltern und Kind in einen unmittelbaren Kontakt kommen können und was sie jetzt spielen könnten. Wenn es möglich ist, zieht sie sich zurück, wenn nötig, greift sie ein. Die Abschiedssituation wird ebenfalls moderiert und manchmal ritualisiert. Eine Nachbereitung mit Eltern oder Pflegeeltern dient auch der Vorbereitung des nächsten Treffens.

In einem Modellprojekt wurden von engagierten Fachkräften vor dem Hintergrund der Aussagen von ehemaligen Pflegekindern über ihre Erfahrungen bei Besuchskontakten Standards für eine solche aktive Begleitung entwickelt und die personellen Voraussetzungen dafür geschaffen (Pierlings 2011: 35-42).

Diese gute Praxis haben auch Pflegekinderdienste in der Schweiz (Wolf 2018) und in Österreich entwickelt. Sie gehen alle von der Grundhaltung aus, dass in und um die Kontakte für Eltern, Pflegeeltern und das Kind komplizierte Situationen entstehen können und dass ein ungünstiger Verlauf – wie wir ihn oben in einigen Zitaten kennengelernt haben – für alle gravierende, zusätzliche Belastungen hervorbringen kann. Umgekehrt führen günstige Verläufe zu positiven Effekten über die unmittelbaren Besuchskontakte hinaus. Für die Kinder steigen die Chancen steigender Pflegekindzufriedenheit, Eltern und Pflegeeltern machen auch positive Erfahrungen miteinander und Spannungen werden geringer. Auch die Eltern machen dann die Erfahrung, dass ihre Interessen berücksichtigt werden und sie sich nicht nur durch Konflikteskalationen wieder ins Spiel bringen müssen.

Das wird nicht in jedem Einzelfall gelingen, aber die Erfahrungen und die einschlägigen Untersuchungen (Sauer 2008; Pierlings 2011; Hofer-Temmel/Rothdeutsch-Granzer 2019) zeigen, welche Handlungsoptionen der Fachkräfte hier liegen und wie es gelingen kann, Interessengegensätze zu überwinden. Der erhöhte Personalaufwand relativiert sich auch, wenn der Aufwand bei der Verwaltung und Schadensbegrenzung von gravierenden, vor Familiengerichten ausgetragenen Spannungen gegengerechnet wird – vom vermiedenen Leid für die Kinder ganz abgesehen.

Risiken und Schutz

Für viele Kinder ist ihr Schutz in der Pflegefamilie ein wichtiges Thema. Dies gilt besonders für diejenigen, die schon vorher in ihrem Leben Gewalt oder massive Vernachlässigung erleben mussten. Sie sind sensibilisiert – auch und gerade für die Risiken des Lebens in Familien – und erhoffen sich einen sicheren Ort in der Pflegefamilie.

Im Allgemeinen erwarten wir einen guten Schutz der Kinder und ihrer Rechte durch ihre Eltern und in ihrer Familie. Die UN-Kinderrechtskonvention (grundsätzlich: Schmahl 2017) geht davon aus, dass die Risiken für die Kinder durch eine Trennung von ihren Familien und Eltern z.B. in Kriegssituationen und bei Naturkatastrophen oft erheblich ansteigen. Andererseits sind Familien nicht immer sichere und entwicklungsfördernde Orte. Sie können auch zum Ort von Gewalt, sexualisierter Bedrohungen und Vernachlässigung werden. Beide Seiten des Familienlebens sollten wir im Auge behalten: die besonderen Chancen auf Schutz, Beheimatung und Sorge und die besonderen Risiken und Gefahren, wenn sie diese Erwartungen enttäuschen. Beides hängt mit der hohen Emotionalisierung der Beziehungen, den starken gegenseitigen Abhängigkeiten und der Stützung durch wirkmächtige gesellschaftliche Deutungsmuster zusammen.

Hohe Erwartungen und hohe Risiken, dass sie enttäuscht werden, treffen auf Pflegefamilien noch einmal in besonderer Weise zu. Sie werden – mit Ausnahme der informellen Verwandtenpflege – durch Behörden geprüft und laufend kontrolliert. Manchmal heißt es – andere Facetten ausblendend und insofern verkürzt – sie erfüllten ihre Aufgaben im Auftrag des Staates. Außerdem hatten wir bereits viele Merkmale kennengelernt, die zu einem besonderen Profil von Belastungen und Risiken beitragen können: z.B. eingeschränkte Elternrechte, oft unklare Perspektiven zum Verbleib des Kindes, misstrauische Blicke auf die Normalität als Familie und Einmischungen in das private Leben.

Vor diesem Hintergrund ist es erstaunlich, dass der Schutz der Kinder und ihrer Rechte in Pflegefamilien im deutschsprachigen Raum lange Zeit kaum diskutiert wurde. Ein Grund dafür dürften auch Schwarz-Weiß-Konstruktionen von Herkunfts- und Pflegefamilien sein: Die einen erschienen darin ausschließlich als Orte der Gewalt und Vernachlässigung, die anderen a priori als sichere, entwicklungsfördernde Orte. So einfach sortiert war die Pflegekinderwelt allerdings nie. Einige Todesfälle von Kindern in ihrer Pflegefamilie, in deren juristischer Aufarbeitung z.B. eine Pflegemutter wegen Mordes verurteilt wurde, Berichte über systematische sexualisierte Gewalt durch Pflegeväter (z.B. Baader u.a. 2020) in Deutschland oder erschreckende Schicksale von Verdingkindern in der Schweiz warfen in der breiten Öffentlichkeit und auch in der Pflegekinderhilfe dringende Fragen nach dem Kinderschutz in Pflegefamilien auf.

Die in Deutschland neuerdings geführten Debatten um den Kinderschutz in Pflegefamilien finden mit unterschiedlichen Rahmungen statt. So wird gefordert, den Kinderschutz in Pflegefamilien stärker in der allgemeinen Diskussion, um Kinderrechte und Schutzkonzepte zu berücksichtigen. Dabei wird ein Schwerpunkt auf veränderte, auch rechtlich kodifizierte Strukturen gelegt. Die Verantwortung der Jugendämter für Schutzkonzepte wird betont, und die Einbeziehung der Pflegeeltern, eigenständige Interessenvertretungsrechte und kollektive Formen der Selbstvertretung für die Pflegekinder werden gefordert (Fegert/Gulde/Henn u.a. 2020). Auch in der SGB VIII-Reform werden endlich die Schutzbedürfnisse der Kinder stärker betont und auch die besonderen Schutzbedürfnisse der Kinder mit Behinderung gesehen (vgl. § 8a und § 8b SGB VIII).

Spezifischer auf die Situation von Pflegekindern gehen andere Konzeptionen ein, die betonen, dass der Schutz in Pflegefamilien – zwischen dem Schutz in (Herkunfts-)Familien und dem in Organisationen angesiedelt – eine eigene Rahmung benötigt (Müller/Paz Martinez 2020) und die Übertragung aus den anderen Feldern nicht ausreicht. Auch sie behandeln Strukturfragen, aber zusätzlich auch vielfältige Vorschläge, die wichtige Elemente eines pädagogischen Konzeptes darstellen und uns bei den Antworten auf die Risiken, die wir zunächst noch etwas genauer betrachten müssen, beschäftigen werden.

In Pflegefamilien können alle Risiken, Formen von Gewalt und Vernachlässigung, Grenzüberschreitungen und Verletzungen von Kinderrechten auftreten wie in anderen Familien auch. Das Wissen darüber ist daher auch für die Pflegekinderhilfe relevant. Das hier darzustellen, würde den Rahmen dieses Buches aber wieder sprengen. Deswegen sei auf die einschlägigen Untersuchungen hingewiesen: z.B. Lamnek u.a. 2013; Schone/Wagenblass 2010. Etwas genauer sollten wir die Risiken betrachten, die durch Merkmale der Pflegefamilie ein besonderes Profil erhalten.

Die Forschung in Großbritannien, den USA und Australien (Biehal 2013) zeigen einige Ursachen in der Person der Pflegeeltern – insbesondere anhaltende Überforderung, strafender Rückzug vom Kind, psychische Erkrankungen oder sadistische Erziehungsvorstellungen. Körperliche Strafen und Misshandlung als Folge von Überforderung und einer Ohnmacht, das Kind in seinem Verhalten anders zu beeinflussen und die Verdichtung solche Sanktionen zu einem gewaltorientierten Umgang sind in der Familienerziehung allgemein belegt (schon Honig 1992). Entsprechende Risiken sind in der Pflegefamilie auch aufgrund der Probleme, die Pflegekinder manchmal haben und machen, vielleicht noch etwas höher. Ein enttäuschter oder strafender Rückzug vom Kind, Distanz und Kälte im Umgang bis zu einer systematischen Vernachlässigung können wir auch als Ausdruck eines Zusammenbruchs der Sinnkonstruktionen der Pflegeeltern interpretieren, der die Entwicklungschancen der Kinder ruinieren kann.

Auch die schweren Folgen ungerechtfertigter Vorwürfe gegen Pflegeeltern werden in den Untersuchungen deutlich (Übersicht: Biehal/Parry 2010). Dieser Befund ermahnt uns, im Einzelfall zunächst die Fakten genau zu betrachten und nicht voreilig Schlüsse mit weitreichenden, kaum reversiblen Konsequenzen zu ziehen. Wenn Kinder über Misshandlungen berichten, muss das immer ernst genommen werden und ist ein deutlicher Hinweis auf eine Notlage, in der sie sich befinden. Ob die Not in der beschriebenen Misshandlung liegt, muss aber erst erschlossen werden, und andere Ursachen dürfen nicht von vornherein ausgeblendet werden.

In der Verwandtenpflege werden spezifische Kinderschutzkonzepte benötigt (vgl. Althoff/Hilke 2016). Dies ist eine besondere Herausforderung, da in der informellen Verwandtenpflege kein systematischer Zugang zum Pflegekind durch Soziale Dienste besteht. Eine starke Abkapselung der Familie ist auch hier ein Alarmsignal.

> **Arbeitsaufgabe 29:**
>
> Bitte überlegen Sie sich eine kleine Liste von Signalen, die auf eine Notsituation von Pflegekindern hinweisen können (z.B. das Kind erklärt mit versteinertem Gesicht, dass es ihm gut ginge und alles in Ordnung sei).
>
> a) Auf welche Notlagen könnte dieses Verhalten hinweisen? Entwickeln Sie bitte mehrere Interpretationen.
>
> b) Was ist bei weiteren Gesprächen mit dem Kind zu bedenken? Welche Gesprächsführung erscheint Ihnen eher günstig. Was würden Sie vermeiden wollen?
>
> c) Welche Vor- und Nachteile hat die Entwicklung von Interpretationshypothesen im Team?

Es ist sehr wahrscheinlich, dass die Kinder in Notsituationen Signale senden. Diese können eindeutig sein und unmittelbar zugeordnet werden, aber sie können auch diffus sein und indirekt erfolgen. Dann werden viele Interpretationen möglich, die zu sehr verschiedenen Konsequenzen führen können – z.B. je nachdem, ob die Ursachen unmittelbar in der Pflegefamilie, in Peerbeziehungen oder in Kontakten zum Herkunftssystem gesucht werden. Sich da nicht zu früh auf eine einzige Interpretation festzulegen und auch andere zu prüfen, ist ein wichtiges Qualitätsmerkmal. Das gilt generell bei Signalen der Kinder, die auf Kindeswohlgefährdung verweisen können. Ein pathologisierender Blick auf das Kind kann das Risiko von vorschnellen Fehldeutungen und ein Negieren seiner Signale noch weiter erhöhen.

> Besonders beunruhigend sind die Untersuchungsergebnisse zum Tod der 9-jährigen Anna, die von ihrer Pflegemutter in der Badewanne getötet wurde (auch zum Folgenden: Schrapper 2013). Das Kind wurde von der Pflegemutter als sehr schwieriges Kind dargestellt. Diese Darstellung wurde durch eine Therapeutin und einen Arzt immer wieder gestützt. Dieser diagnostizierte schwere frühkindliche Traumatisierungen und mahnte, selbstverletzende Handlungen nicht fälschlicherweise auf Misshandlungen zurückzuführen. Auch die Fachkraft, die die Pflegefamilie begleitete, inter-

pretierte viele Signale des Kindes als Inszenierungen. Ein ebenfalls folgenreiches Interpretationsmuster war der Kontrast zwischen der bösen Mutter und der guten Pflegemutter. Auch Anna schrieb Briefe, in denen sie dieses Muster verwendete.

Die Rekonstruktion des Prozesses, an dessen Ende der Tod des Kindes steht, zeigt, in welchem Maße es gelingen kann, andere außerhalb der Pflegefamilie über die Verhältnisse in der Pflegefamilie zu täuschen. Insofern ist die Analyse von Christian Schrapper ein eindrucksvolles Beispiel für die Notwendigkeit, auch jeweils alternative Deutungen (Könnten die Briefe von Anna auch anders verstanden werden als so, dass sie dort einfach sagt, wie es ist?) im Fallverstehen zu erarbeiten.

Arbeitsaufgabe 30:

Einige der Fallverläufe, die zum Tod von Pflegekindern geführt haben, sind durch wissenschaftliche Untersuchungen oder z.B. parlamentarische Untersuchungsausschüsse analysiert worden. Dabei sind i.d.R. die Fakten sorgfältig dargestellt. Diese Berichte sind oft veröffentlicht und gut zugänglich.
Bitte entscheiden Sie sich für eine der Untersuchungen:

a) Welche Fehler von Fachkräften unterschiedlicher Professionen haben zu dem Verlauf beigetragen?

b) Was hat zur Entstehung dieser Fehler – außer Merkmalen in der Person der Akteur*innen – beigetragen?

c) Entwickeln Sie Vorschläge für überprüfbare Qualitätsstandards als Konsequenzen (auch jenseits der Vorschläge in den Berichten).

Wenn die Kinder Signale ihrer Not senden, sind Empfänger notwendig, die diese Signale empfangen, richtig deuten und handeln. Die Abkapselung der Kinder in der Pflegefamilie und ihre Isolation von anderen Kontakten ist daher generell ein risikoverschärfendes Strukturmerkmal.

Bisher haben wir die Aufmerksamkeit in diesem Abschnitt besonders auf die Risiken gerichtet, die unmittelbar von den Pflegeeltern oder – das sei hier noch ergänzt – von anderen Mitgliedern der Pflegefamilie ausgehen. Weitere, auch ernst zu nehmende Risiken für die Entwicklung der Kinder haben wir an anderer Stelle bereits betrachtet. Wenn die Kinder immer wieder den Zugang zu wichtigen Menschen verlieren, Ortswechsel erfahren oder das Gefühl haben, dass sie in einer unsicheren, unberechenbaren und für sie kaum beeinflussbaren Welt leben („Pflegegedöns"), dann sind dies ebenfalls erhebliche Risiken, die als Formen von Gewalt erlebt werden können.

Auf diese Risiken können Soziale Dienste Antworten entwickeln. Die Kinder müssen ihnen nicht einfach ausgeliefert sein, sondern sie können verhindert, abgemildert oder die Bewältigung kann erleichtert werden.

Der Kinderschutz in Pflegefamilien kann umfassend nur in einer Kooperation der Sozialen Dienste mit den Kindern selbst, den anderen Mitgliedern der Pflegefamilie und den Eltern gelingen. Dazu gehören auch kontrollierende Elemente. Aber auch die Erfahrungen mit Extremfällen dürfen nicht zu einer allgemeinen Kultur des Misstrauens im Umgang miteinander führen. Das würde nicht nur wichtige Chancen des Lebens in Pflegefamilien zerstören, sondern auch den Schutz der Kinder in der Pflegefamilie schwächen. Denn viele Probleme können nur in der Kooperation, durch Vertrauensbeziehungen und die Bereitschaft, auch über Schwierigkeiten zu sprechen, gelöst oder abgeschwächt werden. Die Kinderschutzthemen im engeren Sinne – bezogen auf Kindeswohlgefährdungen und unmittelbare Gefahren – müssen eingebettet sein in eine Praxis, die die Beteiligung der Kinder und Erwachsenen und eine gute Begleitung und Unterstützung vorsieht.

Insofern haben wir bereits viele relevante Kinderschutz-Themen behandelt. Eine gute Eignungsprognose und Vorbereitung, das Dienstleistungsverständnis bei der Bewältigung schwieriger Aufgaben und der Prävention von nachhaltigen Überlastungslagen, die Passungswiederherstellung als Prozess im gesamten Pflegeverhältnis, die Gestaltung weicher Übergänge, die Wahrnehmung und Wertschätzung der eigenständigen Perspektive der Kinder sind bereits wichtige Antworten auf die Kinderschutzfragen und zeigen die Bedeutung und Handlungsoptionen leistungsfähiger Sozialer Dienste.

Auf der gesellschaftlichen Makroebene bereiten die Beachtung und Betonung der Kinderrechte, eine wohlwollende Berichterstattung über Pflegekinder und Pflegefamilien und eine Gesetzgebung, die die Position der Pflegekinder stärkt, den Boden für ein entwicklungsförderndes Leben in Pflegefamilien. Auf der Ebene der Sozialen Dienste kann die Bereitschaft, aus problematischen Verläufen zu lernen und sich an entsprechenden Projekten zu beteiligen, nützlich sein (vgl. Müller/Paz Martinez 2020). Auch die Etablierung von unabhängigen, niederschwellig zugänglichen Ombudsstellen für Pflegekinder und Pflegeeltern kann den Kinderschutz stärken.

Eine Schlüsselstelle für den Kinderschutz in Pflegefamilien ist eine niederschwellig erreichbare Vertrauensperson (ähnlich: Müller/Paz Martinez 2020). Während bei der Erziehung in Organisationen häufig der Schwerpunkt auf den Strukturen für Beschwerdeverfahren liegt, kann dies nicht einfach auf private Lebensfelder übertragen werden. Pflegekinder machen ihre Suchbewegungen in Not- oder Belastungssituationen sehr oft zunächst bei ihnen bekannten und vertrauen Menschen, zu denen sie unmittelbar Kontakt aufnehmen können. Wenn diese ihre Signale aufnehmen, ihnen zuhören und gemeinsam mit ihnen Handlungsmöglichkeiten überlegen, haben sie eine wirkungsvolle Ressource, die Not abzumildern und handlungsfähig zu werden. In manchen Fällen können die Fachkräfte selbst zu einer Vertrauensperson werden. Das kann die Qualität einer dichten emotionalen Beziehung haben, aber insbesondere bei Jugendlichen sich auch etwas distanzierter auf eine neutrale Rolle und „diplomatische" Kompetenz beziehen.

> So schildert Robert seine Erfahrungen:
> „Das war so, da waren wir auch oft bei Frau Zimmermann, Jugendamt. Das war auch immer so, mal waren wir da, war alles schön und gut und mal waren wir da, dann wurd alles ausgepackt und erzählt. Es war bei mir immer so, dass ich da so die Wahrheit auspacken konnte. Weil da einfach

noch so eine neutrale Person vielleicht dabei war. Und klar, wenn man nach Hause gekommen ist, dass das dann natürlich Ärger gab. Aber da konnte man das sagen und ohne dass meine Pflegemutter direkt dann ausflippt oder so Reaktionen halt kommen. Und wo man vielleicht auch noch so ein bisschen den Schutz hatte. Wo dann Frau Zimmermann natürlich gesagt hat ‚Vorgeschichte' so halt, ein bisschen diplomatischer das angegangen ist. Und das war dann immer so auch für mich so eine Befreiung, konnte ich alles erzählen. ... Und dann natürlich auch: ‚Okay, wie können wir das ändern?' Und dann hab ich immer auch das Gefühl gehabt: ‚Okay, ich werde jetzt ernst genommen. Die Leute wollen meine Meinung hören.'" (Pierlings 2011: 81)

Pia entwickelt eine kleine Liste von Qualitätsmerkmalen für eine gute Beratung:

„... das war bei dem Herrn Wagener nicht so. Der hat sich auch unterhalten und hat auch gesagt: ‚Wenn du alleine reden willst, kannst du das ruhig.' Der hat mir auch Fragen beantwortet, die ich gestellt habe. Nicht wie die anderen: ‚Darf ich nicht sagen.' Oder: ‚Bist du noch zu jung für.' Oder irgendwie so was. Der hat mir die Fragen beantwortet, die ich wissen wollte über meine Familie. Und der war auch immer ehrlich mit mir und hat auch immer dafür gesorgt, dass ich das so alles hinkriege, wie ich das will. Und ich hab heute noch Kontakt mit ihm. Wenn irgendwas ist, ich rufe den trotzdem an und sag: ‚Hör mal, so und so sieht das aus. Was mache ich da am besten?'" (Pierlings 2011: 79 f.)

Die Maßnahme Vollzeitpflege ist längst abgeschlossen, aber Pia – ihr kleines Kind im Arm – schildert im Interview, dass Herr Wagener immer noch (trotz der fehlenden Zuständigkeit) ein wichtiger Ansprechpartner für sie ist.

Die Fachkraft selbst kann und muss nicht immer zur Vertrauensperson werden, aber sie sollte dafür sorgen, dass diese Rolle besetzt wird. Das kann – wie wir bei der Schweizer PAVO schon diskutiert haben – nicht durch Zuweisung geschehen, sondern mit dem Kind entwickelt werden. Solange sich eine solche Vertrauensbeziehung noch nicht entwickelt hat, ist der Schutz dieses Kindes eingeschränkt. Wenn das Kind hingegen Zugang zu mehreren vertrauten Menschen hat, mit denen es Sorgen besprechen kann und die sich um sein Wohlergehen Gedanken machen, sind die Risiken geringer. Insbesondere bei älteren Kindern und Jugendlichen sind Freunde und Freundinnen ebenfalls sehr bedeutsam.

Es gibt manchmal die Vorstellung, dass Vormünder*innen qua beruflicher Rolle zur Vertrauensperson würden und daher mit ihrer Bestellung der Part schon abgedeckt sei. Das kann sich positiv entwickeln, garantiert ist dies nicht. Menschen können nicht auf Befehl Vertrauen haben, sondern dies kann (und muss) sich im dialogischen Verhältnis entwickeln. Für die Chance gibt es aber wiederum eine strukturelle Voraussetzung: die Kontinuität der Begleitung.

Vanessa beschreibt ihre Erfahrungen mit dem PKD so:

„Ja, und dann hatte ich ja erst die Frau Schöler vom Pflegeamt gehabt. Ja, dann ist die ja zu einer anderen Abteilung rübergegangen für Kinder, die adoptiert werden. Und dann hatte ich den, dann hatte ich jemand anderes bekommen. Jetzt weiß ich auch nicht. Den Herrn Galanis, so war das. Dann war der auch knapp ein Jahr bei mir. Ja, und dann hatte ich wieder einen anderen, dann hab ich wieder einen anderen gekriegt und dann war immer diese Wechselei. Und dann hatte ich mich da auch wieder ein bisschen zurückgezogen, weil ich rede nicht gerne mit anderen Leuten über meine Probleme. Oder was eben halt früher gewesen ist. Sag ich mal, rede ich nicht gerne drüber. Durch diese Wechselei habe ich mich dann auch wieder ein bisschen zurückgezogen." (Pierlings 2011: 76)

Der Rückzug ist ihre verständliche Antwort auf die fehlende personelle Kontinuität. In solchen Organisationsstrukturen kann sich jedenfalls kaum eine Vertrauensbeziehung zu einer Fachkraft entwickeln.

Einige Hoffnungen beruhen auch auf der Einrichtung von Ombudsstellen, die neu im § 9a SGB VIII geregelt ist. Hier erscheint mir ein Monitoring besonders wichtig. Darin sollte auch geprüft werden, ob diese Vorschriften ausreichen und ob und wie die jungen Menschen und ihre Familien die Ombudsstellen nutzen können und welche Barrieren es (noch) gibt.

Damit schließen wir die Betrachtung wichtiger Aspekte des Lebens in der Pflegefamilie ab und wenden uns der vierten und letzten Station zu: dem Übergang aus der Pflegefamilie heraus.

9. Kapitel: Station 4 – Beendigungsszenarien

> **Zusammenfassung:**
>
> In der letzten Station geht es um das Ende des Pflegeverhältnisses, den Abschluss der „Maßnahme Vollzeitpflege", den Aus-, Um- und Einzug, den nächsten Übergang – diesmal aus der Pflegefamilie heraus. Das Careleaving wird häufig als ein klar strukturierter Prozess, in dessen Mittelpunkt die Beendigung einer stationären Jugendhilfemaßnahme steht, dargestellt. Er ist aber doch sehr vielschichtig, wie wir gleich sehen werden, und er erscheint nicht nur – wie alle Phänomene bisher auch schon – aus der Perspektive der verschiedenen Beteiligten unterschiedlich, sondern hat auch noch mehrere Ebenen, die auf komplexe Weise zusammenwirken.

Ebenen der Integration und der Beendigung

Die Antworten auf die Fragen „Was endet jetzt und wie wird es beendet?" setzt auch eine Antwort auf die Frage voraus "Was hat bisher die Integration des Kindes in die Pflegefamilie ausgemacht?". Dabei erscheint es sinnvoll, vier Ebenen der Integration zu unterscheiden, auf denen jeweils Beendigungsprozesse stattfinden können (ausführlich – auch zum Folgenden: Wolf 2020).

Die **erste Ebene** bezieht sich auf den **rechtlichen Code**: Eine Intervention oder – in der rechtlichen Sprache – Hilfe läuft oder wird beendet. Das ist ein binärer Code: Es besteht eine Hilfe zur Erziehung in Form der Vollzeitpflege oder sie besteht nicht. Beim Wechsel steht der Verwaltungsakt einer Behörde. Sie bewilligt die Sozialleistung für die Personensorgeberechtigten oder für das volljährige Pflegekind. Die Bewilligung gilt, oder sie wird durch einen Verwaltungsakt beendet. Mit der Beendigung der Vollzeitpflege verändert sich die Rechtslage grundsätzlich: Es entfällt die Rechtsgrundlage für finanzielle Leistungen an die Pflegeeltern, die Rechte und Pflichten der Pflegeeltern im täglichen Leben des Kindes enden. Aus der Sicht des Rechts endet damit die Verbindung von Pflegefamilie und Pflegekind, die Sache erscheint eindeutig und klar. Das Empfinden und Verständnis der Pflegeeltern und des Pflegekindes kann dem entsprechen, häufig weicht es aber davon ab, auch weil sich Pflegefamilien nicht primär als Auftragnehmer des Jugendamtes verstehen.

Die **zweite Ebene** ist die des **Haushalts**. Das Pflegekind ist vor (langer) Zeit im Haushalt der Pflegeeltern eingezogen und zieht nun wieder aus. Die Pflegefamilie ist eine Haushaltsgemeinschaft: Jeder und jede hatte seinen und ihren Platz am Esstisch, zum Schlafen, vielleicht angestammte Sitzplätze im Wohnzimmer usw. Es gab eine Arbeitsteilung in Haushaltsangelegenheiten, vielleicht etablierte Vorrechte der Erwachsenen oder der leiblichen Kinder. Nun findet ein Auszug statt. Das Pflegekind packt seine Sachen und nimmt sie mit, wird abgeholt, verlässt die Wohnung, gibt vielleicht die Schlüssel ab. Das Zimmer, in dem es bisher gewohnt hat, wird vielleicht renoviert, steht leer, wird für einen anderen Zweck verwendet oder bleibt das Zimmer des Kindes und darf durch die Pflegeeltern nicht einfach für einen anderen Zweck verwendet werden. Hier sind sehr unterschiedliche Szenarien möglich. Während in Organisationen – zum Beispiel in Heimen – die Wiederbelegung von Plätzen systematisch vorgesehen ist und Routinen der organisatorischen Gestaltung der Übergänge etabliert sind, ist der Auszug eines Mitbewohners aus einer Familie häufig ein symbolisch viel stärker aufgeladener Vorgang. Solche Aus- und Einzüge sind viel seltener, und das Zusammenleben ist grundsätzlich nicht mit der Erwartung der Ersetzbarkeit und Austauschbarkeit der einzelnen Bewohner organisiert (Niederberger/Bühler-Niederberger 1988; Wolf 2012). Jedenfalls gilt dies für die Dauerpflege, in der Bereitschaftspflegefamilie sieht dies oft anders aus.

Auf der Ebene des Haushalts können der Grad der Integration und Prozesse der Desintegration beobachtet werden. Gibt es exklusive Räume der Wohnung, die den verwandten Mitgliedern der Pflegefamilie vorbehalten sind? Wie differenziert ist die Arbeitsteilung im Haushalt, und gibt es altersabweichende Sonderrollen des Pflegekindes? Es ist auch möglich, dass das Zimmer des ehemaligen Pflegekindes nach seinem Auszug erhalten bleibt und es später noch Zugang zur Wohnung hat. Dann ist die Haushaltsgemeinschaft nicht (ganz) aufgehoben.

Die **dritte Ebene** ist die der **Kontakte und Beziehungen.** Sie spielt in dem Selbstverständnis vieler Pflegeeltern und Pflegekinder eine zentrale Rolle: Das Pflegekind und die anderen Mitglieder der Pflegefamilie entwickeln emotional wichtige Beziehungen, manchmal Bindungen. Sie werden füreinander wichtige Menschen. Enden diese Beziehungen mit dem Auszug? Das ist keineswegs zwangsläufig so, sie bleiben oft darüber hinaus erhalten. Das erwarten die Pflegeeltern und Pflegekinder auch von sich und von den anderen. Hier sind bezogen auf die Pflegefamilie als Figuration unterschiedliche Formen der Aufrechterhaltung oder der Beendigung möglich. So gibt es den harten Abbruch aller Beziehungen zu allen Mitgliedern der Pflegefamilie und manchmal später eine Kontaktaufnahme und deutlichen Wiederannäherung. Oder es werden die Kontakte zu einigen Familienmitgliedern beendet, aber andere Beziehungen – z.B. auf der Peer-Ebene – weitergeführt. Auch nach dem Auszug können sich die Beziehungen positiv entwickeln. Wenn große Belastungen im alltäglichen Zusammenleben aufgetreten sind und diese durch den Auszug entfallen, können neue Optionen einer entspannteren Beziehungsgestaltung entstehen. Manchmal passen die Wünsche und Vorstellungen des ehemaligen Pflegekindes und die der Pflegeeltern gut zusammen, manchmal gibt es deutliche Unterschiede. So macht sich vielleicht die eine Seite noch Sorgen und Gedanken, während die andere einen (endgültigen) Schlussstrich zieht. Solche Asymmetrien im Erleben können mit einigen Kategorien aus der Netzwerkforschung analysiert werden: Welche Funktion geben die Menschen dieser Beziehung? Wie groß ist die emotionale oder materielle Bedeutung der Beziehung? Sind nachhaltige, sichere Bindungen entstanden? Auch attributionstheoretische Interpretationen sind aufschlussreich: Welche Motive werden den anderen zugeschrieben? Welche Ursachen für die Beendigung werden sozial konstruiert? Diese alltagstheoretischen Erklärungen können die Aktivitäten zur Aufrechterhaltung der Beziehungen stark beeinflussen. Auch konkurrierende Kontakte zum Herkunftssystem können an Bedeutung gewinnen und eine deutliche Verschiebung der familialen Verortung von der Pflegefamilie zur Herkunftsfamilie anzeigen.

Die **vierte Ebene** ist die **Familienmitgliedschaft und Zugehörigkeit**. Wenn Pflegekinder zu Mitgliedern der Pflegefamilie werden, dann werden sie dort nicht nur im Auftrag des Jugendamtes betreut, sie wohnen dort nicht nur, sie haben nicht nur emotional wichtige Beziehungen zu einzelnen Mitgliedern der Pflegefamilie, sondern sie sind zu einem Familienmitglied wie andere Familienmitglieder auch geworden. Familienmitgliedschaft ist nicht an Bedingungen gebunden und erscheint grundsätzlich unbefristet. Sie kann zwar – z.B. durch starke Illoyalität – gefährdet werden, muss aber nicht immer wieder neu hergestellt werden. Die Pflegekinder selbst sehen das so und alle anderen Familienmitglieder ebenfalls. Auch durch gesellschaftliche Deutungsmuster, die in diesem Fall die Pflegefamilie als Familie wie andere auch verstehen, kann dies abgesichert werden. Das ist das Ideal vieler Pflegefamilien, und manchmal gibt es dies auch in der Praxis von Pflegeverhältnissen. Aber selbstverständlich oder a priori gilt das nicht, wie z.B. die Untersuchung von Daniela Reimer (2017) zu Normalitätsbalancen eindrucksvoll gezeigt hat.

Auch bei der Analyse der Zugehörigkeit sind unterschiedliche Deutungen und Gefühle möglich: Stimmen die Deutungs- und Gefühlsmuster aller Mitglieder der Kern-Pflegefamilie überein oder gibt es deutliche Unterschiede? Tragen die weiteren Verwandten, Nachbarn oder Freunde der Pflegefamilie das mit? Sehen die Eltern ihr Kind auch als Mitglied der anderen Familie in der Herkunftsfamilie-Pflegefamilien-Figuration und verstehen sie die Situation ihres Kindes als Doppelmitgliedschaft in zwei Familien? Oder haben sie den Eindruck, sie hätten ihr Kind verloren? Solche und weitere Muster sind möglich und für das Erleben relevant.

> **Arbeitsaufgabe 31:**
>
> Bitte analysieren Sie Übergänge, die Sie erlebt oder beobachtet haben, z.B. Ihren Auszug aus dem Elternhaus oder einem anderen Ort, an dem Sie längere Zeit gelebt haben.
>
> a) Wie fand eine Veränderung auf den in der Regel 3 Ebenen (Haushalt, Kontakt und Beziehungen, Familienmitgliedschaft) statt?
>
> b) Was blieb (nahezu) unverändert, was veränderte sich deutlich?
>
> c) Gab es Veränderungen, die erst mit zeitlicher Verzögerung deutlich wurden?
>
> Sie können die Frage auch bezogen auf das Verlassen der Heimerziehung beantworten:
>
> a) Welche Prozesse auf den vier Ebenen (die 4. als Zugehörigkeitsgefühl zur Heimgruppe) haben Sie beobachtet?
>
> b) Gibt es typische Kombinationen für bestimmte Heimerziehungsformen (z.B. Jugendwohngemeinschaften, Erziehungsstellen, geschlossene Heimgruppen)?

Die vier Ebenen der Integration bzw. der Beendigung sind nicht fest miteinander gekoppelt, sondern es gibt – wie auch empirische Untersuchungen zeigen (Gabriel/Stohler 2020) – sehr unterschiedliche Kombinationen. Diese stellen unterschiedliche Typen von Beendigungen dar, die für das aktuelle Erleben der Beteiligten, aber auch für die zukünftigen Entwicklungen relevant sind. Einige Kombinationen sollen kurz skizziert werden.

Es können alle vier Merkmale zusammenfallen: Die Hilfe zur Erziehung in dieser Pflegefamilie wird beendet, das Pflegekind zieht aus, Kontakte zu allen Mitgliedern der Pflegefamilie enden mit dem Auszug, das Pflegekind sieht sich selbst nicht (mehr) als Mitglied der Familie und wird von keinem Mitglied der Pflegefamilie so gesehen. Dies erscheint als Prototyp der Beendigung einer Jugendhilfemaßnahme, dürfte aber für die Erziehung und das Leben in Pflegefamilien selten sein, da es mit einem Verständnis als Familie im Kontrast zu einer Organisation (Wolf 2014) unvereinbar ist.

Insbesondere für Pflegeeltern mit einer Role-Identity als Parents und für Kinder, die ihre zentrale familiale Verortung in der Pflegefamilie gefunden haben, folgt der Beendigung der Hilfe durch das Jugendamt (Ebene 1) keineswegs automatisch eine Beendigung auf den drei weiteren. Das inzwischen erwachsene Pflegekind zieht dann nicht sofort aus, emotionale Beziehungen bleiben bestehen und an der Familienzugehörigkeit ändert sich nichts grundlegend. Die Pflegefamilie kann bei der Beendigung der Maßnahme in finanzielle Schwierigkeiten geraten und sich bei ihrer Bewältigung vom Jugendamt im Stich gelassen fühlen, aber das führt nicht dazu, dass das (rechtlich: ehemalige) Pflegekind ausgeschlossen wird.

Deutlich anders sind die Verhältnisse, wenn die Vollzeitpflege in einer anderen Pflegefamilie fortgesetzt wird. Dann gibt es auf der Ebene der Organisationen keine Veränderungen – weiterhin Vollzeitpflege –, aber auf den drei anderen Ebenen gravierende: Das Pflegekind verlässt den bisherigen Haushalt, die Art der Beziehung zu den Mitgliedern der bisherigen Pflegefamilie steht vor grundlegenden Veränderungen, und eine Familienzugehörigkeit ist kaum mehr denkbar, wenn sie denn jemals bestand.

Ist die Jugendhilfe beendet und verlässt das Pflegekind den Haushalt, stellen sich wichtige Fragen im Doing Family der Pflegefamilie: Welche Beziehungen bleiben bestehen und werden auch in der Zukunft weiterentwickelt? Betrachtet sich das ehemalige Pflegekind als Familienmitglied und sehen die anderen Mitglieder der Pflegefamilie das auch so? Die Beendigung und der Auszug beantworten diese Fragen nicht, sondern sie werfen sie auf und zwingen die Menschen, Antworten zu finden.

Beziehungen zwischen dem Pflegekind und einzelnen Mitgliedern der Pflegefamilie können auch dann weiterhin bestehen bleiben, auch wenn eine Familienmitgliedschaft – die ein Mindestmaß an gegenseitiger Anerkennung und eine kollektive Entscheidung der Familie erfordert – nicht besteht. Das folgende Beispiel zeigt dies.

> „Thomas wird im Alter von einem Jahr in die Pflegefamilie aufgenommen, im Alter von 9 Jahren verlässt er die Pflegefamilie und wird in den folgenden Jahren u.a. in einer Einrichtung für ‚schwer erziehbare Kinder‘, einer Notunterkunft, in einer professionellen Pflegestelle, Psychiatrie und einem Betreuten Wohnen platziert. Die ganze Kindheit und Jugend bleibt die Pfle-

gemutter ein konstanter familiärer Bezugspunkt, auch nach dem Auszug gibt es regelmäßige Besuche am Wochenende, gemeinsame Urlaube und sehr intensiven Kontakt.

Bei der Pflegemutter wird die Zugehörigkeit sehr deutlich: ‚Also er ist vom Gefühl her weiterhin noch so'n bisschen, soweit man das sagen kann, mein Sohn.' Bei Thomas ist sie angedeutet: ‚Bei denen hab ich mich richtig wohl gefühlt, also bei meiner Pflegemutter. Ich hab immer, ja ich hab immer Unterstützung von ihr bekommen, egal was auch immer war. Sie ist auch bis heute hin immer noch für mich da'.“ (Wolf 2020: 43)

Die Statistik erinnert daran, dass Wechsel aus einer Pflegefamilie in eine Heimgruppe nicht selten sind. Es ist bisher selten untersucht, wie die Kinder und Jugendlichen diesen Wechsel erleben und bewältigen. Das Thema taucht eher zufällig in Fallgeschichten auf.

So berichtet Emil nach einer relativ kurzen Zeit in zwei verschiedenen Pflegefamilien:
„Dann bin ich zum (Jugendamt) gegangen, das ist das (Jugendamt) äh und da hatte ich ein Gesprä/ Gespräch mit dem (Mitarbeiter Jugendamt) und der hat mir halt ein paar äh, Vorschläge gemacht, wo ich jetzt hinkönnte und so und mit dem (Sozialarbeiter), mit dem bin ich dann ähm, ins/ äh, also in das/ in die Zentrale von (Pflegekinderdienst) gegangen und dann haben die mir halt äh, vorgeschlagen in einen/ in eine ihrer Wohnungen zu gehen, also in betreu/ in betreutem Wohnen.“ (Herdtle 2020: 161)

In Luxemburg war hier der Pflegekinderdienst anscheinend auch für die Platzierung im betreuten Wohnen zuständig.

Auch bei diesem Wechsel Pflegefamilie – Heim gibt es sehr unterschiedliche Profile. Er kann mit einer harten Beendigung auf allen vier Ebenen verbunden sein. Aber es kann auch die familiale Verortung in der Pflegefamilie fortgesetzt werden – ähnlich Kindern, die im Heim leben und ihre Beziehung und Zugehörigkeit zur Herkunftsfamilie weiterhin behalten. Diese Option zu erhalten, kann ein Ziel der Begleitung von Pflegefamilien in Krisen sein. Die Pflegeeltern und Jugendlichen können sich dann vielleicht verständigen, dass ihnen ein gutes Zusammenleben nicht mehr gelingt, aber durch den Umzug, die Möglichkeiten besser werden, wichtige Beziehungen aufrechtzuerhalten und weiterzuentwickeln.

Schon diese wenigen Kombinationen zeigen, dass mit einem einzelnen Merkmal wie „Beendigung der Jugendhilfe“ oder „Auszug aus dem Haushalt“ keineswegs alle Fragen der Beendigung beantwortet sind und dass es eine große Vielfalt an Beendigungsszenarien gibt. Es wäre gut, wenn diese Vielfalt auch in der Debatte um das Careleaving von Pflegekindern stärker berücksichtigt würde.

Eine noch größere Vielfalt wird sichtbar, wenn wir außerdem noch die Bereitschaftspflege oder andere Formen kurzfristiger Unterbringung berücksichtigen oder die Besonderheiten der Verwandtenpflege bedenken, die hinsichtlich der Familienzugehörigkeit und der Bedeutung der Beziehungen noch einmal weitere

Facetten haben oder in der informellen Verwandtenpflege keine Rahmung als Jugendhilfeintervention aufweisen.

In der Hilfeplanung für das einzelne Kind sollen die besonderen Merkmale des Einzelfalls zum Tragen kommen, für die Organisation des Systems der Pflegekinderhilfe sind aber Häufigkeiten interessant. Einige Hinweise darauf können wir aus der Kinder- und Jugendhilfestatistik gewinnen.

Was sagt die Statistik?

In der amtlichen Statistik (www.destatis.de) werden einige Daten erfasst, die ein Bild über Größenordnungen bei den unterschiedlichen Beendigungen ermöglichen. Diese Daten benötigen allerdings kundige Interpretationen, die insbesondere bei v. Santen/Pluto/Peucker (2019: 189–207) zu finden sind und von denen ich einige skizzieren möchte. Die Datenbasis ist jeweils 2016.

Zwei Jahre nach Beginn einer Platzierung in der Verwandtenpflege sind 40 % der Platzierungen beendet, in der Fremdpflege bereits 63 %. Das verweist auf einen hohen Anteil der Bereitschafts- und Kurzzeitpflege in der Fremdpflege (v. Santen/Pluto/Peucker 2019: 191). Die Zahlen enthalten aber auch früh beendete Pflegeverhältnisse, die auf ein unzureichendes Matching und andere Ursachen für Fehlplatzierungen zurückgeführt werden. Deren Anteil kann zwar nicht genauer bestimmt werden, aber immerhin 1/3 der Pflegeverhältnisse wird als eine Beendigung abweichend vom Hilfeplan und 2/3 gemäß Hilfeplan eingeordnet – lässt man Zuständigkeitswechsel und sonstige Gründe unberücksichtigt, die in der Statistik zu missverständlichen Darstellungen führen können.

Da der besondere Fokus in diesem Kapitel auf der Beendigung nach einer längeren Zeit in der Pflegefamilie liegt, ist die Übergangsrate besonders interessant. Sie zeigt, zu welchem Zeitpunkt des Pflegeverhältnisses Beendigungen wahrscheinlicher werden, je höher die Übergangsrate, desto mehr der noch bestehenden Pflegeverhältnisse werden beendet (vgl. v. Santen/Pluto/Peucker 2019: 192). Am höchsten ist diese Rate im ersten Jahr, dann sinkt sie stark ab und bleibt in der Fremdpflege für ca. 10 Jahre auf demselben niedrigen Niveau und steigt in der Adoleszenz der Pflegekinder wieder deutlich an (vgl. v. Santen/Pluto/Peucker 2019: 193 f.). Wir hatten bereits gesehen, dass in 41 % (Fremdpflege) bzw. 47 % (Verwandtenpflege) der als Dauerpflege konzipierten Pflegeverhältnisse die Pflegekinder bis zur Volljährigkeit verbleiben. Die Verweildauer von Pflegekindern mit Migrationshintergrund ist im Übrigen deutlich kürzer als die der Kinder ohne Migrationshintergrund (vgl. v. Santen/Pluto/Peucker 2019: 196).

Besonders interessant für die Diskussion von Beendigungsszenarien sind Antworten auf die Frage: Was ist die häufigste nächste Station nach der Pflegefamilie?

Mindestens 31 % der Pflegekinder kehren unmittelbar aus der Pflegefamilie zu ihren Eltern oder einem Elternteil zurück. Berücksichtigt man auch die Rückkehr zu den Eltern nach einer weiteren Station in einer anderen Pflegefamilie oder in einer stationären Einrichtung, liegt dieser Anteil noch deutlich höher (vgl. v. Santen/Pluto/Peucker 2019: 211 ff.).

Eher zu Fehlinterpretationen führen Angaben, die von einer Rückführungsquote von nur ca. 3 % (DJI/DIJuF 2006) sprechen. Diese Stichprobenuntersuchung erfasst nur den Anteil, der in den ersten 16 Monaten der Unterbringung realisierten Rückführungen, die von Anfang an geplant waren. Nicht geplante und spätere Rückführungen bleiben dort unberücksichtigt. Auch die Statistiken, die die Rate der in einem Jahr zu den Eltern beendeten Pflegeverhältnisse angeben, suggerieren leicht eine zu niedrige Rückführungsquote (vgl. v. Santen/Pluto/Peucker 2019: 214). Deutlich aussagekräftiger sind die Daten, die die nächste Station nach Beendigung des Pflegeverhältnisses in einer Pflegefamilie erfassen. Diese zeigen, dass Kinder bis zum 12. Lebensjahr am häufigsten nach der Vollzeitpflege zu den Eltern zurückkehren: 36–42 % je nach Alter (vgl. v. Santen/Pluto/Peucker 2019: 212). Nach dem 12. Lebensjahr überwiegen andere Aufenthaltsorte. So wechseln bei den 12 bis 18-Jährigen 40–47 % in einer stationären Einrichtung, das heißt überwiegend in verschiedenen Formen der Heimerziehung (vgl. v. Santen/Pluto/Peucker 2019: 212 f.).

Leider wenig aussagekräftig sind die Daten des statistischen Bundesamtes bei der Zahl der Wechsel von einer Pflegefamilie in eine andere. Viele Indikatoren sprechen dafür, dass bei einem Wechsel der Rechtsgrundlage – von der Hilfe nach § 33 SGB VIII zum (inzwischen veränderten) § 41 (Hilfe für junge Volljährige) – die eine Hilfe in der Pflegefamilie als beendet und eine neue als begonnen gezählt wird, obwohl das nun erwachsene Pflegekind sehr wahrscheinlich weiterhin in der gleichen Pflegefamilie lebt. Eine starke Zunahme des Wechsels in eine andere Pflegefamilie mit der Volljährigkeit ist daher ein Artefakt der Zuordnung zu unterschiedlichen Rechtsgrundlagen. Die eigene Wohnung ist in 15 % der Fälle die nächste Station nach der Beendigung der Vollzeitpflege (Destatis 2018: 45).

Die Statistik erfasst jeweils die nächste Station. Wie lange das Kind dort bleibt und welche weiteren folgen, weiß sie nicht. Das erschwert ein Denken in den längeren Linien und Verläufen. Aber sie zeigt, dass die Rückkehr zu den Eltern bei den bis zu 12-Jährigen und die in eine stationäre Einrichtung bei den älteren relativ häufig erfolgen. Das sollten wir bei den folgenden Darstellungen berücksichtigen. Sie zeigt auch, dass die Streuung in vielen Kategorien hoch ist. Das passt zur Vielfalt der Pflegeverhältnisse, die im 5. Kapitel dargestellt ist.

Übergänge wohin?

Nach der Beendigung der Maßnahme Vollzeitpflege folgen unterschiedliche Lebensorte, an denen das Pflegekind vielleicht seinen Lebensmittelpunkt findet, Beziehungen entwickelt oder weiterentwickelt. Diese Lebensorte und die Kombination der am Beginn dargestellten vier Ebenen prägen den Typus der Beendigung. Die Beendigung der Jugendhilfemaßnahme ohne unmittelbare Folgen für das Wohnen, die Beziehungen und die Familienzugehörigkeit hatten wir betrachtet und Wechsel in eine andere Pflegefamilie oder in eine Organisation der Heimerziehung erwähnt. Diese Wechsel können sich aneinanderreihen und zu einer

Biografie mit ständigen Ortswechseln und Beziehungsabbrüchen führen. Dann geht es weniger um die nächste Station, sondern um eine Kette von Abbrüchen, Abschiebungen, Fluchten. Solche Lebens- und Entwicklungsbedingungen sind außerordentlich ungünstig, insbesondere wenn die Kinder selbst dies kaum beeinflussen können und zu Objekten der Entscheidungen werden. Deswegen kann die Qualität von Kinder- und Jugendhilfesystemen u.a. danach beurteilt werden, wie viel Kontinuität sie den Kindern und Jugendlichen ermöglichen oder wie viel Diskontinuität sie produzieren. Die Aufmerksamkeit für diese Kategorie ist gestiegen – wie die Bemühungen um den Abbau von Diskontinuität produzierenden rechtlichen Rahmungen zeigen –, aber noch nicht ausreichend. Eine dieser Bemühungen bezieht sich auf die rechtzeitige Unterstützung von Familien in Krisen und eine aktive Unterstützung bei einer Perspektivklärung in Richtung Rückkehr. Aber auch im weiteren Verlauf des Pflegeverhältnisses kann die Rückkehrfrage wieder aufgeworfen werden.

Späte Rückkehr

Die Rückkehr des Pflegekindes in seine Herkunftsfamilie als Teil einer darauf von Anfang an ausgerichteten Perspektivklärung hatten wir bereits kennengelernt. Nun geht es um eine Rückkehr, die nach einer längeren Zeit in der Pflegefamilie erfolgt. Dies war häufig so nicht geplant, jedenfalls nicht von den Pflegeeltern, oft auch vom Kind und den Sozialen Diensten nicht. Die Rückkehr geschieht dann oft auf Initiative der Eltern, manchmal aber auch in einer Situation der Ratlosigkeit der Fachkräfte, wenn ein Pflegeverhältnis plötzlich zusammenbricht und die Rückkehr zu den Eltern als (scheinbar) einzige Option übrigbleibt.

Fordern die Eltern ihr Kind nach einer langen Zeit in der Pflegefamilie zurück und haben die Pflegeeltern, Sozialen Dienste oder das Kind erhebliche Bedenken, entstehen gravierende Interessensunterschiede, und komplexe rechtliche Regelungen strukturieren den Ablauf. Haben die Eltern ihre vollen Elternrechte oder zumindest das Aufenthaltsbestimmungsrecht, können sie entscheiden. Die Sozialen Dienste müssen dann prüfen, ob dies zu einer Gefährdung des Kindeswohls führen würde und sich – wenn sie dies bejahen – an das Familiengericht wenden, um eine Verbleibensanordnung – nach neuem Recht auch Dauerverbleibensanordnung (§ 1632 BGB) – zu bewirken oder andere Einschränkungen der Elternrechte zu beantragen. Auch die Pflegeeltern haben die Möglichkeit, eine Verbleibensanordnung zu beantragen. Für die Gesetzesänderungen 2021 in Deutschland war die Antwort auf eine Frage besonders wichtig: Darf das Kind nur nicht zurückgeführt werden, wenn es dann bei den Eltern wieder in eine Kindeswohlgefährdungssituation zurückkäme – dass das nicht passieren darf, war schon vorher unstrittig –, oder kann die Erfahrung, gegen seinen Willen die Pflegefamilie verlassen zu müssen, bereits eine Kindeswohlgefährdung darstellen? Das nun auch im BGB anerkannte „Bedürfnis des Kindes nach kontinuierlichen und stabilen Lebensverhältnissen" (§ 1697a BGB) verweist auf eine richtige Antwort. Die sozialpädagogische Pflegekinderforschung (z.B. Wolf 2015) hat betont, dass eine Orientierung an den Signalen der Kinder und Jugendlichen und ihre altersangemessene Beteiligung sehr wichtig sind, da sie sonst das Handeln von Gerichten und Behörden als Form staatlicher Gewalt und als einen harten Eingriff in ihr Leben erfahren.

So beschreibt Michaela ihre Angst, dass ihr Vater bei den Schweizer Behörden bewirken kann, dass sie zu ihm zurückziehen muss:
„Doch, ich habe wirklich Angst, ich, ich lebe mit dieser blöden Angst (weint beinahe). Ich habe immer noch Angst, dass er plötzlich, irgendwie anruft und sagt: Jetzt kommst du aber nach Hause und erzählst das glatte Gegenteil, dass du dich voll geirrt hast." (Werner 2019: 210).

Da es zu den Rückführungen aus längeren Pflegeverhältnissen komplexe rechtliche Regelungen in unterschiedlichen Gesetzen und eine intensive Rechtsprechung gibt und außerdem in Deutschland und Österreich Gesetzesänderungen erfolgten oder diskutiert werden, kann dies hier nicht differenziert behandelt werden.

Gut abgesicherte Darstellungen zur aktuellen Rechtslage in Deutschland finden sich beim Deutschen Institut für Jugendhilfe und Familienrecht (www.dijuf.de).

Für die Lehre an Hochschulen empfehle ich gemeinsame Veranstaltungen von Familienrechtler*innen und Erziehungswissenschaftler*innen. Über viele Jahre habe ich an der Universität Siegen zusammen mit einem Jura-Kollegen Kasuistik-Seminare zur Kinder- und Jugendhilfe gemacht. Zunächst haben wir Fälle eingebracht und aus juristischer und sozialpädagogischer Sicht diskutiert, im Verlaufe des Seminars haben auch Studierende die Möglichkeit wahrgenommen, Fälle einzubringen, die sie z.B. während ihrer Praktika kennengelernt hatten.

Das Rückkehrthema und die Frage nach Instrumenten, die den Entscheidungsprozess Sozialer Dienste strukturieren können, werden auch in anderen Ländern diskutiert, und es gibt dort dazu interessante Untersuchungen, die inzwischen auch im deutschsprachigen Raum rezipiert wurden (Kindler/Küfner/Thrum u.a. 2011). Aus ihnen werden auch Anregungen für die Entwicklung von Instrumenten gewonnen. In den letzten Jahren wurden diese Themen auch im deutschsprachigen Raum intensiver bearbeitet, auf Fachtagungen diskutiert, empirisch untersucht und für die Praxisentwicklung aufbereitet (Dittmann/Wolf 2014; Schäfer/Petri/Pierlings 2015). Dabei wurden auch Instrumente weiterentwickelt und für die Praxis in deutschsprachigen Ländern adaptiert.

Interessant sind Untersuchungen, die Fallverläufe stabiler und gescheiterter Rückführungen miteinander vergleichen und wesentliche Einflussfaktoren auf den Erfolg herausarbeiten. Dabei wurde deutlich, dass das Zusammenspiel folgender Bereiche für eine Prognose wichtig ist:

- „Ausmaß der vom Kind gestellten Erziehungs- und Fürsorgeanforderungen,
- Ausmaß der Problembelastung der Eltern bzw. des Elternteils, bei dem das Kind nach einer Rückführung leben soll,
- die Qualität des Fürsorge- und Erziehungsverhaltens der Eltern bzw. des Elternteiles, bei dem das Kind nach einer Rückführung leben soll,

■ Motivation für und Vorbereitung auf eine Rückführung,

■ Ressourcen im Fall einer Rückführung." (Kindler/Küfner/Thrum u.a. 2011: 633)

Während das Erziehungsverhalten der Eltern fast immer eingeschätzt wird – oft mit dem diagnostischen Code „Erziehungsfähigkeit" –, bleiben die anderen Bereiche oft unberücksichtigt. Die Dimension „Ausmaß der vom Kind gestellten Erziehungsanforderungen" steht in Relation zum Erziehungsverhalten der Eltern. Ein Kind, das aufgrund z.B. von frühkindlichen Beeinträchtigungen – besonders intensiv wird das Fetale Alkoholsyndrom (FAS) diskutiert – sehr viel schwerer zu lenken ist als andere und mit dem das Zusammenleben daher manchmal besonders anstrengend werden kann, muss hohe Anforderungen an die pädagogischen Fähigkeiten seiner Bezugspersonen stellen, damit es nicht zu folgenreichen Überforderungen kommt. Dann geht es nicht nur um die Vermessung der Fähigkeiten der Eltern, sondern auch um eine Einschätzung der Belastungen aus dem Zusammenleben mit dem Kind. Deswegen kann auch nicht einfach aus der ausreichenden Betreuung eines Kindes auf die erfolgreiche bei einem anderen, besonders irritierten Kind geschlossen werden. Erst das Verhältnis von Möglichkeiten der Eltern und den Anforderungen des Kindes führt zu einer ausreichenden Prognosegrundlage. Auch die anderen Bereiche – insbesondere die allgemeine Problembelastung der Eltern und die Unterstützung im Fall einer Rückführung durch Menschen aus den privaten Netzwerken – sind für den Erfolg der Rückführung bedeutsam. Das ist durch Untersuchungen insbesondere in den USA, Kanada und Australien (Übersicht bei Kindler/Küfner/Thrum u.a. 2011) gut belegt.

Eine weitere Nutzung dieser Ergebnisse wird durch ein Instrument möglich, das als Barrieremodell bezeichnet wird und in Deutschland (Dittmann/Wolf 2014) und neuerdings auch in der Schweiz modifiziert angewendet wird. Darin werden in 12 Bereichen – die oben dargestellten sind hier noch etwas ausdifferenziert – Einschätzungen getroffen. Die Entscheidungen werden auf die Fragen fokussiert: Welche Barrieren verhindern, dass das Kind heute zu seinen Eltern zurückkehren kann? Wie hoch sind diese Barrieren in jeder der Bereiche? Wie und durch wen können die Barrieren abgesenkt oder beseitigt werden? Für eine differenzierte Einschätzung wurden Tools entwickelt und in der Praxis evaluiert (Dittmann/Wolf 2014: 91–106). Daraus ergeben sich nicht nur mehrdimensionale Einschätzungen, die die Chancen und Risiken im Einzelfall auch Familiengerichten plausibel verdeutlichen können, sondern auch konkrete Planungen, wie die Ziele – die Absenkung der Barrieren auf ein Maß, das die Entwicklung des Kindes nicht gefährdet – erreicht werden können. Es entsteht also eine Kopplung zwischen sozialpädagogischer Diagnose und den Handlungsoptionen Sozialer Dienste. Die Ansprüche, die wir bei der Perspektivklärung kennengelernt haben (z.B. kein Warten auf Spontanheilung), lassen sich damit konkret umsetzen.

Mit dem Umzug des Pflegekindes in den Haushalt der Eltern oder eines Elternteils ist der Rückkehrprozess nicht abgeschlossen. Die Eltern erhalten ein anderes Kind zurück, als das, das vor Jahren bei ihnen ausgezogen ist.

So beschreiben die Eltern von Nico ihre Erfahrung nach sieben Jahren Trennung so:
„[W]ir haben einen Neunjährigen abgegeben, da war er noch nicht mal so groß, wie Nele jetzt ist, und kriegst einen erwachsenen Jungen wieder." (Berghaus 2020:201)

Nun wieder eine Familie zu bilden, die zusammenlebt und Zusammengehörigkeit empfindet, und in die neue Elternrolle zu kommen, ist eine Herausforderung. Gerade unter Bedingungen einer kritischen Beobachtung von außen, die prüfen will, ob sie es schaffen, kann dies zu einer Hochleistungssituation werden, die Angst macht.

So beschreibt die Mutter von Amelie ihre Gefühle vor der Rückkehr ihrer Tochter, für die sie lange gekämpft hat: „Angst habe ich auf jeden Fall davor, dass das nicht klappt. Dass ich einfach nicht dazu in der Lage bin, Mama zu sein. So wie es halt schon in der Einrichtung war. Das ist halt meine Angst, dass das nicht so klappt, wie ich das gerne möchte. Gleichzeitig will ich einfach für Amelie da sein, diese Mama sein. Ich hab Angst davor, dass ich das nicht schaffe, dass ich Amelie wieder nicht versorgen kann, dass das wieder nicht funktioniert so wie es schon einmal war. Ich hoffe natürlich, dass es funktioniert." (Schäfer/ Petri/ Pierlings: 2015: 60)

Viele internationalen Studien zeigen, dass die intensive Begleitung des Rückkehrprozesses ein zentraler Gelingensfaktor ist (Überblick: Thoburn 2009). Eine gute Begleitung senkt außerdem das Risiko, dass es nach der Rückführung zu neuen Kindeswohlgefährdungen kommt, die aus der Überforderung sonst entstehen können. Dies Risiko wird weiter abgesenkt, wenn die Herkunftsfamilie nach der Rückkehr des Kindes noch eine Zeit lang unterstützt wird (Sinclair/Baker/Wilson u.a. 2005).

Es gibt also vielfache Handlungsoptionen Sozialer Dienste bei richtigen, mit den Beteiligten vorbereiteten Entscheidungen, der Kommunikation mit Familiengerichten, der Beratung, Begleitung und Unterstützung der Pflegeeltern, des Kindes und der Eltern. Ohne diese Leistungen ist die Wahrscheinlichkeit hoch, dass erhebliche Verletzungen und Risiken auftreten.Dabei können wieder selbsterfüllende Prophezeiungen („self-fulfilling prophecy") erzeugt werden: Wenn Soziale Dienste die Entscheidung des Familiengerichtes zur Rückkehr für falsch halten, die für einen positiven (oder zumindest weniger belastenden) Verlauf notwendige Unterstützung nicht leisten („wir helfen doch nicht noch mit, diese falsche Entscheidung umzusetzen"), dann steigt die Wahrscheinlichkeit, dass es genau so kommt, wie prophezeit: Die Rückführung scheitert.

Abbruch des Pflegeverhältnisses

Während die Rückführung auf die nächste Station – nämlich das Zusammenleben mit den Eltern – ausgerichtet ist, markiert der Abbruch – oft als ungeplante, vorzeitige Beendigung des Pflegeverhältnisses definiert (vgl. auch zum Folgenden Wolf 2020) – das plötzliche Ende einer Station und erfordert eine neue Planung für die nächste. Die nächsten Stationen sind häufig der Wechsel zu den Eltern (Rückführung), in eine Einrichtung oder in eine andere Pflegefamilie. Der Abbruch kann auch in die Wohnungslosigkeit und den Beginn einer Straßenkarriere des älteren Jugendlichen führen. Das ist vermutlich aber selten.

Abbrüche kennzeichnen eine Form der Beendigung. In der Logik der Sozialen Dienste steht die Abweichung vom Hilfeplan im Mittelpunkt: So und zu diesem Zeitpunkt war das von ihnen nicht geplant, eine neue Planung und neue Entscheidungen – sehr oft unter großem Zeitdruck – werden nun notwendig. Für Mitglieder der Pflegefamilie stellt der Abbruch oft ein Ereignis dar, das grundsätzlich nicht zu dem Zugehörigkeitsmodus einer Familie passt. Pflegefamilien, die eine Familienzugehörigkeit des Pflegekindes gedacht und gefühlt hatten, sehen einen Abbruch, der diese Zugehörigkeit grundsätzlich in Frage stellt und vielleicht auch rückblickend als Illusion markiert, nicht vor. Manchmal stellt er den Endpunkt einer Entwicklung und Dramaturgie dar, den sie schon länger erwartet, befürchtet oder (eher selten) erhofft hatten. Das Unerwartete besteht auch darin, dass es dann plötzlich schnell ging und zu einem Zeitpunkt sich zuspitzte und erfolgte, der nicht geplant war. Sie erleben dann – darin ähnlich wie die Fachkräfte – einen Prozess des Kontrollverlustes und eine ihnen schicksalhaft erscheinende Entwicklung. Dies kann von den Pflegeeltern, dem Pflegekind und den anderen Kindern in der Pflegefamilie sehr unterschiedlich erlebt werde.

Der Abbruch eines Pflegeverhältnisses wird aus mehreren Gründen oft als besonders belastend erlebt. Er ist ein kritisches Lebensereignis, in dem die Person-Umwelt-Passung erheblich aus dem Gleichgewicht gerät. Die Bezeichnung „breakdown" bringt diese Dramatik zum Ausdruck. Das Ende kann zwar von den Pflegeeltern auch als Erleichterung empfunden werden, bedeutet für sie zugleich aber oft einen Zusammenbruch ihrer Sinnkonstruktionen, die den Sinn des Zusammenlebens mit dem Kind auch rückwirkend in Frage stellen kann (vgl. Stohler/Werner 2020): Sie ist dann auch oft mit Schuldvorwürfen und Selbstzweifeln verbunden, die wiederum die Suche nach entlastenden Erklärungen motiviert. Die Pflegekinder ergreifen manchmal selbst die Initiative für einen Abbruch – 654 von 3348 ungeplanten Beendigungen führt die amtliche Statistik darauf zurück (Destatis 2018: 43) – oder fühlen sich aus der Pflegefamilie gedrängt. Push- und Pullfaktoren können auch zusammenspielen: Sie merken, dass sie dort nicht (mehr) erwünscht sind oder dass sie nicht mehr miteinander zusammenleben können und schaffen ihrerseits vollendete Tatsachen, indem sie die Unsicherheiten durch Zuspitzung der Krise beenden. Die Zuordnung als Abbruch hängt dann nicht nur vom Auszug ab, sondern sehr stark auch von der Form, in der er durchgeführt wird. So zeigt Maria eigentlich eine familiale Verortung in der Pflegefamilie, aber der plötzliche Auszug nach längerem Hin und Her ohne richtigen Abschied macht den Charakter eines Abbruchs deutlich:

„Ich wollte eigentlich, dass es einen guten Abschied gibt, wenn ich von ihnen weggehe. Dass wir alle glücklich sind und dass ich sie wieder besuchen kann, also eigentlich wie eine Familie. Ich habe sie als meine eigene Familie, meine zweite Familie gesehen. [...] Aber ich wusste nicht wie ,Tschüss‘ sagen. Ich habe dann eigentlich nicht tschüss gesagt... ich bin nicht drausgekommen, ich weiss nicht mehr was ich gemacht habe“ (Stohler/Werner 2020: 208).

Das Beispiel zeigt – wie viele andere in der umfangreichen Untersuchung zu Abbruchprozessen (Gabriel/Stohler 2020) – die Notwendigkeit und zugleich die Möglichkeiten der Begleitung durch eine vertraute Fachkraft. Diese kann oft dazu beitragen, dass auch bei einer konfliktreichen, ungeplanten Beendigung noch ein relativ weicher Übergang gelingt – im Beispiel ein gutes Tschüss-Sagen, das Besuche zukünftig erleichtert. Schon wegen der hohen emotionalen Aufladung solcher Abschiede kann eine Vorbereitung, Moderation und auch Ritualisierung die Erfahrung von Handlungsfähigkeit erleichtern und einige Verletzungen und Blockaden für die Zukunft verhindern.

Eine weitere Handlungsebene Sozialer Dienste liegt in der Prävention von Abbrüchen. Dafür haben wir bereits viele Facetten behandelt: eine gute Passung der Pflegefamilie mit dem Kind und der Herkunftsfamilie, eine gute Begleitung unterwegs, die neue Passungsbalancen immer wieder ermöglicht und auch die Signale des Pflegekindes intensiv aufnimmt und berücksichtigt. Auch die Pflegeeltern bei der Weiterentwicklung ihrer Sinnkonstruktionen zu unterstützen, ist als Stabilität fördernde Ressource bereits deutlich geworden. Die Statistik zeigt, dass die Übergangsrate in der Adoleszenz der Pflegekinder steigt. Auch viele internationale Untersuchungen zeigen einen Anstieg der Abbrüche in der Jugendphase. Pflegeeltern führen dies oft auf die Pubertät zurück. Das ist vielleicht nicht ganz falsch, aber doch zu einseitig. Für die jugendlichen Pflegekinder ist die Auseinandersetzung mit Herkunftsfragen (Was habe ich von meinen Eltern geerbt? Wird mein Leben auch so verlaufen?) eine wichtige Entwicklungsaufgabe – wie für andere Jugendliche auch. Bei ihnen hat dies in der HPF aber ein besonderes Profil. Wenn sie sich mit der Bedeutung sozialer und biologischer Elternschaft intensiver auseinandersetzen, kann dies zu Irritationen bei den Pflegeeltern führen, die ihre Rolle und Bedeutung dadurch vielleicht in Frage gestellt fühlen. Eine stärkere Betonung der eigenen Autonomie und eine kritischere Prüfung der Versprechen der Pflegefamilie können zusätzlich neue Fragen aufwerfen. Das Erklärungsmuster „Pubertät“ hat – neben der biologistischen Engführung („Hormone“) – den Nachteil, dass die Ursachen für die Schwierigkeit vorrangig in der Person der Jugendlichen gesucht werden und weniger als gemeinsam zu bewältigende Aufgabe aller Mitglieder der Pflegefamilie. Sie hierbei zu beraten und dabei auch die Normalität der altersspezifischen Entwicklungsaufgaben nicht aus den Augen zu verlieren, kann zu einer Restabilisierung der Beziehungen und einer Anerkennung der Aufgaben beitragen, die dabei von Kindern und Erwachsenen zu bewältigen sind.

Die langen Linien im Erwachsenenalter

Zum Abschluss weiten wir den Blick noch einmal und richten ihn auf die langen biografischen Linien von Pflegekindern im Erwachsenenalter. Erziehung, Bildung und Entwicklung haben immer einen starken Bezug zur Zukunft, und hier erweist sich das Gelingen: Die (ehemaligen) Pflegekinder sollen nicht nur gut durch Kindheit und Jugend kommen, sondern auch im Erwachsenenalter ihr eigenes Leben nach ihren Vorstellungen gestalten können und ihr Glück finden. Da – wie wir immer wieder gesehen haben – Pflegekinder keine homogene Gruppe darstellen, sondern sehr unterschiedliche Erfahrungen und familiale Verortungen haben, definieren sich die Erwachsenen nicht alle als Pflegekinder oder ehemalige Pflegekinder. Für einige wäre diese Selbstdefinition fernliegend, andere würden sie zurückhaltend verwenden, weil sie Stigmatisierungen befürchten. Diese möglichen Abweichungen vom Selbstverständnis ist bei der folgenden Darstellung zu berücksichtigen.

Was wissen wir über diese langen Linien? Repräsentative Studien, die die biografischen Verläufe von Pflegekindern in Deutschland, Österreich oder der Schweiz untersuchen, gibt es bisher nicht. Klinisch orientierte Langzeitstudien aus anderen Ländern zeigen erhöhte Risiken. Pflegekinder sind bei psychischen Problemen und physischen Erkrankungen überrepräsentiert und öfter von Wohnungslosigkeit oder Straffälligkeit betroffen. Die Ergebnisse können aber nicht einfach auf andere Länder mit anderen Wohlfahrtsstaatsregimen und Kinder- und Jugendhilfesystemen übertragen werden. Dass allerdings sehr belastende Erfahrungen in der (frühen) Kindheit Spuren auch im Erwachsenenleben hinterlassen, ist zu erwarten. Weitere besondere Aufgaben und Belastungen, die mit der Lebens- und Entwicklungssituation von Pflegekindern zusammenhängen, haben wir ausführlich betrachtet. Trotzdem lassen sich auch aus den statistischen Daten nicht einfach lineare Ursache-Wirkungszusammenhänge konstruieren und schnelle Schuldzuschreibungen schon gar nicht.

Interessant und oft berührend sind Lebensgeschichten von Menschen, die Pflegekinder waren, in der belletristischen Literatur (z.B. Tom Sawyer) oder in autobiografischen Texten (z.B. Janine Kunze). Aber diese subjektiven Narrative können und wollen selbstverständlich nicht das ganze Feld abbilden.

Breiter angelegt ist eine Longitudinalstudie, in der kontrastiv ausgewählte, biografische Interviews mit erwachsenen Pflegekindern an bisher – sie sollte fortgeführt werden – zwei Zeitpunkten im Abstand von sechs bis acht Jahren geführt und ausgewertet wurden (auch zum Folgenden: Reimer/Petri 2017). Sie zeigt, dass die Zufriedenheit der Pflegekinder stark davon beeinflusst war, dass der Übergang zwischen Schule und Beruf erfolgreich gelang und in einen zu ihren Fähigkeiten passenden Beruf und ein stabiles Arbeitsverhältnis mündete. Das erleichterte auch eine positiv bewertete ökonomische Situation und relative Stabilität der Lebensverhältnisse, wie einen festen Wohnort, stabile (Paar-)Beziehungen und eigene Elternschaft. Dies sind keine pflegekinderspezifischen Ambitionen. Allerdings führen diese ihren positiven Bildungsverlauf oft auf die spezifischen Möglichkeiten zurück, die sie in der Pflegefamilie gefunden hatten (ähnlich Werner 2019) und die sich nun auszahlten. Auch befriedigende Beziehungen zur Pflege- und Herkunftsfamilie waren für ihre Zufriedenheit wichtig. Hier war im jungen Erwachsenenalter noch viel im Fluss: Es gab manchmal Turbulenzen in den Beziehungen mit dramatischen Phasen von Krisen, Beziehungsabbrüchen und Wiederannäherungen. Auch familiale Verankerungen, die geklärt schienen, wurden wieder in Frage gestellt, verändert, neu justiert. In der Beziehung zur Herkunftsfamilie waren das Bedürfnis, biografische Lücken zu füllen, die Suche nach der Zugehörigkeit zu den biologischen Wurzeln und Ähnlichkeiten, aber auch Sorge, Verantwortungsgefühl und Mitleid mit Eltern oder Geschwistern wichtige Themen. Angst vor der Vererbung von Eigenschaften und der Kontaminierung mit Einflüssen aus der Herkunftsfamilie, Gefühle der Fremdheit oder ein schlechtes Gewissen, weil sie es besser hatten, waren damit verbundene Gefühle. Die Beziehungen zur Pflegefamilie waren oft emotional und lebenspraktisch hochrelevant, musste aber auch oft neu justiert werden.

Die Zugehörigkeit zur Pflegefamilie und ihre Verlässlichkeit und der Spielraum, einen eigenen Lebensstil auch abweichend von dem der Pflegefamilie zu entwickeln und manchmal die Sorge, ob das zum Abbruch führen könnte, waren für sie wichtige Themen des jungen Erwachsenenalters.

Ihre Position und Rolle in der Herkunftsfamilien-Pflegefamilien-Figuration war damit weiter ein aktuelles und teilweise brisantes Thema. Auch vor dem Hintergrund dieser besonderen Aufgaben und auch der besonderen gesellschaftlichen Rolle als Pflegekinder sind viele Forderungen von Careleaver*innen besonders plausibel, und einige davon wurden bei der SGB VIII-Reform auch berücksichtigt. Besonders wichtig sind die veränderten Regelungen zur Nachbetreuung (§ 41a SGB VIII) und zur Kostenheranziehung (§ 94 SGB VIII).

Arbeitsaufgabe 32:

Bitte setzen Sie sich mit den Forderungen von Menschen auseinander, die sich als Carelever*innen verstehen und sich z.B. im Careleaver-Vereinen (z.B. www.careleaver.de, www.careleaver.ch) organisiert haben.

a) Welche Forderungen sind den organisierten Careleaver*innen besonders wichtig?

b) An wen richten sich diese Forderungen?

c) Gibt es spezifische Forderungen von (ehemaligen) Pflegekindern?

Zusammenfassend sehen wir: Pflegekinder können völlig neue Erfahrungen in ihrer Pflegefamilie machen, die ihr Leben nachhaltig positiv beeinflussen. Sie können hier völlig neue Entwicklungschancen finden – oft solche, die ihren Eltern in deren Kindheit vorenthalten wurden. Es kann sich eine wichtige familiale Verortung entwickeln, die sich völlig unabhängig von den rechtlichen Jugendhilfestrukturen durch das Leben zieht und als Ressource wirkt. Aber es kann auch anders kommen. Pflegefamilien können auch ein Ort neuer Diskriminierungserfahrungen und verweigerter Anerkennung und Gewalt werden. Ich habe versucht, die Chancen an den verschiedenen Stationen zu betonen und die Risiken nicht auszublenden. Ob und was gelingt, hängt von den Menschen ab, die zusammenleben, interagieren, Beziehungen und Bindungen entwickeln. Dabei haben sie es aber auch immer wieder mit ungewöhnlichen Aufgaben und Themen in einem Lebensfeld mit besonderen Strukturmerkmalen zu tun, die wir betrachtet haben. Bei der Bewältigung der dabei auftretenden Probleme spielen Soziale Dienste eine wichtige Rolle. Deren Aufgaben und einige Qualitätsmerkmale wurden an den jeweiligen Stationen jeweils beschrieben. Nun sollen noch einige übergreifende Merkmale skizziert werden, die die Leistungsfähigkeit dieser Dienste und der Sozialen Arbeit in der Pflegekinderhilfe ausmachen.

10. Kapitel: Zusammenspiel und Leistungsfähigkeit Sozialer Dienste

Zusammenfassung:

In diesem Kapitel geht es um die Merkmale, die die Leistungsfähigkeit und die Dienstleistungsqualität der Sozialen Dienste bestimmen und die damit auch das Leben in und um Pflegefamilien beeinflussen. Dazu gehören auch die Ausstattung der Dienste und die Kooperationen, die sie entwickelt haben.

Die Fachkräfte Sozialer Dienste sind wichtige Akteure der Pflegekinderhilfe. Ihre Entscheidungen und Dienstleistungen beeinflussen auf vielfältige Weise die Entwicklungschancen und das Wohlbefinden der Kinder, das Leben ihrer Eltern und das in der Pflegefamilie. Da es in der Pflegekinderhilfe kompliziert werden kann, haben die Menschen einen Anspruch, dass sie bei der Bewältigung ihrer Probleme nicht alleine gelassen werden – so eine grundlegende Feststellung am Beginn. Inzwischen sind viele dieser Aufgaben, Handlungsoptionen und die dafür geeigneten Qualitätsmerkmale verschiedener Sozialer Dienste in den einzelnen Stationen, aber auch beim Zugang zur Vielfalt in Pflegeverhältnissen im Detail deutlich geworden.

Diese Aufgaben und Dienstleistungen lassen sich in drei Bereiche unterteilen:

1. die richtigen Programme und konzeptionellen Leitideen,
2. die Organisationsmerkmale und Ausstattungen der Dienste,
3. die notwendigen Kooperationen und Koproduktionen.

Die Wissensbestände, reflektierten Erfahrungen und Haltungen – also die auch emotional aufgeladenen Grundeinstellungen – haben bisher im Mittelpunkt gestanden und sollen hier nicht noch einmal alle aufgezählt werden. Sie bilden die Ebene der inhaltlichen Programme und fachlichen Ausrichtung der einzelnen Fachkräfte und ggf. der Dienste. Wie einheitlich sie in einem Dienst eine gemeinsame Grundlage bilden, die in einer Organisationskultur verankert sind, ist sehr unterschiedlich (grundsätzlich: Klatetzki 2005). Manche Dienste erscheinen eher als ein Ensemble freischaffender Künstler*innen mit sehr unterschiedlichen Einstellungen, Haltungen, ideologischen und konzeptionellen Ideen. Andere haben eine klare gemeinsame Basis. Diese kann sehr eng und rigide ausgerichtet sein: Wer andere Fragen stellt, andere Facetten betont und andere methodische Vorgehensweisen favorisiert, passt nicht dazu und wird an den Rand gedrängt. Die gemeinsame Basis kann aber auch vielfältige Orientierungen zulassen und in eine Organisationskultur integrieren, die Multiperspektivität und unterschiedliche professionelle Zugänge schätzt und in gemeinsamen Verfahren z.B. des Fallverstehens für komplexe Analysen und kreative Planungen nutzt. Die Soziale Arbeit hat es immer mit der Interpretation komplexer Äußerungen verschiedener Betroffener und anspruchsvollen hermeneutischen Prozessen des Verstehens – auch im Sinne eines Dechiffrierens – zu tun und selten mit der Anwendung linearer Regeln. Deswegen habe ich abgesicherte Wissensbestände dargestellt, wollte aber auch durch Beispiele und Zitate und an einigen Stellen durch die Arbeitsaufgaben zu eigenständigen Interpretationen und der Verbindung mit Berufs- und Lebenserfahrungen anregen. Die Auswahl und Art dieser Materialien sollten darüber hinaus auch zu einem sozialpädagogischen Blick auf Menschen in ungünstigen Lebenslagen und Entwicklungsprozessen unter schwierigen Bedingungen (Reimer 2019) – hier bezogen auf Eltern, Pflegekindern und Pflegefamilien – anregen. Das ist der Kernbereich dieses Buches. Er soll jetzt noch durch andere Dimensionen ergänzt werden, die die Leistungsfähigkeit Sozialer Dienste stark beeinflussen.

Organisationsmerkmale und Ausstattung

Zunächst sollen einige quantitative Daten zur Organisation der Pflegekinderhilfe in Deutschland skizziert werden. Überwiegend (87 %) ist der Pflegekinderdienst als eigenständige Einheit im Jugendamt organisiert, manchmal ausschließlich oder zum Teil bei einem freien Träger (9 %) und selten (3 %) gibt es keinen speziellen Pflegekinderdienst, sondern seine Aufgaben sollen durch den ASD miterledigt werden (vgl. v. Santen/Pluto/Peucker 2019: 72).

Die Aufgaben der Pflegekinderhilfe sind regional sehr unterschiedlich zwischen einem spezialisierten Pflegekinderdienst oder dem ASD des Jugendamtes aufgeteilt. Überwiegend sind die Pflegekinderdienste zuständig für die Anwerbung, Eignungsprognose, Vermittlung der Kinder, Begleitung der Pflegeeltern und des Pflegekindes und der Schulung. Der ASD ist häufig zuständig für die Unterstützung der Herkunftsfamilie, Hilfeplanung und Fallverantwortung, Inobhutnahme, Zusammenarbeit mit Familiengerichten und die Rückführung (vgl. v. Santen/Pluto/Peucker 2019: 85 f.).

In Politik und Verwaltung werden sehr unterschiedliche Antworten auf die Frage nach der notwendigen personellen Ausstattung eines leistungsfähigen Pflegekinderdienstes gegeben. Der Fallzahlschlüssel – die Zahl der Fälle (d.h. der Kinder in der Vollzeitpflege) für die eine Fachkraft auf einer Vollzeitstelle zuständig ist – fallen dementsprechend regional sehr unterschiedlich aus. Bei 15 % der Jugendämter ist eine Fachkraft für mehr als 71 bis zu 200 Pflegekinder zuständig, bei fast der Hälfte der Jugendämter liegt sie bei mehr als 50 Pflegekindern und nur bei ca. 20 % der Jugendämter bei einer Relation von 1:35 (v. Santen/Pluto/Peucker 2019: 107 mit Bezug auf DJI/DIJuF 2006). Der Deutsche Städte- und des Landkreistag empfiehlt eine Relation von 1:50, das DJI und das „Neue Manifest zur Pflegekinderhilfe" (IGFH/Kompetenz-Zentrum 2010) 1:35 für die allgemeine Vollzeitpflege (v. Santen/Pluto/Peucker 2019: 107). Häufig werden für die besonderen Formen (nach § 33 Satz 2 SGB VIII: „besonders entwicklungsbeeinträchtige Kinder und Jugendliche") deutlich niedrigere Fallzahlschlüssel empfohlen als für die allgemeine Vollzeitpflege.

Bei der Festlegung der Fallzahlschlüssel ist es sinnvoll, zunächst das Aufgabenspektrum genauer zu beschreiben, das der Pflegekinderdienst bearbeiten soll, dessen Ausstattung begründet wird.

> In Baden-Württemberg werden für 2006 (KVJS 2009: 36) folgende Aufgaben der Pflegekinderdienste unterschieden, die Prozentangaben zeigen,

wie groß der Anteil der kommunalen Pflegekinderdienste ist, die für diese Aufgaben zuständig sind:

PKD zuständig für

- die Gewinnung von Pflegefamilien und die Anbahnung (90 % der Jugendämter),
- Beratung der Pflegefamilien (79 %),
- Verwandtenpflege (66 %),
- Umgang (51 %),
- Sorgerechtsfragen (49 %),
- Federführung Hilfeplan (46 %),
- Berichte an Vormundschaftsgerichte (heute: Familiengerichte) (44 %),
- Beratung Herkunftsfamilie (38 %),
- behinderte Pflegekinder (33 %).

Das Beispiel Baden-Württemberg zeigt, welche Aufgaben die Kommunen an alle PKD (die restlichen 10 % hatten keinen PKD) delegiert haben und welche nur bei einem kleineren Teil vom PKD erledigt werden sollen. Da diese Aufgaben – explizite Zuständigkeit für die Verwandtenpflege, Pflegekinder mit Behinderung, Beratung Herkunftsfamilie oder Federführung bei der Hilfeplanung – zeitaufwendig sind, sollten sie bei der Beurteilung der Personalausstattung berücksichtigt werden.

Das „Neue Manifest zur Pflegekinderhilfe" (IGfH/Kompetenz-Zentrum Pflegekinder 2010: 36 f.) benennt folgende zentrale Aufgaben, für die ein Pflegekinderdienst fachliche Standards entwickelt sollte:

- „Eignungsfeststellung, Qualifizierung und Vorbereitung von BewerberInnen um ein Pflegekind
- Verfahren zur Vorbereitung von Kindern und ihren Eltern auf die Inpflegegabe
- Auswahl einer geeigneten Familie für ein besonderes Kind
- Überleitung des Kindes in die Pflegefamilie und für die Gestaltung der Integrationsphase
- Kontakthäufigkeiten des Fachdienstes zu den Pflegefamilien sowie zu Beratungsschwerpunkten in verschiedenen Phasen des Pflegeverhältnisses
- Einbeziehung leiblicher Kinder der Pflegeeltern in Beratung und Unterstützung
- Gestaltung von Umgangs- und Besuchskontakten
- Unterstützung der Pflegefamilie in Krisensituationen
- Umsetzung von Hilfeplanungen und über arbeitsteilige Zuständigkeiten von ASD und Pflegekinderdiensten
- Umgang mit Kindeswohlgefährdung durch Pflegeeltern"

Die Aufzählung erscheint auch vor dem Hintergrund der Darstellung zu den Aufgaben an den unterschiedlichen Stationen sehr plausibel.

In der Logik Sozialer Dienste können arbeitsteilige Strukturen – Aufgaben werden an verschiedene andere Organisationen z.B. freier Träger delegiert – sinnvoll erscheinen: Spezialisierte Fachkräfte erledigen die Aufgaben, auf die sie sich spezifisch vorbereitet haben, besser oder kostengünstiger. In der Logik der Adressat*innen kann dies sehr problematisch sein – wie wir z.B. bei Zuständigkeitswechseln auf dem Höhepunkt eines kritischen Lebensereignisses oder bei Informationsverlusten bei den Übergaben gesehen haben. Kontinuität in der Begleitung ist wegen der großen Bedeutung von Vertrautheit und Vertrauen eine notwendige Voraussetzung für wirksame Hilfe. Dann mahnt schon die Vielzahl an Fachkräften, die aufgrund der rechtlichen Rahmungen oft zuständig sind – verschiedene Dienste des Jugend- und manchmal Sozialamtes, Vormundschaften, medizinische und therapeutische Fachkräfte –, dazu, Zuständigkeiten nicht noch weiter aufzusplitten.

In einem ausführlichen Bericht mit Empfehlungen für die niedersächsischen Jugendämter wird die problematische Ausgangslage bei der Fallbemessung so beschrieben:

> „Fallzahlen spielen im Pflegekinderwesen eine große Rolle. Sie bestimmen die Arbeitsintensität der Mitarbeiterinnen und Mitarbeiter, sie sind ein Gradmesser für den zeitlichen Aufwand, der für jeden Fall zur Verfügung steht, sie sind dadurch auch ein Indikator für die Qualität der Arbeit, und nicht zuletzt sind sie auch ein Kostenfaktor, da sich über sie die Zahl der benötigten Mitarbeiter ergibt. Obwohl es Gründe genug gibt, diesem Thema viel Zeit und Geduld zu widmen, existieren in der Regel in den Jugendämtern keine rationalen Verfahren zur Berechnung der Mitarbeiterkapazitäten auf der Basis von Fallzahlen. Es werden nach Traditionen, gewachsenen Strukturen oder einfach nach den situativen Bedingungen bzw. dem vorhandenen Personal Fälle zugeteilt.“ (Erzberger/Blandow 2008: 4/8)

Dann werden die allgemeine Vollzeitpflege, sozialpädagogische und sonderpädagogische Vollzeitpflege unterschieden und jeweils besondere Fallzahlen vorgeschlagen und zusätzlich mehrere Module für zusätzliche Aufgaben (z.B. Werbung, Gruppenarbeit mit Pflegefamilien, Pflegekindern oder Herkunftseltern) beschrieben, die ebenfalls in die Personalbemessung einfließen (Erzberger/Blandow 2008: 4/10). Dies kann hier nicht detaillierter dargestellt werden, der dafür interessante Bericht zeigt aber den Aufwand und die Ergebnisse von solchen Operationalisierungen der Aufgaben Sozialer Dienste.

In anderen Ländern der EU liegen die Fallzahlen oft deutlich niedriger (vgl. Reimer 2021: 4 f.), und es zeichnet sich eine intensive internationale Debatte um eine angemessene Personalausstattung in der Pflegekinderhilfe und die Folgen zu niedriger Personalbemessung ab.

Mir erscheint bei einer angestrebten ganzheitlichen Zuständigkeit der Pflegekinderdienste eine Personalausstattung von mindestens 1:35 in der allgemeinen Vollzeitpflege gut begründet und eine von 1:12 bis 1:15 bei Kindern mit Behinderung, da hier z.B. der Aufwand in der Kommunikation mit medizinischen Fachkräften und durch besondere Entlastungsangebote für die Pflegeeltern (vgl. Schäfer 2011) hoch ist. Die Bemühungen, bundesweit einheitliche Höchstgrenzen festzulegen, waren bisher erfolglos.

Eine befriedigende Personalrelation ist eine notwendige, aber alleine auch nicht hinreichende Voraussetzung für eine gute Begleitung der Pflegeverhältnisse. Bei einer schlechten Ausstattung kommen die Vorteile gut qualifizierter Fachkräfte und richtiger Programme nicht zum Tragen. Alleine die gute Ausstattung garantiert aber auch noch keine hohe Leistungsfähigkeit, die guten Programme müssen hinzukommen. So haben wir es hier mit komplexen Wechselwirkungen zu tun. Ein weiterer Hinweis darauf ist auch der Befund, dass es Rückführungskonzepte und explizite Kinderschutzkonzepte vorrangig bei Diensten mit günstigerem Fallschlüssel gab (vgl. v. Santen/Pluto/Peucker 2019: 111).

Studien in Großbritannien zeigen einen deutlichen Zusammenhang zwischen der Qualität der Betreuung von Pflegefamilien, der Pflegeelternzufriedenheit und der Zahl der Pflegefamilien in einer Region. Auch in Deutschland sprechen einige Indikatoren dafür, dass die erheblichen regionalen Unterschiede der Unterbringungsquote in Pflegefamilien in Relation zu denen in der Heimerziehung mit der Qualität der Dienstleistungen durch die Pflegekinderdienste zusammenhängen. Pointiert formuliert gilt: Wer es billig haben will in der Pflegekinderhilfe, kriegt es richtig teuer. Das meint: Je schlechter die Ausstattung der Dienste und die Qualität der Betreuung ist, desto erfolgloser ist die Suche nach einer ausreichenden Zahl an Pflegefamilien und desto größer ist dann der Druck, auch solche Kinder in der wesentlich teureren Heimerziehung zu platzieren, die besser in Pflegefamilien betreut werden könnten. Wenn – wie die Befragung zeigt (vgl. v. Santen/Pluto/Peucker 2019: 104) – 75 % der Jugendämter den Anteil der Unterbringung in Pflegefamilien in Relation zu der in der Heimerziehung erhöhen wollen, haben sie dafür in der Qualitätsentwicklung ihrer Pflegekinderdienste einen wirksamen Einflussfaktor.

Neben dieser Schlüsselfrage gibt es noch ein relevantes Organisationsmerkmal, das kurz erwähnt werden soll. Zu besonderen Herausforderungen für die Eltern, Pflegeeltern und das Kind kann eine Bestimmung führen, die die örtliche Zuständigkeit für Leistungen regelt. In § 86 Abs. 6 SGB VIII ist festgelegt, dass die örtliche Zuständigkeit nach zwei Jahren und wenn der weitere Verbleib des Kindes in der Pflegefamilie zu erwarten ist, vom Jugendamt in dessen Bereich die Eltern ihren gewöhnlichen Aufenthalt haben, zum Jugendamt („örtlichen Träger") wechselt, in dem die Pflegeperson ihren gewöhnlichen Aufenthalt hat. Kurz zusammengefasst: Ein neuer Pflegekinderdienst wird zuständig. Das erscheint zunächst für die Pflegefamilie ganz praktisch: Der neue PKD ist nun wegen der räumlichen Nähe schneller zu erreichen und hoffentlich mit den Besonderheiten der Region gut vertraut. Allerdings wird es oft bei der Beantwortung der Frage heikel, ob eine gute Übergabe der Informationen erfolgt und ob der neue PKD alle Absprachen, die die Pflegeeltern mit dem bisher zuständigen Dienst getroffen haben, übernimmt. Da es kaum verbindliche Standards in der Pflegekinderhilfe gibt, können die Regelungen der beiden Dienste erheblich abweichen. Pflegeeltern erleben dies dann manchmal als eine einseitige Änderung der finanziellen und organisatorischen

Grundlagen. Auch die Eltern erleben diesen Wechsel oft irritierend, insbesondere wenn die Zusammenarbeit zwischen dem für sie weiterhin zuständigen ASD und dem neuen PKD nicht gut funktioniert. Es hat immer wieder Vorstöße gegeben, diese Probleme durch Gesetzesänderungen zu beseitigen. Das ist bisher aber nicht zur Zufriedenheit aller Beteiligten gelungen.

Kooperationen und Koproduktion

Die Lösung schwieriger Aufgaben und die Bewältigung von Problemen geschehen in der Pflegekinderhilfe im Zusammenspiel verschiedener Organisationen und verschiedener Menschen. Die kritische Seite kann auch so formuliert werden: Die Produktion von Problemen und die Errichtung von Barrieren für Lösungen geschieht im Zusammenspiel. Das setzt nicht böse Absichten voraus, sondern kann sich als Nebenwirkungen von Aktivitäten ergeben, die gut gemeinte Ziele verfolgen. Solche positiven wie negativen Wirkungen und Effekte können nur in den Geflechten und Wechselwirkungen verstanden werden. In diesem Sinne entstehen alle Effekte als Koproduktion. Durch ihre Beschreibung, Analyse und durch eine Selbstreflexion der eigenen Beteiligung werden sie erkannt und eigenes Handeln kann besser geplant und eher legitimiert werden. Eine besondere Verantwortung liegt bei den Fachkräften, die aufgrund einer relativ mächtigen Position (z.B. formaler Zuständigkeiten, Entscheidungsmacht) und durch ihr spezifisches Wissen und Können in ihrem Berufsfeld handeln.

Vor diesem Hintergrund soll die Pflegekinderhilfe als Feld von Kooperationen und Koproduktionen betrachtet werden. Wir haben schon viele Formen der Kooperation und des Zusammenspiels im Detail betrachtet. Nun sollen sie noch etwas distanzierter und abstrakter als System betrachtet werden. Dabei meint eine Form der Kooperation auch die Nichtzusammenarbeit und Nichtkommunikation, und das Zusammenspiel bedeutet nicht nur ein faires Spiel nach Regeln, sondern kann sich auch als Kampfbühne mit Foulspiel darstellen.

Die unterschiedlichen Kooperationen in der Pflegekinderhilfe werden drei Feldern zugeordnet:

1. Kooperationsebene private Beziehungen,
2. Kooperationen zwischen privaten Akteur*innen und beruflich Handelnden und
3. Kooperation zwischen unterschiedlichen Organisationen und Professionen.

Das erste Feld sind die privaten Beziehungen der Menschen. In der Herkunftsfamilien-Pflegefamilien-Figuration stehen die Menschen in Interaktion. Sie kommunizieren miteinander – unmittelbar oder indirekt, ggf. auch durch die Verweigerung von Kommunikation, die dann ebenfalls eine Bedeutung hat, die mitgeteilt wird. Das, was die einen tun oder lassen, wirkt sich auf die anderen aus. Wenn sie gut zusammenarbeiten, sich und die Perspektive der anderen jeweils anerkennen und Absprachen treffen, hat jeder und jede von ihnen Handlungs- und Gestaltungsoptionen, erfährt Selbstwirksamkeit, und die Wahrscheinlich steigt, dass sie sich mit dem Ergebnis ihrer Koproduktion identifizieren können. Wenn auch das Kind darin als Subjekt wertgeschätzt und einbezogen ist, kann dies seine

Entwicklungsbedingungen sehr positiv beeinflussen. Das oft beschworene, aber wohl nicht so oft realisierte Koparenting ist damit ein Merkmal der Produktion günstiger Entwicklungsbedingungen für die Kinder aber auch für die Erwachsenen und ihr Wohlbefinden. Das bezieht sich auf die Mitglieder der beiden Kernfamilien und auch auf die weiteren Verwandten, die unmittelbar oder mittelbar an der Koproduktion beteiligt sein können. Für einen negativen Verlauf gelten diese Zusammenhänge ebenso – dann in der negativen und destruktiven Variante.

Da sich eine konstruktive Zusammenarbeit nicht immer und nicht immer von alleine entwickelt, spielt hier die zweite Ebene hinein: die zwischen den Menschen in ihrem privaten Leben und den beruflich handelnden Akteur*innen. Deren Aufgabe kann darin gesehen werden, die Zusammenarbeit auf der privaten Ebene zu ermöglichen und zu fördern. Wir haben vielfältige Beispiele für solche Unterstützungsleistungen kennengelernt.

Die dritte Ebene bezieht sich auf die zwischen verschiedenen Organisationen und den Fachkräften in ihren Organisationszusammenhängen. Die Zusammenarbeit zwischen ASD und Pflegekinderdienst, zwischen beiden und den Amtsvormundschaften und der Justiz oder medizinischen und therapeutischen Organisationen beeinflussen das Feld, in dem die Familien und Kinder leben und sich entwickeln. Besonders bedeutsam ist, ob der ASD und der PKD, der eine andere Abteilung des Jugendamtes bilden oder bei freien Trägern angesiedelt sein kann, so konstruktiv zusammenarbeiten, dass sie zum Modell für eine Koproduktion trotz unterschiedlicher Wahrnehmungsperspektiven werden oder ob sie die Spannungen, die zwischen Herkunfts- und Pflegefamilien oft bestehen, auf der Systemebene reproduzieren.

Eine Organisation eigener Art bilden die selbstorganisierten Zusammenschlüsse, z.B. von Pflegeeltern. Hier handeln Pflegeeltern nicht (primär) als individuelle Pflegeeltern, sondern sie vertreten ihre Sichtweisen und Interessen auch gegenüber Politik, Verwaltung und Sozialen Diensten. Das neue Recht betont ihren Anspruch auf Beratung, Unterstützung und Förderung (§ 4a, § 37a und § 71 SGB VIII). Ihre Anliegen – das gilt z.B. auch für Careleaver-Organisationen – sollen gehört und berücksichtig werden.

Die Qualität der Zusammenarbeit auf den drei Ebenen ist ein wichtiges Thema der Organisationsentwicklung in der Pflegekinderhilfe und wird an verschiedenen Stellen immer wieder bearbeitet. Dabei ist unstrittig, dass die Formen der Zusammenarbeit die Leistungsfähigkeit der Pflegekinderhilfe beeinflussen. Eine systematische Darstellung der Ergebnisse ist aber derzeit kaum möglich, auch weil die Projekte oft regional sehr spezifisch sind und überwiegend in Projektberichten publiziert werden, die schwer zugänglich sind. Auch auf Tagungen sind diese Themen bisher nur kleinteilig und punktuell diskutiert worden. Da bilden die Projekte von Christian Erzberger (z.B. 2014) in Niedersachsen noch eine etwas einsame Ausnahme.

Anmerkungen zur Schweiz und zu Österreich

Die allgemeinen Zusammenhänge, die die Leistungsfähigkeit der Pflegekinderhilfe als System der Kinder- und Jugendhilfe ausmachen und beeinflussen, gelten auch für andere Länder. Die Analyse des Zusammenspiels von Programmen, Organisations- und Ausstattungsmerkmalen und Kooperationen erscheint generell notwendig, um Systemmerkmale zu erfassen. Insbesondere die Antworten auf die Fragen nach den richtigen Programmen und konzeptionellen Leitideen fallen für den deutschsprachigen Raum – und darüber hinaus – sehr ähnlich aus. Auf einige Besonderheiten in Österreich und der Schweiz habe ich bei den jeweiligen Themen hingewiesen. Allgemeine Aussagen zu den Organisationsmerkmalen und Ausstattungen der Dienste dieser beiden Länder sind mir nicht möglich. Die Verländerung der Gesetzgebung in Österreich und die kantonalen Strukturen mit erheblichen Unterschieden in der Schweiz erschweren dies sehr. Allerdings beobachte ich sehr ähnliche Diskussionen – z.B. zur unverzichtbaren Ausstattung der Pflegekinderdienste, den optimalen Zuständigkeitsregelungen und Arbeitsteilungen – auch dort. Weit über die Schweiz hinaus interessant dürften die Ergebnisse einer großen Untersuchung werden, in der die Pflegekindersysteme in unterschiedlichen Kantonen und die Wechselwirkungen zwischen kantonalen Strukturen und Merkmalen der Leistungsfähigkeit erforscht werden (www.pflegekinder-nextgeneration.ch /forschung). Hier sind grundlegende Aussagen zu den intendierten und nicht intendierten Folgen von Organisationsmerkmalen zu erwarten.

11. Kapitel: Zukunft der Pflegekinderhilfe

Zusammenfassung:

Fragen zukünftiger Entwicklungen werden auf drei Ebenen skizziert: der Makroebene von Politik und gesellschaftlichen Debatten, der der Organisation und der der inhaltlichen Programme und Konzeptionen.

Aussagen zur Zukunft der Pflegekinderhilfe können sich – wenn der Autor nicht über hellseherische Fähigkeiten verfügt – nur auf Beobachtungen zu sich bereits heute abzeichnenden Entwicklungslinien beziehen. Einige Entwicklungen werden außerdem bereits in anderen Ländern deutlich und vermutlich zukünftig auch im deutschsprachigen Raum stärkere Resonanzen auslösen. Dabei ist es nicht leicht, die Prognose und normative Aspekte – Aussagen, Wünsche und Hoffnungen, wie es kommen sollte – zu trennen. Vor dem Hintergrund der bisherigen Darstellung und der dort skizzierten Themen und der Suchbewegungen für Lösungen zentraler Fragen der Pflegekinderhilfe möchte ich in diesem Kapitel holzschnittartig einige Fragen und Themen skizzieren, von denen ich annehme, dass sie (auch) in den Debatten der nächsten Jahre eine wichtige Rolle spielen werden. Dies geschieht im Wissen darum, dass es weitere Themen geben wird, die ich heute noch nicht antizipieren kann. Insofern ist die Darstellung in jedem Fall unvollständig.

Auf drei Ebenen lassen sich Prognosen darstellen:

1. Die gesellschaftliche Makroebene von Politik, Gesetzgebung, Verwaltung und gesellschaftlichen Debatten, die in Deutschland, Österreich und der Schweiz geführt werden und auf die Pflegekinderhilfe ausstrahlen.
2. Die Ebene der Organisation, Ausstattung und Planung Sozialer und anderer Dienste und Organisationen.
3. Die Ebene der Programme, Konzeptionen, inhaltlichen Fachdiskussionen in der Pflegekinderhilfe.

Diese Ebenen sind nicht voneinander getrennt, sondern Veränderungen und Entwicklungen auf der einen Ebene führen auch auf den anderen zu Impulsen – einige unmittelbar, andere mit (langen) Verzögerungen. In ihrem Zusammenspiel können sie als die für die Pflegekinderhilfe relevanten Baustellen betrachtet werden. Die folgende Abbildung zeigt diese Themen.

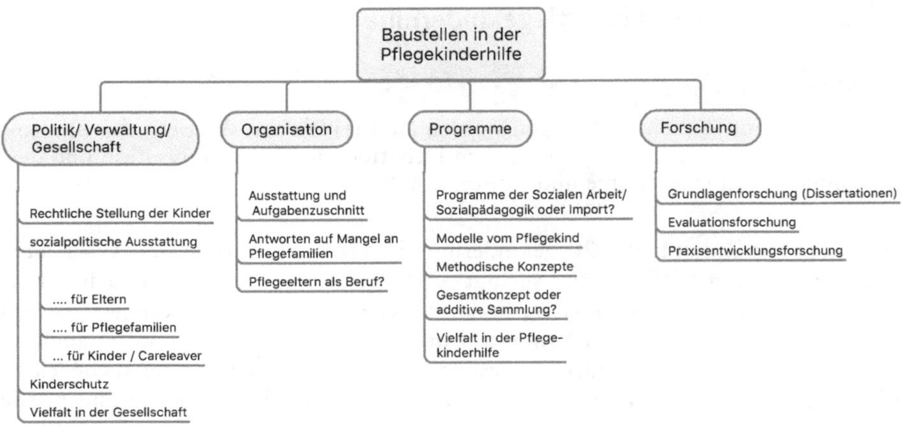

Abbildung 5: Baustellen in der Pflegekinderhilfe. Quelle: Eigene Darstellung

Ebene 1: Makroebene von Politik/Verwaltung/Gesetzgebung/ gesellschaftlichen Debatten

Einige Veränderungsprozesse auf der Makroebene, die wir bereits kennengelernt haben, sind nicht abgeschlossen und werden auch in der Zukunft fortgesetzt werden und möglicherweise auch die Richtung ändern. Einige dieser Themen sollen exemplarisch benannt werden. Ein wichtiges Themenfeld ist die rechtlich und sozial definierte **Position der Kinder und ihrer Rechte**. Diese wird häufig in der Balance zwischen Eltern- und Kinderrechten diskutiert. Die Diskussionen gehen weit über die Pflegekinderhilfe hinaus, sind in Deutschland aber bei der SGB VIII-Reform und den ersten BGB-Änderungen auch exemplarisch bei Pflegekindern und ihren Eltern verortet worden. Dabei ist politisch umstritten, ob die Rechte und Autorität der Eltern und Erwachsenen durch eine Verschiebung zugunsten der Menschenrechte der Kinder geschwächt werden. Diese Debatte wird nicht in der Pflegekinderhilfe entschieden, aber sie wirkt sich in der Justierung der Rechte der Kinder, ihrer Partizipationschancen, der Rechte von Eltern und Pflegeeltern jeweils in Relation zu denen der anderen Gruppe aus. Die Formulierungen zur Dauerverbleibensanordnung sind noch sehr vorsichtig, und in ihrer Anwendung wird sich zeigen, ob das Ziel, sich deutlicher an den Wünschen der Kinder nach Kontinuitätssicherung zu orientieren, damit ausreichend sichergestellt ist. Das Thema wird auf der Tagesordnung bleiben. Ähnliche Diskussionen werden auch weiterhin in Österreich hinsichtlich der ABGB-Reform geführt werden und in der Schweiz zur PAVO-Revision (vgl. Hotz/Gassner 2013). Nicht nur in der Relation zu den Elternrechten sondern auch in anderen Feldern – der Schule, im Freizeitbereich oder in den politischen Rechten – wird die Position der Kinder kontrovers diskutiert werden, und dies wird sich auch für Pflegekinder weit über ihre Rolle als Familienmitglieder hinaus auswirken.

Die Forderungen der Careleaver*innen-Verbände werden ebenfalls auf der Tagesordnung bleiben und immer wieder Fragen zur **sozialpolitischen Ausgestaltung** der Beziehungen Eltern–Kinder und Staat–Familien aufwerfen. Die ersten Erfolge bei der SGB VIII-Reform können auch die Aktivitäten in der Schweiz weiter befördern und in Österreich vielleicht initiieren. Auch die finanzielle Absicherung der (ehemaligen) Pflegekinder, ihrer Eltern und Pflegeeltern zeigen sie als Teil einer sozialpolitischen Gestaltung der Rahmenbedingungen und schließlich der (ggf.: fehlenden) Wertschätzung zivilgesellschaftlicher Ressourcen für die Beantwortung sozialer Fragen.

Die gesellschaftliche Debatte um aufwühlende Schicksale einzelner Kinder, die massive Gewalt, sexualisierte Gewalt oder harte Vernachlässigung erleiden mussten, hat in der Vergangenheit immer wieder schnelle Aktivitäten auch des Gesetzgebers ausgelöst. Dass die Politik hier – auch getrieben von skandalösen Fällen, die manchmal noch zusätzlich an falschen Stellen skandalisiert werden – aktiv wird, ist in Demokratien naheliegend. Zu enge Reflexe auf den Einzelfall können aber auch nachhaltige Veränderungen verhindern. Ob die Pflegefamilie eher als Lösung oder als Teil des Problems erscheint, hängt dann auch vom Zufall ab, wo der nächste Skandal auftaucht. Die öffentlichen Bilder und Narrative von Pflegefamilien können die Akzeptanz von Pflegefamilien auch losgelöst von der vielfältigen aktuellen Realität nachhaltig prägen – wie z.B. die Verdingkinderdiskussion in der Schweiz zeigt. Die gesellschaftliche Diskussion um **Kinderschutz** benötigt und schafft auch immer Vorstellungen, von welcher Seite das Kindeswohl besonders gefährdet ist und führt leicht zur Betonung der einen Risikoquelle und der gleichzeitigen Vernachlässigung anderer. Dadurch wird auch der Boden dafür geschaffen wie die Pflegekinderhilfe grundsätzlich in Relation zur Heimerziehung zu bewerten ist. Solche Diskussionen gibt es in vielen Ländern. Ein bemerkenswertes Beispiel ist eine aktuelle EU-Initiative mit dem Ziel, die Heimerziehung in Europa zugunsten der Stärkung von Familien abzuschaffen (https://www.openi ngdoors.eu). Diese Initiative ist vor dem Hintergrund, dass in einigen Staaten Osteuropas, aber auch z.B. in Portugal ein System der Pflegekinderhilfe kaum entwickelt ist, vielleicht plausibel, in ihrer Radikalität aber auch realitätsfern. „Ending institutional care" ohne jede Differenzierung zu den Formen und der jeweiligen pädagogischen Qualität der Heimerziehung zu fordern, verschließt auch die Augen vor den Risiken der Familienerziehung und den Chancen einer guten Heimerziehung.

Die allgemeine gesellschaftliche Diskussion über die gewünschte **Vielfalt in der Gesellschaft** beeinflusst auch Weichenstellungen für eine angestrebte oder blockierte Vielfalt in der Pflegekinderhilfe. Da die Pflegekinderhilfe kein autonomes System ist, sondern vielfach rechtlich, sozial und in ihren leitenden Deutungsmustern in diese allgemeine Struktur eingebettet ist, wirken sich gesellschaftliche Debatten um Exklusion/Inklusion auch hier aus. Wir haben das am Beispiel gleichgeschlechtlicher Pflegeeltern und Familien mit Migrationsgeschichte näher betrachtet. Ohne hellseherische Fähigkeiten kann ich nicht prognostizieren, wie diese Debatten in den nächsten Jahrzehnten verlaufen werden, dass sie geführt werden und dann Folgen für die Pflegekinderhilfe haben werden, lässt sich aber feststellen.

Ebene 2: Organisation/Planung/Ausstattung

Die Entwicklungen auf der Ebene der Makrostrukturen beeinflussen auch die Entwicklungen auf der Ebene der Organisation Sozialer Dienste. Unmittelbar deutlich wird dies bei der Favorisierung und Legitimierung von Heimerziehung oder der Pflegekinderhilfe auf der gesamtgesellschaftlichen Ebene und den Folgen für z.B. die kommunalpolitischen Weichenstellungen, die dadurch Legitimation gewinnen oder verlieren. Sie erscheinen dann nicht nur als reine Sachentscheidungen von Spezialisten der Sozialen Arbeit, sondern sie sind politisiert. Das ist z.B. im Stadtstaat Hamburg immer wieder sehr deutlich geworden (z.B. „Jeremie", „Chantal", „Yagmur"). Die Gewichtung der drei Antworten auf die Frage nach der Betreuung von Kindern in Not – einzelfallspezifische oder sozialraumorientierte Unterstützung der Eltern, Pflegefamilie, Heimerziehung – bilden sich in der **personellen und finanziellen Ausstattung der Sozialen Dienste** vor Ort ab. Auch die Frage nach der speziellen Qualifikation der Fachkräfte wird verstärkt geführt werden. Das ist übrigens auch ein Grund für die Entstehung dieses Buches. Diese Fachdiskussionen über die Angemessenheit der Ausstattung werden auch zukünftig eine wichtige Rolle spielen.

Dabei werden noch stärker die Antworten auf den **Mangel an Pflegefamilien** gefragt sein. Sehr viele Jugendämter beklagen den Mangel, und die interkommunalen Vergleiche zeigen erhebliche Differenzen in der Zahl der Pflegefamilien. Wie die Zahl geeigneter Pflegefamilien erhöht werden kann, wird weiterhin und nach meiner Einschätzung verstärkt diskutiert werden. Nutzt eine bessere finanzielle Ausstattung von Pflegefamilien? Nutzt die bessere Begleitung, oder kann die Zahl sowieso nicht nachhaltig erhöht werden, da immer mehr Erwachsene Berufsarbeit und Pflegeelterntätigkeit gar nicht verbinden können? Einige Antworten haben wir im Buch kennengelernt: die gute Begleitung, der Zugang zur Vielfalt von Familien, der Ausbau von Verwandten- und Netzwerkpflege als Schlüsselkategorien. Ähnliche Diskussionen gibt es auch in der Schweiz, und die dort derzeit laufenden Forschungsprojekte zur guten Begleitung und zum Zusammenhang von kantonalen Strukturen und Pflegefamilien (https://pflegekinder-nextgeneration.ch/forschung/) lassen interessante Ergebnisse und wichtige Debatten erwarten.

Eine Diskussion, die in einigen anderen Ländern intensiver geführt werden als im deutschsprachigen Raum, bezieht sich auf **Pflegeeltern als Beruf.** Soll die Tätigkeit von Pflegeeltern als berufliche Tätigkeit ausgeformt werden? Dann müssen Fragen nach den notwendigen Ausbildungsabschlüssen, einer sozialversicherungspflichtigen Bezahlung, Arbeitszeitregelungen usw. beantwortet werden. Diese Diskussion ist in Deutschland bisher kaum geführt worden, in Österreich vor längerer Zeit, dann aber wieder abgeebbt und in der Schweiz in einigen Facetten bei der Bezahlung der Pflegeeltern durch DAF's.

Eine generelle Ausrichtung der Pflegeeltern als Beruf halte ich im deutschsprachigen Raum für sehr unwahrscheinlich. Dies entspricht weder dem Selbstverständnis vieler Pflegeeltern, noch erscheint es den Kostenträgern als reizvolles Ziel. Ob allerdings einzelne Bereiche – z.B. die Bereitschaftspflege – als Beruf mit Clearing- und Diagnoseaufgaben verbunden etabliert werden sollte, wird zukünftig verstärkt diskutiert werden.

Ebene 3: Programme/Konzeptionen/Fachdebatten

Auf der Ebene der Programme und Konzeptionen gibt es eine Ansammlung von verschiedenen Elementen sehr verschiedener therapeutischer, kinder- und jugendpsychiatrischer und – deutlich seltener – pädagogischer Modelle, Praxen, Theorien und Alltagstheorien, die nebeneinander irgendwie angewendet werden sollen. Die Soziale Arbeit wird sich im Kontext ihrer weiteren Professionalisierung stärker mit der Frage auseinandersetzen, inwieweit sie ein eigenes, sozialpädagogisches Programm weiterentwickeln will oder ob sie sich damit zufriedengibt, (weiterhin) eher zum Sammelbecken aller möglichen Importe anderer Disziplinen und Methoden zu werden.

Auch die Konzepte, deren grundsätzliche Bedeutung in der Pflegekinderhilfe überwiegend unstrittig sind, wie die Bindungstheorie bleiben in ihrer Reichweite und ihrer Erklärungskraft für konkrete Fragen oft ungeklärt. So wird die Bindungstheorie oft gleichermaßen pauschal für die Begründung der großen Bedeutung der Beziehung des Kindes zu seinen Eltern wie zur Notwendigkeit nun sicherer Bindungserfahrungen in der Pflegefamilie benutzt. Zwar ist die Bedeutung sicherer Bindungen für die Sozialisation von insbesondere jungen Kindern unstrittig, die Fragen der Konsequenzen für viele Themen der Pflegekinderhilfe werden aber im Detail eher selten begründet. Im Rahmen einer Professionalisierung der Pflegekinderhilfe – damit sind Fachkräfte und Soziale Dienst gemeint – wird es zukünftig eine intensivere Diskussion um Leistungsfähigkeit und Reichweite der angewandten Konzepte, ihrer Modelle vom Pflegekind und der geeigneten Methoden geben müssen. Dann wird sich auch die Frage nach einer Integration der verschiedenen Teilkonzepte in ein Gesamtkonzept z.B. der Begleitung und Beratung von Pflegefamilien, der Partizipation der Kinder und Erwachsenen oder der Beziehungsgestaltung in der Herkunftsfamilien-Pflegefamilien-Figuration stellen. Die Antworten darauf werden auch auf den Fachtagungen der nächsten Jahre diskutiert werden. Dies erscheint mir eine Voraussetzung für die insgesamt unterstrittige weitere Professionalisierung zu sein.

Auch die gesellschaftlichen Debatten um Vielfalt und Diversity werden die Fachkräfte in der Pflegekinderhilfe anregen, ggf. zwingen sich in der Frage nach der gewünschten Vielfalt in der Pflegekinderhilfe zu positionieren. Auch hier sind Debatten und Klärungen z.B. zur Realisierung und nicht nur Postulierung einer inklusiven oder migrationssensiblen Pflegekinderhilfe, zur Verwandten- und Netzwerkpflege und zur Betreuung von älteren Kindern und Jugendlichen in Pflegefamilien (weiter) zu führen.

Weitere noch offene Fragen sind vorher bereits dargestellt worden und sollen hier nicht noch einmal aufgelistet werden. Die hier exemplarisch genannten halte ich aber auch für zentrale Kristallisationspunkte zukünftiger Debatten.

Welche Forschung?

Zum Abschluss dieses Kapitels sollen noch einige Anmerkungen zur notwendigen Forschung erfolgen. In den letzten 15 Jahren hat es in Deutschland ausgehend von einem relativ niedrigen Niveau punktueller Einzelforschungsprojekte eine deutliche Zunahme der Forschungsaktivitäten gegeben. Diese beziehen sich auf Evaluationsforschung und wissenschaftliche Begleitung von Praxisentwicklungsprojekten, Gutachten und Expertisen zu wichtigen Themen der Pflegekinderhilfe (Zum Beispiel: https://igfh.de/projekte/dialogforum-pflegekinderhilfe) und auf die universitäre Forschung, die etwa in einer größeren Zahl an ausgezeichneten Dissertationen – z.B. in der Reihe Pflegekinderforschung bei Beltz Juventa publiziert – deutlich wird. In der Schweiz sind in den letzten Jahren verstärkt Forschungen initiiert worden (z.B. durch den Schweitzer Nationalfond SNF, die Palatin-Stiftung oder die Jacobs Foundation). In Österreich haben sich solche Forschungscluster bisher noch nicht herausgebildet.

Die Forschung wird auch bei der zukünftigen Qualitätsentwicklung und bei der Begründung zentraler Weichenstellungen in der Pflegekinderhilfe eine wichtige Rolle spielen. Alltagstheorien durch empirisch abgesicherte Theorien zu ersetzen, ernsthafte Evaluationen, die nicht nur bestätigen sollen, dass alles toll gemacht wird, sondern Differenzierungen von Stärken und Schwächen ermöglichen, werden zukünftig die Rationalität der Entscheidungen und – zusammen betrachtet – des Gesamtsystems verbessern. Das ist gerade in einer Zeit, in der die Grenzen zwischen Fake-News und überprüften und überprüfbaren Informationen, Meinungen und abgesicherten Wissensbeständen verwischt und eine manchmal überbordende Emotionalisierung aller möglichen sozialen Fragen erfolgt, besonders wichtig. Hierfür brauchen wir sowohl die unmittelbar auf Praxisentwicklung bezogene Forschung als auch die wissenschaftliche Grundlagenforschung. Um die systematische Grundlagenforschung zu Themen der Pflegekinderhilfe mache ich mir mehr Sorgen als um die Praxisforschung. Derzeit sehe ich im deutschsprachigen Raum kaum leistungsfähige Strukturen z.B. für Promotionsmöglichkeiten in diesem Themenfeld. Ich hoffe, dass in diesem Buch deutlich geworden ist, wo und wie Forschung auch für die Praxis und damit für das Leben von Menschen in und um Pflegefamilien wichtige Impulse hervorbringen kann.

Arbeitsaufgabe 33:

Werfen Sie bitte zum Abschluss einen bilanzierenden Blick auf Ihre Auseinandersetzung mit den Inhalten dieses Buches:

a) Gibt es Themen und Fragen, in denen Sie Ihre Einschätzung deutlich verändert haben?

b) Wo fühlen Sie sich besonders bestätigt? Wo widersprechen Sie der Darstellung?

c) Haben Sie Pläne für eine weitere Auseinandersetzung mit Themen von Pflegekindern, Pflegefamilien oder der Pflegekinderhilfe?

---

12. Kapitel: Serviceteil

Zusammenfassung:

In diesem Kapitel finden Sie einige Hinweise, die Ihnen bei Ihrem Selbststudium, der Recherche zu weiteren Themen der Pflegekinderhilfe und zu einem Update künftiger Fachdiskussionen nützlich sein können. Die Hinweise können nur exemplarisch erfolgen und Richtungen erfolgsversprechender Suchbewegungen vorschlagen.

Links zu interessanten Quellen

Einige der Publikationen, die auch in diesem Buch verwendet wurden, haben den Anspruch, das Gesamtsystem der Pflegekinderhilfe oder zumindest viele Facetten (systematisch) darzustellen. Das bereits 2011 erschienene, über 1000 Seiten umfassende und leicht online zugängliche (z.B. https://www.bmfsfj.de/bmfsfj/servic e/publikationen/handbuch-pflegekinderhilfe-87990) Handbuch Pflegekinderhilfe (Kindler/Helming/Meysen/Jurczyk 2011) hat hier eine besondere Bedeutung. Es stellt insbesondere auch den zum damaligen Zeitpunkt aktuellen Stand der internationalen Forschung differenziert dar. Eine Literaturrecherche zu den folgenden Jahren kann und muss dies ergänzen, es ist insgesamt aber nicht überholt.

Wichtige quantitative empirische Befunde zur Pflegekinderhilfe in Deutschland und interessante sozialwissenschaftliche Interpretationen dieser Daten enthält das Buch von v. Santen/Pluto/Peucker (2019). Es zeigt auch – und darin vorbildlich für andere Länder –, wie durch diese Wissensbestände Mythen von Fakten unterschieden werden können.

Vom Umfang deutlich schmaler, aber thematisch vielfältig angelegt ist das Handbuch Pflegekinder aus der Schweiz (Heuberger/Pflegekinder-Aktion Schweiz 2016). Es enthält nicht nur viele Informationen zur Pflegekinderhilfe in der Schweiz, sondern auch grundsätzliche Positionierungen zu zentralen Themen, die die Entwicklung von Pflegekindern beeinflussen.

Schließlich enthält das Buch von Blandow 2004, auch als Einführung konzipiert, einige Themen, die in dem vorliegenden Buch nur kurz und punktuell ausgeführt sind – wie z.B. zur Geschichte – und stellt insofern eine interessante Ergänzung dar.

Viele Publikationen zu Forschungsprojekten und einige exzellente Dissertationen sind bei der Behandlung der jeweiligen Themen vorgestellt worden. Eine besondere Bedeutung hat die Reihe Pflegekinderforschung bei Beltz Juventa, die auch Forschungen zu Pflegefamilien und zur Pflegekinderhilfe als System aufweist. Hier sind auch zukünftig wichtige wissenschaftliche Arbeiten zu erwarten. Speziell als sozialpädagogische Pflegekinderforschung verstehen sich die Arbeiten der Forschungsgruppe Pflegekinder der Universität Siegen (https://forschung-pflegekin der.de), die inzwischen dezentralisiert ist und sowohl in der wissenschaftlichen Grundlagenforschung als auch der Forschung zur Praxisentwicklung aktiv ist. Auf der Homepage finden sich viele Projektberichte zum kostenlosen Download.

Das DJI, eine Forschungsgruppe um Wolfgang Schröer an der Universität Hildesheim und Forschungsgruppen an mehreren Fachhochschulen in der Schweiz (insbesondere Reimer und Gabriel in Zürich, Gassmann und Köngeter in der Ostschweiz, Schnurr u.a. in der Nordwestschweiz und weitere Forscher*innen) lassen auch in Zukunft interessante Forschungsprojekte, Publikationen und Tagungsbeiträge erwarten.

Ein umfassenderes Forschungsprogramm mit drei großen Teilprojekten, das nicht nur für die Schweiz relevante Ergebnisse verspricht, ist das der Palatin-Stiftung in Basel (https://pflegekinder-nextgeneration.ch). Im zweiten Projektteil wird auch Wert auf eine Praxisentwicklung durch und auf der Basis von Forschung gelegt. Dieses Programm kann auch für andere Länder als Vorbild dienen.

In der spezifischen Praxisentwicklung, Fortbildung und Projektentwicklung hat sich in Deutschland eine große Vielfalt (auch in der Qualität) und – ökonomisch betrachtet – ein Markt entwickelt. Unter der vielleicht etwas mutigen Bezeichnung „Kompetenz-Zentrum Pflegekinder" (https://www.kompetenzzentrum-pflegekinder.de) haben drei freie Träger eine Organisation der Praxisentwicklung und Fortbildung gegründet. Das Institut für sozialpädagogische Forschung Mainz (https://www.ism-mz.de) führt seit Langem Forschungs- und Praxisentwicklungsprojekte zur Kinder- und Jugendhilfe und darin auch zur Pflegekinderhilfe durch. Das Perspektive-Institut (https://www.perspektive-institut.de) hat vor wenigen Jahren begonnen, insbesondere praxistaugliche Konzepte in und für die Pflegekinderhilfe zu entwickeln. Auch die Gesellschaft für innovative Sozialforschung und Sozialplanung (https://www.giss-ev.de/wir-ueber-uns.html) führt, neben anderem auch Praxis- und Organisationsentwicklungsprojekte in der Pflegekinderhilfe durch. Die private Stiftung zum Wohl des Pflegekindes (https://www.stiftung-pflegekind.de/stiftung/allgemeines/) engagiert sich für eine Richtung innerhalb des Pflegekinderwesens, die die Verletzungen der Pflegekinder durch ihre leiblichen Eltern in den Mittelpunkt ihrer Publikationen und Tagungen stellt.

Auch einige kommunale Pflegekinderdienste haben interessante Materialien entwickelt und – nicht immer leicht zugänglich – publiziert. Eine interessante Broschüre wurde in erfolgreicher Kooperation unterschiedlicher Dienste erarbeitet:https://www.dijuf.de/files/downloads/2016/PKH-Broschuere.pdf

Oft ausgehend von einer Reihe der Forschungsgruppe Pflegekinder der Universität Siegen mit dem Landschaftsverband Rheinland haben sich mehrere Fortbildungsreihen für Fachkräfte in der Pflegekinderhilfe entwickelt. Sie behandeln in mehreren Modulen Themen der Pflegekinderhilfe, einige mit deutlicher Fundierung in der einschlägigen Forschung. Diese sind dann Teil eines Praxis-Forschungs-Transfers, der in beide Richtungen verläuft und Impulse setzt.

Wiederum auf einer anderen Ebenen sind Organisationen aktiv, die im Gesetz (vgl. § 4a SGB VIII) als Selbstorganisierte Zusammenschlüsse (vgl. § 4a SGB VIII) bezeichnet werden. Dazu gehören z.B. die Pflegeelternverbände und die Careleaver-Organisationen. In Deutschland hat insbesondere der PFAD- Bundesverband (https://www.pfad-bv.de) kontinuierlich Aktivitäten entwickelt und gibt einen Newsletter heraus, der über verschiedene Projekte, Tagungen, Publikationen und politische Entwicklungen informiert. Ebenfalls umfangreiche Informationen zur Praxis und Ratgeber für Pflegeltern stellt Moses-online (https://www.moses -online.de) – u.a. auch in Newslettern – zusammen.Die Zusammenschlüsse von Careleavern (https://www.careleaver.de; http://careleaver.ch) sind bereits an mehreren Stellen im Buch erwähnt und stellen eine sehr wichtige Entwicklung der letzten Jahre dar.

Unter den Fachorganisationen der Hilfen zur Erziehung hat die Internationale Gesellschaft für erzieherische Hilfen (https://igfh.de) für die Pflegekinderhilfe eine herausragende Bedeutung. Sie organisiert in Kooperation mit vielen anderen Organisationen und engagierten Menschen große Fachtagungen zu Themen der Pflegekinderhilfe. Das von ihr koordinierte und von ihrem Geschäftsführer Josef Koch moderierte Dialogforum Pflegekinderhilfe (https://dialogforum-pflegekinder-hilfe.de) hat für die Politikberatung und die SGB VIII-Reform in Deutschland eine unverzichtbare Rolle gespielt und stellt umfangreiche Materialien zum Download bereit. Von der IGfH sind auch in Zukunft wichtige Publikationen und Praxisentwicklungsprojekte zu erwarten.

Auch in Österreich haben sich Organisationen herausgebildet, die sich für Themen von Pflegekindern und Pflegefamilien engagieren. Beispielhaft soll Plan B (http://planb-ooe.at) in Oberösterreich und Affido (https://www.affido.at/ueb er-uns/der-pflegeelternverein-steiermark) in der Steiermark genannt werden. Einige Bundesländer und große Städte haben sich intensiver mit Themen der Pflegekinderhilfe befasst (z.B. die Steiermark und Graz) oder haben dies in Zukunft vor (z.B. Voralberg). Auch in Studiengängen an den Fachhochschulen werden Fragen der Pflegekinderhilfe diskutiert, z.B. in einem Studiengang an der FH Campus Wien (https://www.fh-campuswien.ac.at/studium-weiterbildung/studien-und-lehrgangsangebot/detail/kinder-und-familienzentrierte-soziale-arbeit.html)

In der Schweiz hat sich die PACH (https://pa-ch.ch) aus der ehemaligen Pflegekin-der-Aktion Schweiz heraus entwickelt. Sie führt u.a. Tagungen durch und gibt die Zeitschrift Netz heraus. An verschiedenen Schweizer Fachhochschulen vertreten die Forschungsgruppen (siehe oben) die Themen der Pflegekinderhilfe auch in der Lehre.

In wissenschaftlichen Fachzeitschriften im deutschsprachigen Raum erscheinen immer wieder Publikationen zu Themen der Pflegekinderhilfe, z.B. in der Neuen Praxis (https://www.neue-praxis-shop.de/epages/64251991.sf/de_DE/?ObjectPath =/Shops/64251991/Categories), der Zeitschrift für Sozialpädagogik (https://www .beltz.de/fachmedien/sozialpaedagogik_soziale_arbeit/zeitschriften/zeitschrift_fue r_sozialpaedagogik.html) oder in Österreich der Interdisziplinären Zeitschrift für Familienrecht (https://www.lindeverlag.at/zeitschrift/ifamz-3)

Stärker an die Praxis richten sich Beiträge im Forum Erziehungshilfen (https://ww w.beltz.de/fachmedien/sozialpaedagogik_soziale_arbeit/zeitschriften/forum_erzieh ungshilfe.html) und punktuell in anderen Fachzeitschriften (Sozialmagazin, Unsere Jugend u.a.)

Themen der Pflegekinderhilfe werden international insbesondere auf den alle zwei Jahre stattfindenden Tagungen der European Scientific Association on Residential & Family Care for Children and Adolescents (EUSARF: http://eusarf.com) diskutiert. Diese Tagungen richten sich insbesondere an Forschende.

Auf einer völlig anderen Ebene sind einige Kinder(bilder)bücher anregend, die Themen von Pflegefamilien und Pflegekindern darstellen. Drei sehr unterschiedliche sind exemplarisch genannt:

- Schirin Homeier/Irmela Wiemann (2016): Herzwurzeln. Ein Kinderfachbuch für Pflege- und Adoptivkinder. Frankfurt/M.: Marbuse.
- Birgit Stupperich, Thomas Euteneuer (2015): Jule hat zwei Mamas. Olpe: MDK Mediaprint.
- Paul Sambrooks, Franziska Satory (2014): Emil kehrt heim. Dresden: ROF-TASNS

Selbstverständlich gibt es in Deutschland, Österreich und der Schweiz viele weitere Organisationen, Forschungsgruppen, Jugendämter und Einzelpersönlichkeiten, die sich für Themen der Pflegekinderhilfe engagieren und wichtige Beiträge leisten. Sie können hier nicht alle erwähnt werden. Deswegen ist diese exemplarische Darstellung auch besonders unvollständig und in diesem Sinne ungerecht. Die Botschaft an die Leser*innen lautet daher nicht: Hier sind sie alle genannt, sondern viel eher: Dies sind einige Beispiele, Ihre eigenen Recherchen werden Sie noch zu vielen anderen interessanten Menschen und Organisationen führen.

Hinweis für Lehrende

Die **Arbeitsaufgaben** sind für Gruppen- oder Einzelarbeiten im Rahmen von Seminaren konzipiert worden. Sie dienen weniger der Überprüfung von Wissensbeständen als der Verknüpfung der behandelten Themen und Fragen mit anderen Themen der Sozialen Arbeit und Sozialpädagogik und der Selbstreflexion der Studierenden. Deswegen eignen sich einige auch für Diskussionen im Seminar. Vielleicht können daraus auch Themen für Hausarbeiten oder Bachelor-, bei manchen auch für Masterarbeiten entwickelt werden. Die Literaturangaben im Umfeld der Arbeitsaufgaben geben dafür eine erste Orientierung, die oben aufgeführten Quellen ermöglichen auch eine weitergehende Recherche.

Die Hinwiese auf **Tagungen** oben können vielleicht auch Exkursionen von Gruppen mit Studierenden anregen. Ich empfehle, die Veranstalter anzuschreiben, ob sie für solche Gruppen Sondertarife anbieten können.

Die angeführten **Quellen** beziehen sich auf unterschiedliche Adressat*innen: einige praxisnah und an die Profession gerichtet, andere sind exzellente wissenschaftliche Qualifikationsarbeiten – insbesondere Dissertationen – und erfüllen umfassendere wissenschaftliche Qualitätsansprüche. Auch viele der angeführten Forschungs- und Praxisentwicklungsberichte unterhalb von Dissertationen sind gut, oft kostenlos digital zugänglich und i.d.R. sorgfältig erstellt und mit vielen (weiteren) Beispielen und Veranschaulichungen angereichert. Sie eignen sich damit auch gut zur Vertiefung im Seminar und für studentische Beiträge.

Positive Erfahrungen habe ich mit der **Einladung** von Betroffenen in einzelne Seminareinheiten gemacht: Pflegeeltern, (ehemalige) Pflegekinder und (was gut vorbereitet werden sollte und anspruchsvoll ist) Eltern oder auch Fachkräfte. Die in diesem Buch vorbereitete Wahrnehmung von unterschiedlichen Perspektiven, erleichtert es den Studierenden (hoffentlich), diese Perspektiven in Relation zueinander zu sehen.

Auch **Grundsatzfragen** der Sozialen Arbeit und Sozialpädagogik – wie z.B. Dienstleistungsqualität, Stigmatisierung und Benachteiligung, Denken in Biografien und Interdependenzgeflechten oder Partizipationsfragen – lassen sich am Beispiel von Pflegekindern oder Pflegefamilien gut diskutieren. Dann ist die Pflegekinderhilfe nicht unbedingt das einzige Thema des Seminars oder der Vorlesung, aber sie wird mit den Arbeitsfeldern und der Auseinandersetzung zum Professionsverständnis verbunden.

Schließlich freue ich mich über Rückmeldungen zum Buch und insbesondere über Hinweise, welche Themen in einer weiteren Auflage weiterhin, verstärkt oder neu berücksichtigt werden sollten. Sie können dazu gerne **Kontakt** aufnehmen: nomos@prof-klaus-wolf.de

Literaturverzeichnis

Ader, Sabine; Schrapper, Christian (2020): Sozialpädagogische Diagnostik und Fallverstehen in der Jugendhilfe. München: Ernst Reinhardt Verlag (UTB Soziale Arbeit).

Affolter-Fringeli, Kurt; Vogel, Urs (2016): Die elterliche Sorge / der Kindesschutz, Art. 296–317 ZGB, Bern: Stämpfli Verlag (Berner Kommentar Teilband 3).

Althoff, Monika; Hilke, Maren (2016): Kinderschutz in der Pflegekinderhilfe. Bedeutung und Herausforderungen für die Fremdpflege und die Verwandtenpflege. Münster, New York: Waxmann (Soziale Praxis).

Baader, M. S.; Oppermann, C.; Schröder, J.; Schröer, W. (2020): Helmut Kentlers Wirken in der Berliner Kinder- und Jugendhilfe. Ergebnisbericht. Universität Hildesheim, Hildesheim. Online verfügbar unter https://nbn-resolving.org/urn:nbn:de:gbv:hil2-opus4-10926.

Berghaus, Michaela (2020): Erleben und Bewältigen von Verfahren zur Abwendung einer Kindeswohlgefährdung aus Sicht betroffener Eltern. Weinheim, Basel: Beltz Juventa

Biehal, Nina; Parry, Elizabeth (2010): Maltreatment and Allegations of Maltreatment in Foster Care: A review of the evidence. University of York, York. Social Policy Research Unit.

Biehal, Nina (2013): Maltreatment in Foster Care: A review of the evidence. In: *Child Abuse Review 23*, S. 48–60.

Blandow, Jürgen (1972): Rollendiskrepanzen in der Pflegefamilie. Analyse einer sozialpädagogischen Institution. München: Juventa.

Blandow, Jürgen (2004): Pflegekinder und ihre Familien. Geschichte, Situation und Perspektiven des Pflegekinderwesens. Weinheim, München: Juventa (Basistexte Erziehungshilfen).

Blandow, Jürgen; Küfner, Marion (2011): Verwandtenpflege: „Anders als die anderen ...“ – Die Großeltern- und Verwandtenpflege. In: Kindler/Helming/Meysen/Jurczyk (Hg.): Handbuch Pflegekinderhilfe. München: DJI., S. 742–769.

Böhnisch, Lothar (2019): Lebensbewältigung. Ein Konzept für die soziale Arbeit; mit E-Book inside. 2. Aufl. Weinheim, Basel: Beltz Juventa (Zukünfte).

Böhnisch, Lothar; Lenz, Karl (Hg.) (1997): Familien. Eine interdisziplinäre Einführung. Weinheim: Juventa.

Bombach, Clara; Wolf, Klaus (2020): Matching – Passungsherstellung und die Stabilität von Pflegeverhältnissen. In: Gabriel/Stohler (Hg.): Abbrüche von Pflegeverhältnissen im Kinder- und Jugendalter. Weinheim: Beltz Juventa (Pflegekinderforschung), S. 104–137.

Bovenschen, Ina (2016): Die Entwicklung der Bindungsbeziehungen in Pflegefamilien - Aktuelle Erkenntnisse aus der Forschung und Implikationen für die Praxis. In: IFamZ - Interdisziplinäre Zeitschrift für Familienrecht, 11. Jg., H. 2, S. 124-129

Bürger, Ulrich (1998): Ambulante Erziehungshilfen und Heimerziehung. Empirische Befunde und Erfahrungen von Betroffenen mit ambulanten Hilfen vor einer Heimunterbringung. Frankfurt/M.: IGfH-Eigenverl.

Cinkl, Stephan; Uhlendorff, Uwe (2021): Sozialpädagogische Familiendiagnosen. Deutungsmuster familiärer Belastungssituationen und erzieherischer Notlagen in der Jugendhilfe. 3. Aufl. Weinheim: Juventa

Danziger, Lotte; Hetzer, Hildegard; Löw-Beer, Helene (1930): Pflegemutter und Pflegekind. Leipzig: Verlag von S. Hirzel.

deMause, Lloyd (Hg.) (1977): Hört die Kinder weinen. Eine psychogenetische Geschichte der Kindheit. Frankfurt/M.: Suhrkamp.

Destatis – statistisches Bundesamt (2018): Statistiken der Kinder- und Jugendhilfe. Erzieherische Hilfe, Eingliederungshilfe für seelisch behinderte junge Menschen, Hilfe für junge Volljährige Vollzeitpflege 2016. Wiesbaden: DESTATIS.

Diouani-Streek, Mériem (2011): Perspektivplanung von Pflegeverhältnissen: Online-Studie in deutschen Jugendämtern. In: *Zeitschrift für Sozialpädagogik 9*. (2), S. 115–142.

Dittmann, Andrea; Schäfer, Dirk (2016): Verwandten- und Netzwerkpflege. Stichprobenartige Sondierung des Feldes. In: *Das Jugendamt* (9), S. 420–424.

Dittmann, Andrea; Wolf, Klaus (2014): Rückkehr als geplante Option. Die Entwicklung kommunaler Rückführungskonzepte in die Herkunftsfamilie. Münster: LWL.

Dittmann, Andrea; Reimer, Daniela (2020): Die Fallgeschichte als Zugang zum sozialpädagogischen Verstehen von Abbruchprozessen in der Pflegekinderhilfe. In: Gabriel/Stohler (Hg.): Abbrüche von Pflegeverhältnissen im Kindes- und Jugendalter. Weinheim: Beltz Juventa (Pflegekinderforschung), S. 50 - 77.

DJI/DIJuF (Hg.) (2006): Projektbericht „Pflegekinderhilfe in Deutschland". Teilprojekt 1. München, Heidelberg: DJI/DIJuF.

Ehlke, Carolin; Koch, Josef; Thomas, Severine; Schröer, Wolfgang (2019): Jugend in der Vollzeitpflege – eine sozialpädagogische Aufforderung. In: Daniela Reimer (Hg.): Sozialpädagogische Blicke, S. 124–135. Weinheim, Basel: Beltz Juventa.

Elias, Norbert (1995): Figuration. In: B. Schäfers (Hg.): Grundbegriffe der Soziologie. 4. Aufl. Opladen: Leske & Budrich, S. 75–78.

Erzberger, Christian (2014): Und es geht doch: Die niedersächsischen Empfehlungen zur Vollzeitpflege. In: Kuhls/Glaum /Schröer (Hg.): Pflegekinderhilfe im Aufbruch. Aktuelle Entwicklungen und neue Herausforderungen in der Vollzeitpflege. Weinheim, Basel: Beltz Juventa, S. 40–53.

Erzberger, Christian; Blandow, Jürgen (2008): Weiterentwicklung der Vollzeitpflege Anregungen und Empfehlungen für die Niedersächsischen Jugendämter. Bremen: GISS.

Fachgruppe Inobhutnahme IGfH (Hg.) (2020): Handbuch Inobhutnahme. Grundlagen – Praxis und Methoden – Spannungsfelder. Frankfurt am Main: IGfH-Eigenverlag.

Faltermeier, Josef (2001): Verwirkte Elternschaft? Fremdunterbringung – Herkunftseltern – neue Handlungsansätze. Münster: Votum.

Faltermeier, Josef (2019): Eltern, Pflegefamilie, Heim. Partnerschaften zum Wohle des Kindes. Weinheim, Basel: Beltz Juventa (Koblenzer Schriften zur Pädagogik).

Fegert, Jörg; Gulde, Manuela; Henn, Katharina u.a. (2020): Qualitätsstandards für Schutzkonzepte in der Pflegekinderhilfe. In: *Das Jugendamt (9)* S. 234–239).

Fernandez, Elizabeth (2013): Accomplishing permanency. Reunification pathways and outcomes for foster children. Dordrecht, New York: Springer.

Filipp, Sigrun Heide (Hg.) (1995): Kritische Lebensereignisse. Weinheim: Beltz.

Földz, Friedegard (2021): Kinder mit Behinderungen in der Pflegekinderhilfe. Perspektiven und Herausforderungen Sozialer Elternschaft. Weinheim, Basel: Beltz Juventa (Pflegekinderforschung).

Freigang, Werner; Wolf, Klaus (2001): Heimerziehungsprofile. Sozialpädagogische Portraits. Weinheim: Beltz.

Freisler-Mühlemann, Daniela (2011): Verdingkinder – ein Leben auf der Suche nach Normalität. Bern: Hep-Verl.

Frindt, Anja (2020): Ambivalente Bewältigungsaktivitäten beim Aufwachsen unter ungünstigen Bedingungen. Resilienztheoretische Abstraktionen eines Entwicklungs- und Hilfeprozesses in der aufsuchenden Familienarbeit. Weinheim, Basel: Beltz Juventa.

Früchtel, Frank; Roth, Erzsébet (2017): Familienrat und inklusive, versammelnde Methoden des Helfens. Heidelberg: Carl-Auer Verlag (Systemische soziale Arbeit).

Funcke, Dorett; Hildenbrand, Bruno (Hg.) (2009): Unkonventionelle Familien in Beratung und Therapie. Eine interdisziplinäre Einführung. Heidelberg: Auer (Familientherapie und -forschung).

Gabriel, Thomas; Stohler, Renate (Hg.) (2020): Abbrüche von Pflegeverhältnissen im Kindes- und Jugendalter. Perspektiven und Herausforderungen für die Soziale Arbeit. Weinheim, Basel: Beltz Juventa (Pflegekinderforschung).

Gaida, Grit (Hg.) (2018): Familie schaffen wir nur gemeinsam. Rostock: Caritas Verband.

Gassmann, Yvonne (2010): Pflegeeltern und ihre Pflegekinder. Empirische Analysen von Entwicklungsverläufen und Ressourcen im Beziehungsgeflecht. Münster: Waxmann (Pädagogische Psychologie und Entwicklungspsychologie, 77).

Gassmann, Yvonne (2015): Pflegekinderspezifische Entwicklungsaufgaben oder: was Pflegekindern gemeinsam ist. In: Wolf (Hg.): Sozialpädagogische Pflegekinderforschung. Bad Heilbrunn: Verlag Julius Klinkhardt, S. 43–60.

Gassmann, Yvonne (2018): Verletzbar durch Elternschaft. Balanceleistungen von Eltern mit erworbener Elternschaft. Weinheim, Basel: Beltz Juventa (Pflegekinderforschung).

Gassmann, Yvonne; Heuberger, Barbara (2016): Wenn Pflegekinder bei Verwandten leben. In: *Netz* (2), S. 4–6.

Gehres, Walter; Hildenbrand, Dieter (2008): Identitätsbildung und Lebensverläufe bei Pflegekindern. Wiesbaden: VS Verlag für Sozialwiss.

Gerber, Uwe (Hg.) (1974): Holt die Kinder aus den Heimen. Alternativen zur Heimunterbringung; Berlin-Charlottenburg: Marhold.

Geserick, Christine; Mazal, Wolfgang; Petric, Elisabeth (2015): Die rechtliche und soziale Situation von Pflegeeltern in Österreich. Juristische Perspektive und empirische Erhebung. Hg. v. Österreichisches Institut für Familienforschung. Universität Wien.

Goffman, Erving (1975): Stigma. Über Techniken der Bewältigung beschädigter Identität. Frankfurt/M.: Suhrkamp.

Goldstein, Joseph; Freud, Anna; Solnit, Albert (1982): Diesseits des Kindeswohls. Frankfurt/M.: Suhrkamp.

Grossmann, Karin; Grossmann, Klaus E. (2005): Bindungen – das Gefüge psychischer Sicherheit. Stuttgart: Klett-Cotta.

Habermas, Jürgen (1995): Theorie des kommunikativen Handelns. Frankfurt/M.: Suhrkamp.

Häfeli, Christoph (2016): Grundriss zum Kindes- und Erwachsenenschutz. 2. Aufl. Bern: Stämpfli Verlag.

Hartwig, Luise; Mennen, Gerald; Schrapper, Christian (Hg.) (2018): Handbuch Soziale Arbeit mit geflüchteten Kindern und Familien. Weinheim, Basel: Beltz Juventa.

Heitkamp, Hermann (1989): Heime und Pflegefamilien – konkurrierende Erziehungshilfen? Entwicklungsgeschichte, Strukturbedingungen, gesellschaftliche und sozialpolitische Implikationen. Frankfurt/M.: Diesterweg.

Helming, Elisabeth; Eschelbach, Diana; Spangler, Gottfried; Bovenschen, Ina (2011): Einschätzung der Eignung und Vorbereitung von Pflegepersonen. In: Kindler/Helming/Meysen/Jurczyk (Hg.): Handbuch Pflegekinderhilfe. München: DJI, S. 398–447.

Herdtle, Anna-Marie (2020): Narrative Identität und Agency von Pflegekindern im Übergang ins Erwachsenenalter. In: Göbel/Karl/Lunz/Peters/Zeller (Hg.): Wege junger Menschen aus Heimen und Pflegefamilien. Agency in schwierigen Übergängen. Weinheim: Beltz Juventa (Übergangs- und Bewältigungsforschung), S. 149–165.

Herriger, Norbert (2020): Empowerment in der Sozialen Arbeit. Eine Einführung. 6. Aufl. Stuttgart: W. Kohlhammer.

Heuberger, Barbara (2016): Handbuch Pflegekinder. Aspekte und Perspektiven. Zürich: Pflegekinder-Aktion Schweiz.

Hildenbrand, Bruno (2012): Die Sozialarbeit/Sozialpädagogik als selbstvergessene Profession – am Beispiel der Beratung und Unterstützung von Pflegepersonen. In: *Zeitschrift für Sozialpädagogik* 10. (2), S. 115–139.

Hofer-Temmel, Carmen; Rothdeutsch-Granzer, Christina (2019): Selbst sicher sein. Eine Grounded-Theory-Studie zu Besuchskontakten in Pflegeverhältnissen basierend auf der Sichtweise von Kindern und ihren Familien. Weinheim, Basel: Beltz Juventa (Pflegekinderforschung).

Honig, Michael Sebastian (1992): Verhäuslichte Gewalt. Sozialer Konflikt, wissenschaftliche Konstrukte, Alltagswissen, Handlungssituationen. Eine Explorativstudie über Gewalthandeln von Familien. Frankfurt/M.: Suhrkamp.

Hotz, Sandra; Gassner, Sybille (2013): Less Lost in Care: Die neue Pflegekinderverordnung. In: *Praxis des Familienrechts* /CH, S. 286–323.

Internationale Gesellschaft für Erzieherische Hilfen; Kompetenz-Zentrum Pflegekinder (2010): Neues Manifest zur Pflegekinderhilfe. Frankfurt, Berlin.

Jespersen, Andy (2011): Belastungen und Ressourcen von Pflegeeltern. Analyse eines Pflege-eltern-Onlineforums. Siegen: Universi (ZPE-Schriftenreihe, 29).

Jespersen, Andy (2014): Gleichgeschlechtliche Paare als Pflegeeltern. Siegen: Universi (ZPE-Schriftenreihe, 37).

Jespersen, Andy (2015): An Eltern statt – Internationale Studien zur gleichgeschlechtlichen Adoptivelternschaft. In: *Zeitschrift für Sozialpädagogik* (3), S. 283–304.

Jespersen, Andy (2015a): Gleichgeschlechtliche Paare in der Pflegekinderhilfe. In: Wolf (Hg.): Sozialpädagogische Pflegekinderforschung. Bad Heilbrunn: Verlag Julius Klinkhardt, S. 157–180.

Jurczyk, Karin (2014): Familie als Herstellungsleistung. Hintergründe und Konturen einer neuen Perspektive auf Familie. In: Jurczyk/Lange/Thiessen (Hg.): Doing Family. Warum Familienleben heute nicht mehr selbstverständlich ist. Weinheim, Basel: Beltz Juventa, S. 50–70.

Kindler, Heinz; Küfner, Marion; Thrum, Kathrin; Gabler, Sandra (2011): Rückführung und Verselbstständigung. In: Kindler/Helming/Meysen/Jurczyk (Hg.): Handbuch Pflegekinderhilfe. München: DJI, S. 614–665.

Klatetzki, Thomas (2005): Professionelle Arbeit und kollegiale Organisation. Eine symbolisch interpretative Perspektive. In: Klatetzki/Tacke (Hg.): Organisation und Profession. Wiesbaden: VS Verl. für Sozialwiss. (Organisation und Gesellschaft), S. 253–284.

Klein, Ingrid (2020): Ehemalige Pflegekinder als Eltern. Bewältigung infrage gestellter Elternschaft. Weinheim, Basel: Beltz Juventa (Pflegekinderforschung).

Krumbholz, Monika (2011): Werbung von Pflegeeltern und Öffentlichkeitsarbeit am Beispiel des freien Trägers PiB – Pflegekinder in Bremen gGmbH. In: Kindler/Helming/Meysen/Jurczyk (Hg.): Handbuch Pflegekinderhilfe. München: DJI., S. 367–397.

Kube, Kathrin (2020): Wie sich unser Vereinsleben änderte. (moses online: https://www.moses-online.de/bericht-sich-unser-vereinsleben-aenderte-kathrin-kube).

Küfner, Marion; Schönecker, Lydia (2011): Rechtliche Grundlagen und Formen der Vollzeitpflege. In: Kindler/Helming/Meysen/Jurczyk (Hg.): Handbuch Pflegekinderhilfe. München: DJI, S. 48–101.

KVJS (2009): Daten und Fakten zu Entwicklungen in der Vollzeitpflege in Baden-Württemberg. Stuttgart.

Lamnek, Siegfried; Luedtke, Jens; Ottermann, Ralf; Vogl, Susanne (2013): Tatort Familie. Häusliche Gewalt im gesellschaftlichen Kontext. 3. Aufl. 2013. Wiesbaden: Springer VS.

Lehmann, Almut (2017): Mütterliches Rollenverhalten und das Erleben leiblicher Kinder in der Übergangspflege. Dissertation. Universität Siegen, Siegen. Online verfügbar unter http://nbn-resolving.de/urn:nbn:de:hbz:467-11215.

Lenz, Albert (2005): Kinder psychisch kranker Eltern. Göttingen: Hogrefe.

Lillig, Susanna; Helming, Elisabeth; Blüml, Herbert; Schattner, Heinz (Hg.) (2002): Bereitschaftspflege – Familiäre Bereitschaftsbetreuung. Bundesministerium für Familie, Senioren, Frauen und Jugend. Stuttgart: Kohlhammer.

Lippuner, Sandra (2016): Verschiedenheit der Pflegefamilien und Formenvielfalt der Pflegeverhältnisse. In: Heuberger (Hg.): Handbuch Pflegekinder. Aspekte und Perspektiven. Zürich: Pflegekinder-Aktion Schweiz, S. 112–122

Maly, Dieter (2017): Allgemeiner Sozialdienst (ASD). In: Mulot/Schmitt (Hg.): Fachlexikon der Sozialen Arbeit. 8 Aufl. Baden-Baden: Nomos, S. 12 ff.

Marmann, Alfred (2005): Kleine Pädagogen eine Untersuchung über „Leibliche Kinder" in familiären Settings öffentlicher Ersatzerziehung. Frankfurt/M.: IGfH (Erziehungshilfe-Dokumentationen, 26).

Matschnigg, Anna Katharina (2018): Elternschaft ohne Kinder. Verlorene – Verwirkte – Versagte Elternschaft? Erlebensperspektiven der Herkunftseltern gegenüber dem Vorgehen der Kinder- und Jugendhilfe im Prozess der Fremdunterbringung der Kinder bei Pflegeeltern. Masterarbeit. FH Campus Wien.

MEE Brabant Nord (2010): Sociale NetwerkStrategieen. Waalwijk.

Messmer, Heinz; Wetzel, Marina; Fellmann, Lukas; Käch, Oliver (2021): Sozialpädagogische Familienbegleitung. Ausgangsbedingungen – Praxis – Wirkungen. Weinheim Basel: Beltz Juventa (kostenlos als E-Book).

Müller, C. Wolfgang (2006): Wie Helfen zum Beruf wurde. Eine Methodengeschichte der Sozialen Arbeit. 4. Aufl. Weinheim: Juventa (Edition Sozial).

Müller, Heinz; Paz Martinez; Laura de (2020): Schutzkonzeptionen in der Pflegekinderhilfe. Anforderungen und Ansatzpunkte. Frankfurt/M.: IGfH.

Müller-Schlotmann, Richard (1998): Integration vernachlässigter und misshandelter Kinder in Pflegefamilien. Eine Handreichung für Jugendämter, Beratungsstellen und Pflegeeltern. Regensburg: Roderer (Theorie und Forschung Psychologie).

Niederberger, Josef Martin (1997): Kinder in Heimen und Pflegefamilien. Fremdplatzierung in Geschichte und Gesellschaft. Bielefeld: Kleine Verlag.

Niederberger, Josef Martin; Bühler-Niederberger, Doris (1988): Formenvielfalt in der Fremderziehung. Zwischen Anlehnung und Konstruktion. Stuttgart: Enke.

Nienstedt, Monika; Westermann, Arnim (2007): Pflegekinder und ihre Entwicklungschancen nach frühen traumatischen Erfahrungen. 3. Aufl. Stuttgart: Klett-Cotta.

Petri, Corinna (2014): Durch Höhen und Tiefen. Geschwisterbeziehungen im Kontext der Fremdunterbringung. Siegen: Universi (ZPE-Schriftenreihe 34).

Petri, Corinna (2015): Geschwister in riskanten Familienkonstellationen. In: Inés Brock (Hg.): Bruderheld und Schwesterherz. Geschwister als Ressource. Originalausgabe. Gießen: Psychosozial-Verlag (Therapie & Beratung), S. 83–96.

Petri, Corinna (2019): Zugehörigkeit – eine subjektorientierte Perspektive auf Pflegekinder. In: Reimer (Hg.): Sozialpädagogische Blicke. Weinheim, Basel: Beltz Juventa, S. 113-123.

Petri, Corinna; Pierlings, Judith (Hg.) (2016): Chance Bereitschaftspflege. Impulse für eine entwicklungsfördernde Praxis. Siegen: Universi (ZPE-Schriftenreihe, 44)

Petri, Corinna; Radix, Kristina; Wolf, Klaus (2012): Ressourcen, Belastungen und pädagogisches Handeln in der stationären Betreuung von Geschwisterkindern. München: Sozialpädagogisches Institut im SOS-Kinderdorf e.V. (Materialien, Bd. 14).

Pierlings, Judith (2011): Dokumentation Leuchtturm-Projekt PflegeKinderDienst. Köln: Landschaftsverband Rheinland.

PLAN B / LWL (Hg.) (2018): Neue Ansätze für die interkulturelle Pflegekinderhilfe. Ergebnisse des Modellprojektes PemM. LWL. Münster. Online verfügbar unter https://www.lwl-landesjugendamt.de/media/filer_public/65/d5/65d56b6f-45fb-4f00-b8f5-3402e8f2eb2a/180823_ansaetze_interkulturelle_pflegekinderhilfe_web.pdf.

Reimer, Daniela (2008): Pflegekinder in verschiedenen Familienkulturen: Belastungen und Entwicklungschancen im Übergang. Siegen: Universi (Pflegekinderforschung Bd. 1).

Reimer, Daniela (2011): Pflegekinderstimme. Arbeitshilfe zur Qualifizierung von Pflegefamilien. Düsseldorf: PAN Pflege- und Adoptivfamilien NRW e.V.

Reimer, Daniela (2015): Übergänge als Kulturwechsel und kritisches Lebensereignis. In: Klaus Wolf (Hg.): Sozialpädagogische Pflegekinderforschung. Bad Heilbrunn: Verlag Julius Klinkhardt, S. 61–84.

Reimer, Daniela (2017): Normalitätskonstruktionen in Biografien ehemaliger Pflegekinder. Weinheim, Basel: Beltz Juventa (Pflegekinderforschung).

Reimer, Daniela (2019) (Hg.): Sozialpädagogische Blicke. Weinheim, Basel: Beltz Juventa

Reimer, Daniela (2021): Peer Review on "Furthering quality and accessibility of Foster Care service". Thematic Discussion Paper Better Quality in Foster Care in Europe – How can it be achieved? European Commission. Brussels.

Reimer, Daniela; Petri, Corinna (2017): Wie gut entwickeln sich Pflegekinder? Eine Longitudinalstudie. Siegen: Universi – (ZPE-Schriftenreihe Nr. 47).

Reimer, Daniela; Wolf, Klaus (2021): Partizipation der Pflegekinder in der Pflegekinderhilfe. In: Züchner/Peyerl (Hg.): Partizipation von Kindern und Jugendlichen in der Kinder- und Jugendhilfe (im Erscheinen).

Ristau-Grzebelko, Brita (2011): Entwicklungslinien in der DDR: Sorge für elternlose bzw. „familiengelöste" Kinder und Jugendliche, einschließlich Pflegekinder. In: Heinz Kindler, E. Helmig, T. Meysen und K. Jurczyk (Hg.): Handbuch Pflegekinderhilfe. München: DJI, S. 37–45.

Rösner, Eva-Maria (2015): Gibt es eine familiale Heimat für Adoptierte? Verortungsprozesse erwachsener Adoptierter. Münster: Dissertation Universität Münster. Online verfügbar unter http://repositorium.uni-muenster.de/document/miami/e398ad9d-1a-d4-4b95-b33f-38e5948e32db/diss_roesner.pdf.

Ruchholz, Ina-Catherine; Vietig, Jenna; Schäfer, Dirk (2020): Neue Spuren auf vertrautem Terrain. Chancen der Verwandten- und Netzwerkpflege entdecken. Bonn: Perspektive Selbstverlag.

Salgo, Ludwig (2013): Das Recht der Pflegekindschaft. In: Reinhard Prenzlow und Hans-Otto Burschel (Hg.): Handbuch elterliche Sorge und Umgang. Pädagogische, psychologische und rechtliche Aspekte. Köln: Bundesanzeiger-Verl. (Familie, Betreuung, Soziales), S. 271–321.

Sauer, Stefanie (2008): Die Zusammenarbeit von Pflegefamilie und Herkunftsfamilie in dauerhaften Pflegeverhältnissen. Widersprüche und Bewältigungsstrategien doppelter Elternschaft. Opladen, Farmington Hills: Barbara Budrich.

Schäfer, Dirk (2011): „Darum machen wir das ..." Pflegeeltern von Kindern mit Behinderung – Deutungsmuster und Bewältigungsstrategien. Siegen: Universi – (ZPE-Schriftenreihe Nr. 28).

Schäfer, Dirk (2011a): Ressource Pflegeeltern. Untersuchung der Belastungen und Ressourcen von Menschen, die Pflegekinder mit chronischen Erkrankungen und Behinderungen betreuen. Siegen: Universi – (ZPE-Schriftenreihe Nr. 30).

Schäfer, Dirk; Petri, Corinna; Pierlings, Judith (Hg.) (2015): Nach Hause? Rückkehrprozesse von Pflegekindern in ihre Herkunftsfamilie. Siegen: Universi – (ZPE-Schriftenreihe Nr. 41).

Schäfer, Dirk; Weygandt, Kathrin (2017): Vermeidung von Exklusionsprozessen in der Pflegekinderhilfe. Siegen: Universi – (ZPE-Schriftenreihe Nr. 48).

Schatz, Christine (2021): Erleben des Übergangs aus der stationären Jugendhilfe von Mädchen und jungen Frauen in Österreich. Dissertation Universität Siegen.

Scheipl, Josef (2011): Jugendarbeit und Jugendwohlfahrt. In: Bundesministerium für Wirtschaft, Familie und Jugend (Hg.): 6. Bericht zur Lage der Jugend in Österreich. Jugend aus Sicht der Wissenschaft und Jugendarbeit. Wien, S. 555–576.

Schleiffer, Roland (2015): Fremdplatzierung und Bindungstheorie. Weinheim, Basel: Beltz Juventa.

Schmahl, Stefanie (2017): Kinderrechtskonvention. Mit Zusatzprotokollen: Handkommentar. 2. Aufl. Baden-Baden, Wien, Zürich, St. Gallen: Nomos; Dike; facultas;

Schmid-Obkirchner, Heike (2011): § 37 SGB VIII. In: Reinhard Wiesner (Hg.): SGB VIII. Kinder- und Jugendhilfe; Kommentar. 4. Aufl. München: Beck, S. 571–588.

Schofield, Gillian; Ward, Emma (2010): Achieving permanence in foster care: Carer´s and children´s experiences. In: Erik J. Knorth, Margrite Kalverboer und Jana Knot-Dickscheit (Hg.): Inside out. How Interventions in Child and Family Care work. An international Source Book. Antwerp – Apeldoorn: Garant Publishers, S. 233–235.

Schofield, Gillian; Beek, Mary; Ward, Emma; Biggart, Laura (2013): Professional foster carer and committed parent: role conflict and role enrichment at the interface between work and family in long-term foster care. In: *Child and Family Social Work* (18), S. 46–56.

Schone, Reinhold; Wagenblass, Sabine (2010): Wenn Eltern psychisch krank sind. Kindliche Lebenswelten und institutionelle Handlungsmuster. 3. Aufl. Weinheim, München: Juventa Verlag (Reihe Votum).

Schrapper, Christian (2013): Betreuung des Kindes Anna. Rekonstruktion und Analyse der fachlichen Arbeitsweisen und organisatorischen Bedingungen des Jugendamtes der Stadt Königswinter im Fall „Anna". In: *Das Jugendamt* (1), S. 2–16.

Schrapper, Christian; Hinterwälder, Michaela (2019): Geschwister im Blick. Mit komplexen Beziehungen umgehen. München: SOS-Kinderdorf e.V., Sozialpädagogisches Institut (SPI) (Materialien / Sozialpädagogisches Institut im SOS-Kinderdorf e.V, 13).

Schröer, Wolfgang; Stauber, Barbara; Walther, Andreas; Böhnisch, Lothar; Lenz, Karl (Hg.) (2013): Handbuch Übergänge. Weinheim, Basel: Beltz Juventa.

Schulz, Ulrike (2015): Die Rechte von Pflegekindern. Informationen für Pflegeeltern und Fachdiensten. Berlin: PFAD.

Schulze, Hans Joachim (1996): „Eigenartige Familien" – Aspekte der Familienkultur. In: Karsten/Otto (Hg.): Die sozialpädagogische Ordnung der Familie. 2. Aufl. Weinheim, München: Juventa, S. 77–97.

Schuster, Eva M. (1997): Sozialpädagogische Familienhilfe (SPFH). Aspekte eines mehrdimensionalen Handlungsansatzes für Multiproblemfamilien. Frankfurt/M.: Lang.

Schütze, Fritz (2006): Verlaufskurven des Erleidens als Forschungsgegenstand der interpretativen Soziologie. In: Krüger/Marotzki (Hg.): Handbuch erziehungswissenschaftliche Biographieforschung. Wiesbaden: VS Verl. für Sozialwiss., S. 203–237.

Sinclair, Ian; Baker, Claire; Wilson, Kate; Gibbs, Ian (2005): Foster Children. Where They Go and How They Get On. London Philadelphia: Jessica Kingsley Publishers.

Skalska, Agata; Wellssow, Boris (2020): Abschlussbericht des Projekts „Kultursensible Pflegekinderhilfe" des Zentrums Pflegekinderhilfe der Diakonie Düsseldorf.

SODK/KOKES (2020): Empfehlungen der SODK und KOKES zur außerfamiliären Unterbringung. Bern/Luzern.

State of Michigan, Department of Human Services (2007): Family Reunification Assessment Format. Lansing: DHS.

Stern, Daniel N. (2003): Die Lebenserfahrung des Säuglings. 8. Aufl. Stuttgart: Klett-Cotta.

Stohler, Renate; Werner, Karin: „Ich wusste nicht wie ich Tschüss sagen sollte und wie´s weitergeht". Austrittsgestaltung bei Abbrüchen von Pflegeverhältnissen – die Perspektive von Pflegekindern und Pflegeeltern. In: Gabriel/Stohler (Hg.): Abbrüche von Pflegeverhältnissen im Kinder- und Jugendalter. Weinheim: Beltz Juventa (Pflegekinderforschung), S. 192–224.

Thiele, Carmen (2009): Gelingende Hilfen in Pflegefamilien. Ein Beitrag zur Qualitätsentwicklung im Hilfesystem Vollzeitpflege. Online verfügbar unter https://refubium.fu-berlin.de/bitstream/handle/fub188/8660/Dissertation_Thiele-Carmen2009.pdf?sequence=1.

Thoburn, June (2009): Reunification of children in out-of-home care to birth parents or relatives: A synthesis of the evidence on processes, practice and outcomes. Report for the German Youth Institute. München: DJI.

Truschkat, Inga (2013): Biografie und Übergang. In: Schröer/Stauber/Walther/Böhnisch/Lenz (Hg.): Handbuch Übergänge. Weinheim, Basel: Beltz Juventa, S. 44–63.

van Santen, Eric; Pluto, Liane; Peucker, Christian (2019): Pflegekinderhilfe – Situation und Perspektiven. Empirische Befunde zu Strukturen, Aufgabenwahrnehmung sowie Inanspruchnahme. Weinheim, Basel: Beltz Juventa (Pflegekinderforschung). (kostenlos als E-Book).

Walper, Sabine; Thönnissen, Carolin; Wendt, Eva-Verena; Bergau, Bettina (2009): Geschwisterbeziehungen in riskanten Familienkonstellationen. Ergebnisse aus entwicklungs- und familienpsychologischen Studien. München: SOS-Kinderdorf (Materialien / Sozialpädagogisches Institut im SOS-Kinderdorf e.V., 7).

Walter, Michael (2003): Entwicklungsaufgaben des Pflegekinderwesens in der BRD – Ergebnisse einer bundesweiten Erhebung zur „Fremd-" und Verwandtenpflege. Abschlussbericht Universität Bremen.

Walther, Andreas; Stauber, Barbara (2013): Übergänge im Lebenslauf. In: Schröer/Stauber/Walther/Böhnisch/Lenz (Hg.): Handbuch Übergänge. Weinheim, Basel: Beltz Juventa, S. 23–43.

Weiler, Ingomar (1980): Zum Schicksal der Witwen und Waisen bei den Völkern der Alten Welt. Materialien für eine vergleichende Geschichtswissenschaft. In: Saeculum Bd. 31 (2), S. 157–193.

Weiner, Bernard (1994): Sünde versus Krankheit: Die Entstehung einer Theorie wahrgenommener Verantwortlichkeit. In: Försterling/Stiensmeier-Pelster (Hg.): Attributionstheorie. Göttingen: Hogrefe, S. 1–26.

Werner, Karin (2019): Leben als Pflegekind. Die Perspektive jugendlicher Pflegekinder auf ihre Lebenssituation. Weinheim, Basel: Beltz Juventa (Pflegekinderforschung).

Wiemann, Irmela (2018): Adoptiv- und Pflegekindern ein Zuhause geben. Informationen und Hilfen für Familien. 5 Aufl. Köln: BALANCE (Balance Ratgeber).

Wiesch, Stefan (2017): Wie geht es den Pflegekindern in Deutschland? Dissertation. Siegen: Universi – (ZPE-Schriftenreihe Nr. 46).

Wiesner, Reinhard (2011): § 5 SGB VIII. In: Reinhard Wiesner (Hg.): SGB VIII. Kinder- und Jugendhilfe; Kommentar. 4. Aufl., München: Beck, S. 45–51.

Wiesner, Reinhard (2011a): § 8a SGB VIII. In: Reinhard Wiesner (Hg.): SGB VIII. Kinder- und Jugendhilfe; Kommentar. 4. Aufl., München: Beck, S. 83–112.

Wilde, Christina-Elisa (2014): Eltern. Kind. Herausnahme. Zur Erlebensperspektive von Eltern in den Hilfen zur Erziehung. Siegen: Universi – (ZPE-Schriftenreihe Nr. 35).

Winkler, Michael (2012): Erziehung in der Familie. Innenansichten des pädagogischen Alltags. Stuttgart: Kohlhammer (Pädagogik).

Winkler, Michael (2019): Über Pädagogik – mit Blick auf familiale Lebensformen. In: Reimer (Hg.).: Sozialpädagogische Blicke. Weinheim, Basel: Beltz Juventa: S. 147–165

Wolf, Klaus (1999): Machtprozesse in der Heimerziehung. Münster: Votum

Wolf, Klaus (2007): Die Belastungs-Ressourcen-Balance. In: Kruse/Tegeler (Hg.): Weibliche und männliche Entwürfe des Sozialen. Wohlfahrtsgeschichte im Spiegel der Genderforschung. Opladen: Budrich, S. 281–292.

Wolf, Klaus (2012): Professionelles privates Leben? Zur Kolonialisierung des Familienlebens in den stationären Hilfen zur Erziehung. In: *Zeitschrift für Sozialpädagogik* (4), S. 395–420.

Wolf, Klaus (2013): Subjektkonstitution oder Erziehung von Menschen? In: Buchmann (Hg.): Subjektentwicklung und Sozialraumgestaltung als Entwicklungsaufgabe. Szenarien einer transdisziplinären Realutopie. Frankfurt/M.: GAFB, Ges. zur Förderung Arbeitsorientierter Forschung und Bildung, S. 71–103.

Wolf, Klaus (2014): Sind Pflegefamilien Familien oder Organisationen? In: Kuhls/Glaum/Schröer (Hg.): Pflegekinderhilfe im Aufbruch. Aktuelle Entwicklungen und neue Herausforderungen in der Vollzeitpflege. Weinheim, Basel: Beltz Juventa, S. 74–91.

Wolf, Klaus (Hg.) (2015): Sozialpädagogische Pflegekinderforschung. Bad Heilbrunn: Verlag Julius Klinkhardt.

Wolf, Klaus (2015a): Sozialpädagogische Interventionen in Familien. 2. Aufl. Weinheim: Beltz Juventa (Basistexte Erziehungshilfen).

Wolf, Klaus (2015b): Differenzen zwischen Herkunftsfamilie und Pflegefamilie: Unterschiedliche Familienkulturen und Übergänge. In: *Recht der Jugend und des Bildungswesens* (4): S. 467–482

Wolf, Klaus (2015c): Die Herkunftsfamilien-Pflegefamilie-Figuration. In: Wolf (Hg.): Sozialpädagogische Pflegekinderforschung. Bad Heilbrunn: Verlag Julius Klinkhardt, S. 181–210.

Wolf, Klaus (2016): Weichenstellungen in der Pflegekinderhilfe. In: *Interdisziplinäre Zeitschrift für Familienrecht* 11 (2), S. 130–136.

Wolf, Klaus (2018): Elternkontakte in der Pflegekinderhilfe. Eine qualitative Studie bei der Fachstelle Kinderbetreuung Luzern. In: *Zeitschrift für Kindes- und Erwachsenenschutz (ZKE)* (1), S. 1–16.

Wolf, Klaus (2018a): Pflegefamilien für Kinder und Jugendliche im Exil. In: Hartwig/Mennen/Schrapper (Hg.): Handbuch Soziale Arbeit mit geflüchteten Kindern und Familien. Weinheim, Basel: Beltz Juventa, S. 655–665.

Wolf, Klaus (2020): Wie können wir Abbruchprozesse in Pflegeverhältnissen erklären? Interdependenzmodelle zum Breakdown. In: Gabriel/Stohler (Hg.): Abbrüche von Pflegeverhältnissen im Kindes- und Jugendalter. Perspektiven und Herausforderungen für die Soziale Arbeit. Weinheim: Beltz/Juventa Verlag (Pflegekinderforschung), S. 27–49.

Zeller, Maren; Köngeter, Stefan (2013): Übergänge in der Kinder- und Jugendhilfe. In: Schröer/Stauber/Walther/Böhnisch/Lenz (Hg.): Handbuch Übergänge. Weinheim, Basel: Beltz Juventa, S. 568–588.

Zenz, Gisela (1981): Kindesmisshandlung und Kindesrechte. Erfahrungswissen, Normstruktur und Entscheidungsrationalität. Frankfurt/M: Suhrkamp.

Ziss, Eva (Hg.) (1994): Ziehkinder. Wien: Böhlau (Damit es nicht verlorengeht, 28).

Bereits erschienen in der Reihe
KOMPENDIEN DER SOZIALEN ARBEIT

Soziale Arbeit nach traumatischen Erfahrungen
Von Prof. Dr. Julia Gebrande
2021, 245 Seiten, broschiert, ISBN 978-3-8487-6412-9

Recht für die Kindheitspädagogik
Von Prof. Dr. Christopher Schmidt, Prof. Dr. Annette Rabe
2021, ca. 227 Seiten, broschiert, ISBN 978-3-8487-8076-1

Sozialleistungsansprüche für Flüchtlinge und Unionsbürger
Von Prof. Dr. Gabiele Kuhn-Zuber
2018, 304 Seiten, broschiert, ISBN 978-3-8487-3206-7

Einladung zur Sozialen Arbeit
Von Prof. Dr. Peter Löcherbach, Prof. Dr. Ria Puhl
2016, 216 Seiten, broschiert, ISBN 978-3-8487-2224-2